上海政法学院学术文库

内幕交易抗辩制度实证研究

齐 萌 ◎ 著

中国政法大学出版社

2022·北京

声　　明　　1. 版权所有，侵权必究。

　　　　　　2. 如有缺页、倒装问题，由出版社负责退换。

图书在版编目（CIP）数据

内幕交易抗辩制度实证研究/齐萌著.—北京：中国政法大学出版社，2022.6
ISBN 978-7-5764-0464-7

Ⅰ.①内… Ⅱ.①齐… Ⅲ.①证券交易－监管制度－研究－中国 Ⅳ.①D922.287.4

中国版本图书馆CIP数据核字(2022)第099904号

出 版 者	中国政法大学出版社
地　　址	北京市海淀区西土城路25号
邮寄地址	北京100088信箱8034分箱　邮编100088
网　　址	http://www.cuplpress.com（网络实名：中国政法大学出版社）
电　　话	010-58908285(总编室)　58908433(编辑部)　58908334(邮购部)
承　　印	固安华明印业有限公司
开　　本	720mm×960mm　1/16
印　　张	15.75
字　　数	260千字
版　　次	2022年6月第1版
印　　次	2022年6月第1次印刷
定　　价	72.00元

上海政法学院学术著作编审委员会

主　任：刘晓红
副主任：潘牧天　关保英
秘书长：张远新
委　员：(以姓氏笔画为序)

王明华　王祥修　刘晓红　关保英　汪伟民　杨　寅　杨向东
张远新　张永禄　张本梓　胡戎恩　姚建龙　徐世甫　章友德
潘牧天

序 PREFACE

大学者,大学问也。唯有博大学问之追求,才不负大学之谓;唯有学问之厚实精深,方不负大师之名。学术研究作为大学与生俱来的功能,也是衡量大学办学成效的重要标准之一。上海政法学院自建校以来,以培养人才、服务社会为己任,坚持教学与科研并重,专业与学科并举,不断推进学术创新和学科发展,逐渐形成了自身的办学特色。

学科为学术之基。我校学科门类经历了一个从单一性向多科性发展的过程。法学作为我校优势学科,上海市一流学科、高原学科,积数十年之功,枝繁叶茂,先后建立了法学理论、行政法学、刑法学、监狱学、民商法学、国际法学、经济法学、环境与资源保护法学、诉讼法学等一批二级学科。2016年获批法学一级学科硕士点,为法学学科建设的又一标志性成果,法学学科群日渐完备,学科特色日益彰显。以法学学科发端,历经数轮布局调整,又生政治学、社会学、经济学、管理学、文学、哲学,再生教育学、艺术学等诸学科,目前已形成以法学为主干,多学科协调发展的学科体系,学科布局日臻完善,学科交叉日趋活跃。正是学科的不断拓展与提升,为学术科研提供了重要的基础和支撑,促进了学术研究的兴旺与繁荣。

学术为学科之核。学校支持和鼓励教师特别是青年教师钻研学术,从事研究。如建立科研激励机制,资助学术著作出版,设立青年教师科研基金,创建创新性学科团队,等等。再者,学校积极服务国家战略和地方建设,先后获批建立了中国-上海合作组织国际司法交流合作培训基地、最高人民法院民四庭"一带一路"司法研究基地、司法部中国-上海合作组织法律服务委员会合作交流基地、上海市"一带一路"安全合作与中国海外利益保护协同创新中心、上海教育立法咨询与服务研究基地等,为学术研究提供了一系列重要平台。以这些平台为依托，以问题为导向，以学术资源优化整合为举措，涌现了一批学术骨干，取得了一批研究成果，亦促进了学科的不断发展与深化。在巩固传统学科优势的基础上，在国家安全、国际政治、国际司法、国际贸易、海洋法、人工智能法、教育法、体育法等领域开疆辟土，崭露头角，获得了一定的学术影响力和知名度。

学校坚持改革创新、开放包容、追求卓越之上政精神，形成了百舸争流、百花齐放之学术氛围，产生了一批又一批科研成果和学术精品，为人才培养、社会服务和文化传承与创新提供了有力的支撑。上者，高也。学术之高，在于挺立学术前沿，引领学术方向。"论天下之精微，理万物之是非"。潜心学术，孜孜以求，探索不止，才能产出精品力作，流传于世，惠及于民。政者，正也。学术之正，在于有正气，守正道。从事学术研究，需坚守大学使命，锤炼学术品格，胸怀天下，崇真向美，耐得住寂寞，守得住清贫，久久为功，方能有所成就。

好花还须绿叶扶。为了更好地推动学术创新和学术繁荣，展示上政学者的学术风采，促进上政学者的学术成长，我们特设立上海政法学院学术文库，旨在资助有学术价值、学术创新和学术积淀的学术著作公开出版，以襃作者，以飨读者。我们期望借助上海政法学院学术文库这一学术平台，引领上政学者在人类灿烂的知识宝库里探索奥秘、追求真理和实现梦想。

3000年前有哲人说：头脑不是被填充的容器，而是需要被点燃的火把。那么，就让上海政法学院学术文库成为点燃上政人学术智慧的火种，让上政学术传统薪火相传，让上政精神通过一代一代学人从佘山脚下启程，走向中国，走向世界！

愿上海政法学院学术文库的光辉照亮上政人的学术之路！

上海政法学院校长　刘晓红

摘 要

金融监管的核心要义在于衡平行为自由与合法权益保护之间的关系。因此，内幕交易监管既要从防止内幕交易、维护市场秩序的角度出发，论述内幕交易行为的构成要件、法律责任等问题，也要保障从行为人的利益的角度出发，为其正当行为提供抗辩的理由和机会。内幕交易抗辩事由体现了自由和秩序的法律价值，也是衡平行为人和受损权益的重要制度，也只有这样才能协调行为自由和权益保护之间的冲突。内幕交易的免责事由是认定行为人是否构成内幕交易的核心要素，也是最终认定行为人是否承担法律责任的重要依据。设置免责事由与内幕交易的构成要件一样，对行为人内幕交易的认定具有重要的理论和现实意义。

我国自证券市场设立伊始，就将控制和监管内幕交易作为证券监管的目标之一，并且针对内幕交易的规制出台了一系列的法律、法规以及部门规章。但是，关于内幕交易抗辩事由的法律规定却一片空白。直至2012年3月，最高人民法院和最高人民检察院联合公布了《最高人民法院、最高人民检察院关于办理内幕交易、泄露内幕信息刑事案件具体应用法律若干问题的解释》，其中第4条规定了不属于刑法规定的从事与内幕信息有关的证券、期货交易的抗辩事由，标志着内幕交易抗辩事由正式进入立法范畴。该条虽然创设了内幕交易的抗辩事由，但仅适用于刑事司法，而且内容较为原则笼统，可操作性不强。因此，如何完善内幕交易的抗辩事由法律制度，就成为我国内幕交易法律制度所面临的重大课题，也是本书研究的核心所在。除导论和结语之外，全文共分四章。

第一章为内幕交易及抗辩制度的基础理论。本章首先分析了内幕交易的规制原因和构成要件，在此基础上，对于内幕交易的规制理论，包括信息平等理论、信义义务理论、私取理论的主要观点和典型案例作了论述。接着对内幕交易抗辩的概念、特征以及应当遵守的原则作了阐述。

第二章着眼于我国实际，从立法和行政执法实践两个角度分析了我国内幕交易抗辩制度的现状。首先，分析了我国内幕交易及抗辩制度的法律渊源，梳理和分析了我国内幕交易抗辩的现行立法。其次，对 2004 到 2020 年中国证券监督管理委员会（以下简称证监会）公布的 360 件涉及内幕交易的行政处罚案例进行了实证分析，总结了内幕交易案件之中行为人是否提出过抗辩，未提出抗辩的原因，行为人提出的抗辩事由的具体类型和数量以及每种类型所占的比例。最后，对内幕交易为什么设置抗辩事由，即内幕交易抗辩事由的正当性作了分析。

第三章和第四章是本书的核心。根据抗辩事由的正当性和合理性，以及发达证券市场内幕交易监管的成功经验，从抗辩事由的法律效力角度，本书将内幕交易的抗辩事由分为两种，法定抗辩事由和一般抗辩事由。法定抗辩事由包括预定交易计划抗辩，"中国墙"抗辩，上市公司收购、做市商行为、执行客户指令、股份回购行为、安定操作行为等正当的市场行为，依据已公开信息抗辩，而一般抗辩事由包括行为人独立的分析判断，符合交易习惯或风格，了解或不了解相关法律，盈利甚微甚至亏损，已过追诉时效等情形。结合中国证监会的行政处罚案例，对法定抗辩事由和一般抗辩事由的构成要件进行分析，并相应地提出在实践中判断该事由是否具有抗辩效力的考虑因素。

目　录 CONTENTS

导　论 ……………………………………………………………… 001

第一章　内幕交易及抗辩制度的基础理论 ……………………… 011
　第一节　内幕交易的规制原因与构成要件 …………………… 011
　　一、内幕交易的内涵和规制原因 …………………………… 011
　　二、内幕交易的构成要件 …………………………………… 012
　第二节　内幕交易规制理论演进与评述 ……………………… 015
　　一、"信息平等理论""公开否则戒绝交易理论"（The Disclose or
　　　　Abstain Theory） ………………………………………… 016
　　二、信义义务理论（The Fiduciary Duty Theory） ………… 018
　　三、私取理论（The Misappropriation Theory） …………… 022
　第三节　内幕交易抗辩的概念、特征与原则 ………………… 025
　　一、内幕交易抗辩事由的概念 ……………………………… 025
　　二、内幕交易抗辩的特征 …………………………………… 026
　　三、内幕交易抗辩的原则 …………………………………… 028

第二章 我国内幕交易抗辩制度的现状——基于中国证监会执法实践的实证分析 ……… 032

第一节 我国内幕交易抗辩制度的立法现状 ……… 032
一、内幕交易规制的法律渊源 ……… 032
二、内幕交易抗辩制度的法律渊源 ……… 033

第二节 我国内幕交易抗辩制度的实践现状 ……… 035
一、样本选择和说明 ……… 035
二、内幕交易行政处罚案例概述 ……… 036
三、内幕交易行政处罚的困境及原因分析 ……… 039

第三节 内幕交易抗辩事由的正当性 ……… 041
一、设置内幕交易抗辩事由的合理性：知悉与利用之争 ……… 042
二、内幕交易抗辩事由的正当性 ……… 046

第三章 内幕交易抗辩制度：法定抗辩事由 ……… 051

第一节 预定交易计划抗辩制度 ……… 051
一、预定交易计划抗辩的内容和发展 ……… 051
二、预定交易计划存在的法律漏洞 ……… 057
三、设立和完善预定交易计划的立法建议 ……… 061

第二节 已建立有效的信息隔离制度（"中国墙"制度） ……… 063
一、"中国墙"制度的缘起和发展 ……… 063
二、"中国墙"制度的制度安排 ……… 066
三、我国"中国墙"制度的构架 ……… 069
四、"中国墙"制度的抗辩功能反思 ……… 070

第三节 正当的市场行为 ……… 072
一、上市公司收购行为的抗辩 ……… 072
二、做市商行为的抗辩 ……… 073

三、执行客户指令的抗辩 ……………………………………… 075
四、股份回购行为的抗辩 ……………………………………… 076
五、安定操作行为的抗辩 ……………………………………… 078
第四节 依据已公开信息 ………………………………………… 080

第四章 内幕交易抗辩制度：一般抗辩事由 …………………… 091
第一节 独立分析判断 …………………………………………… 091
第二节 符合以往交易习惯 ……………………………………… 100
第三节 法律认识错误 …………………………………………… 105
第四节 盈利颇少或亏损 ………………………………………… 108
第五节 已过追诉时效 …………………………………………… 111

结　语 …………………………………………………………… 114

附　表 …………………………………………………………… 117

参考文献 ………………………………………………………… 227

致　谢 …………………………………………………………… 239

INTRODUCTION
导 论

一、研究目的与意义

内幕交易是具有特定身份的人获得公司的重大非公开信息，而且在该信息尚未公开之前，买卖该公司股票以获取不正当利益的行为。对内幕交易进行处罚的目的在于投资者会因内幕交易行为而动摇对证券市场的信心，并会对证券市场的交易秩序甚至国家的经济发展产生较强的负面影响，所以，为了维护证券市场的公平有序发展并兼顾投资者的交易自由，各国和地区都非常重视对内幕交易行为的监管。

但我国目前的内幕交易立法对于内幕交易的构成要件并不明确，且我国行政执法和司法实践认为行为人仅须具备知悉影响股票价格的重大信息以及在该重大信息未公开之前，买卖该公司的股票，即构成内幕交易。固然，将以上两要件作为内幕交易的构成要件可以较为方便且明确地判断并查处内幕交易，但也可能会将实质上并不损害证券市场和投资人的交易行为纳入行政或刑事处罚之列，如此势必在一定程度上对投资者的投资积极性和证券市场的发展造成损害，所以，制定内幕交易的抗辩制度实有必要。纵观境外立法，美国证券交易委员会（以下简称 SEC）针对长期投资计划等合法的交易行为而制定了 Rule 10b5-1，而欧盟也在市场滥用指令与其他规定中规定了抗辩免责事由。此外，英国也在金融服务暨市场法与市场行为规则中规定了抗辩规范。我国台湾地区也于 2010 年 10 月公布了证券交易相关规定的部分修改草案，特别针对内幕交易行为新增了免责抗辩事由。鉴于此，我国于 2012 年 3 月公布了《最高人民法院、最高人民检察院关于办理内幕交易、泄露内幕信息刑事案件具体应用法律若干问题的解释》（以下简称《内幕交易司法解释》），其中第 4 条规定，"具有下列情形之一的，不属于刑法第一百八十条第一款规定的从事与内幕信息有关的证券、期货交易：（一）持有或者通过协议、其他安排与他人共同持有上市公司百分之五以上股份的自然人、法人或者其他组织收购该上市公司股份的；（二）按照事先订立的书面合同、指令、计划从事相关证券、期货交易的；（三）依据已被他人披露的信息而交易的；（四）交易具有其他正当理由或者正当信息来源的。"该解释虽然突破了我国内幕交易抗辩事由缺失的困境，但该司法解释只适用于刑事司法领域，而且规定得较为原则，并不全面具体，可操作性较差。因此，设立和完善内幕交易抗辩事由法律制度，就成为完善我国证券法治的重要课题，也是划分合法与非法交易行为、准确界定内幕交易、提高证券市场监管效率和符合内幕交易国际监管趋势的关键环节。

二、研究思路和方法

本研究的基本思路：在提出问题和对证券市场内幕交易监管相关理论和文献进行论述的基础上，对中国内幕交易抗辩制度的现状进行考察和分析。在此，本书搜集了 2004 年至 2020 年中国证监会对内幕交易作出的行政处罚案例，从中总结了内幕交易行为人的抗辩事由。在此基础上，结合境外内幕交易抗辩制度的经验做法，有针对性地提出内幕交易抗辩制度的立法和政策建议及措施。

本研究的基本思路遵循：提出问题→理论分析→实证研究→立法和政策建议的思维轨迹和研究过程。

本研究的研究路线如图 1 所示。

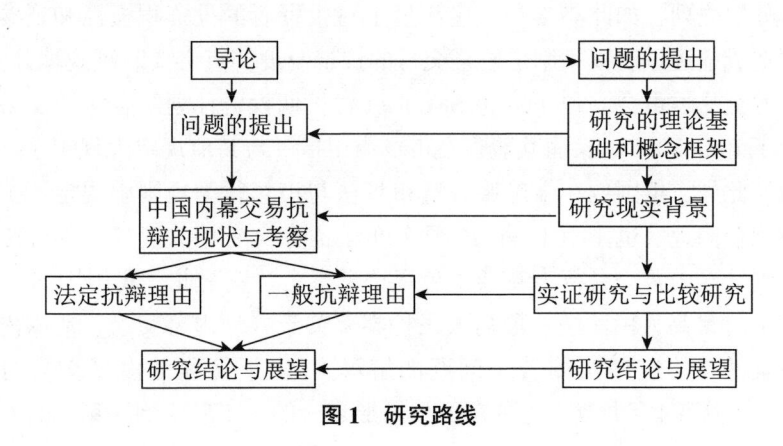

图 1 研究路线

本书将遵循学术研究的严谨态度，综合运用文献研究法、比较分析法、实证研究法等研究方法对内幕交易抗辩制度的相关问题进行研究。

文献研究法。通过广泛搜集相关的文献，全面、准确、系统地了解国内外学术界对抗辩以及内幕交易抗辩制度等问题的研究，对内幕交易抗辩制度的设立意义、原因、制度构成有了更深入的了解。

比较研究法。内幕交易监管法制比较发达的美国、英国、欧盟等国家和地区都已经通过立法建立了较为完善的内幕交易抗辩制度，并且相关立法已经被成熟地运用到司法实践之中，通过对国外成熟市场内幕交易抗辩制度建设的研究，找出可以借鉴的有益经验，积极探寻并完善我国内幕交易抗辩制度建设的具体措施。

实证研究法。本书针对我国内幕交易的行政和司法实践，搜集了中国证监会自2004年以来所有关于内幕交易的行政处罚案例，以及一些各级法院的判决，进行整理分析之后，发现并总结出我国实践中内幕交易行为人抗辩理由的现状、种类及问题等。

三、国内外研究现状

（一）内幕交易抗辩事由的立法形式

程宗璋（2003）指出，对应予支持的抗辩事由，英国在立法中作了规定，而我国香港则规定于条例中。由于有效的抗辩事由可能层出不穷，在立法中进行规定需要比较高的概括性，即便如此也很可能会有所缺漏，所以规定在条例或实施细则中比较合适。至于具体的抗辩事由，我国香港区立法局1990年制定的《证券（内幕交易）条例》中有较为详尽的规定，英国的《1993年刑事审判法》中也有规定，都可以借鉴。

（二）内幕交易抗辩的必要性和正当性

张永来（2003）指出，证券内幕交易行为对股市整体运作和个体利益有很大的不良影响，而现行立法对受害人的民事救济不完善，对刑事责任主体未作限制性解释，应加强对民事责任的研究，给自然人和法人在内的证券交易人一个积极的抗辩权。

刘宪权（2012）认为，《内幕交易司法解释》第4条规定将"交易具有其他正当理由或者正当信息来源"明确排除在内幕交易罪之外,基于此规定作为"兜底条款"在规范内涵上的明确性先天不足,实践中又很难给出明确的回应,故须在理论上予以进一步论证从而填补司法解释的空缺。

(三) 内幕交易抗辩事由的具体形态

王新(2012)认为,我国的刑事诉讼未正式承认抗辩理由的法律地位,在司法实践中,针对辩护方提出的辩护理由多是用来否定"知悉"事实。一般而言,辩护理由为"先行计划、行为人凭借自身技术优势判断是否交易,而非通过知悉内幕信息而交易"。行为人通过提供证据证明进行证券交易的先行计划早于内幕信息的占有,可证明欠缺内幕交易的主观意图。

曾洋(2013)认为不构成内幕交易的合理抗辩事由包括:上市公司的收购、做市商参与的交易、安定操作中的承销商交易、具有规范的信息隔离机制的委托交易、预定交易计划等情形。刘宪权、谢杰(2014)认为,允许的资本市场运作行为是金融商品发行人、金融商品发行人的控股股东或实际控制人、金融中介机构以及资本市场中的其他投资者(投机者),根据金融法律制度或者基于金融监管机构的同意,履行义务、从事回购、执行预设交易计划、安定操作等金融交易行为。曹理(2013)认为,从主要资本市场法域的经验来看,遵循预定交易计划交易、建立有效的内幕信息隔离制度、正当的市场行为等不应当属于内幕交易。

刘宪权、谢杰(2014)认为,允许的资本市场运作可以排除市场操纵等资本市场犯罪的法律属性,不仅在实体标准与证明程序上对实施符合操纵性交易行为模式的市场主体提供了合法且合理的免责空间,而且能够在很大程度上分散资本市场执法与司法的压力,同时又可以通过允许合法的投资或者投机交易丰富资本市场的流动性。

(四) "中国墙"制度

李仁真(1995)指出,"中国墙"制度可以作为一种法律上的免责理由,为证券商受到从事内幕交易或违反对客户信托义务的指控时提供一项抗辩武器。黄辉(2007)指出,现代大型金融和市场专业机构中无可避免地存在着利益冲突问题,"中国墙"制度是解决此问题的一个重要途径。"中国墙"制度旨在努力平衡商业现实与公众信心之间的冲突,但目前的"中国墙"制度远非完美,需要配合信息披露制度。

王新（2012）认为，目前我国证券法规及刑法对于信息墙的辩护效力没有明确的规定，换言之，在行政执法和刑事司法阶段，行为人无法依据信息墙制度来直接否定行政违法或者刑事违法。但从证券业协会及其他自律性组织大力提倡证券公司等建设信息墙的举动来看，信息墙的合法辩护理由指日可待。张婷亚、蒋笃亮、楼晓（2001）指出，信息隔离墙的设置，可以为证券公司提供合理的抗辩理由，并建立相应的证券公司责任限制制度，并使证券公司免于陷入受信义务引发的两难境地，处理好与公司客户和投资者客户两方的代理关系。

有学者指出，尽管缺乏一个法定统一的标准，但通过实践的摸索，一些可以遵循的规则已经形成。"中国墙"制度由三个要素构成：第一，政策和程序的结合；第二，这些程序的安排旨在阻止某些信息，尤其是未公开的价格敏感信息在企业各部门间的传播；第三，集团部门或公司间的政策和程序安排（郑浩，2004）。季松、叶蜀君（2014）指出，由于信息隔离墙制度并不能有效解决证券投资咨询业务中客户与证券经纪业务、证券资产管理业务之间的利益冲突，客户与非本公司客户之间的利益冲突，因此除了建立信息隔离墙制度之外，证券公司还应将信息披露和业务限制作为必要的补充机制。Erik Sirri（2004）指出，"中国墙"制度的构建，要注重建设信息管理系统，即将信息隔离和利益冲突的相关措施系统化、具体化，解决传统措施控制效率低、效果差的弊端。

当然，也有学者对"中国墙"制度的作用提出疑问，田来（2006）认为，"中国墙"制度是英美等国综合性金融机构防范不同业务线之间利益冲突和内幕交易的一剂良方。"中国墙"制度作为一种自律机制，只能减少内幕交易，但不能从根本上杜绝此类违法行为，还需要相关制度的配合。我们不应当对"中国墙"制度过于苛刻，作为一种管制内幕交易的自律机制，它是成功的，值得我们借鉴。NS Poser（1988，1990）指出，"中国墙"制度本质上属于一种自律机制，要靠金融机构及其人员的道德自律，并不能完全控制大型金融机构内部部门之间的信息流转，因此，完全依赖"中国墙"制度可能会损害投资者的合法利益，损害投资者的信心。

（五）预定交易计划

陈洁、曾洋（2014）分析了证监会对光大事件的处理情况，认为从证券、期货对冲交易以实现避险减亏或套期保值的常规交易形态来看，光大公司的这一策略安排具有正当性。而且光大公司为止损而自营交易非本公司的证券品种应该是无可苛责的。所以，就法律适用的技术层面以及证券期货市场运行规律的角度考量，证监会对光大事件的处理结果无论在法律规则的准确把握还是市场逻辑的理性坚守方面都值得商榷。

钟维（2015）结合美国的先进立法和我国的现行立法，研究了期货市场的内幕交易，认为虽然10b5-1规则所规定的预定交易计划在美国主要适用于证券市场，但因为其内容详细，可操作性强，确实值得我国期货市场法律制度借鉴。

谢杰（2012）指出，最新内幕交易犯罪司法解释相关条款存在实质性缺陷，有必要在深度反思的基础上提出规则优化建议。同时建议司法解释应细化排除内幕交易犯罪行为属性的预定交易计划抗辩事由的规范要素。

Karl T. Muth（2009）指出，预定交易计划有可能被滥用，如当无法避免被滥用时，可以增加交易计划透明度的方式减轻被滥用的概率。交易计划越透明，越能增加计划执行的效率，并因此可以增强公司遵守法律的主动性。

Stanley Veliotis（2010）的研究表明，预定交易计划可以为当事人提供是否依据重大未公开信息进行交易的机会，即可以按照自身意愿随时终止交易计划以实现自身利益的最大化。

Alan D. Jagolinzer（2009）的实证研究表明，采用预定交易计划的当事人所获得利润更高并有违常规，原因在于SEC的规则放任当事人可以随时选择性地终止预定交易计划。

鉴于此，Jesse M. Fried（2003）认为，应该禁止当事人在知悉重大未公开信息之后随意终止预定交易计划，以此来减少信息获取的不公正性。

（六）做市商制度

施廷博（2011）指出，作为高成长性的中小企业，特别是高科技企业上市融资的重要途径，同时也作为风险资本理想的退出渠道，创业板市场的建立无疑将有助于我国多层次资本市场体系的系统构建。虽然目前我国创业板市场的相关文件中仍未涉及做市商制度，但是随着国际资本市场的发展与融合，借鉴国际市场发展的成功经验和失败教训，引入做市商制度已经成为我国创业板市场长远发展的必然趋势。

李学峰（2007）指出，做市商制度具有保持市场流动性、促成大宗交易和维护市场稳定、提高市场有效性和促进场外交易市场运作等功能。中国引入做市商制度应将竞争性做市商制度与现有的竞价机制相结合，建立起适应中国市场特征、符合国际发展趋势的混合型做市商制度。

宋旭、张蕾（2009）认为，从创业板的角度而言，引入做市商制度可以增加股票流动性、维护创业板市场的稳定性、提高处理大宗交易的能力。同时，他们从加强做市商资格认定、加强做市商的信息披露机制、严格做市商惩罚机制等方面提出了我国创业板市场引入做市商制度的法律对策。

甫玉龙、吴昊（2010）认为，我国创业板市场推出以来，表面上似乎不缺乏流动性，但仔细考察不难发现，其成交量整体处于下降趋势。引入做市商交易制度，实行竞价交易制度为主、做市商交易制度为辅的混合型交易模式，能够有效保证和提高创业板市场的流动性、稳定性，是我国创业板市场发展的必然方向。

刘延斌、谷体峰、章龙（2005）考察了美国国债市场和欧洲 MTS 市场的做市商制度发展的实践，发现做市商制度是活跃国债市场不可缺少的因素，起着举足轻重的作用。目前，我国银行间债券市场虽然也存在做市商制度，但是有行无市的困扰一直存在，形同虚设。

（七）安定操作

"安定操作"是指为了便于有价证券的募集或销售，在证券市场连续买卖有价证券或委托买卖有价证券，以钉住、固定或安定证券价格、稳定证券市场为目的行为（鞠曦明，2010）。

程啸（2001）认为，操纵市场行为是一种扭曲价格机制，严重损害中小投资者合法权益，破坏证券市场公正性的违法行为。操纵市场行为可大体分为"虚伪交易型"、"实际交易型"、"恶意散布、制造虚假信息型"与"其他操纵行为"等四大类。

蓝威（2014）以安定操作抗辩为中心，阐述了操纵证券交易价格的抗辩事由，认为一旦符合法律所规定的安定操作行为的主客观要件，就可以免除行为人本应承担的操纵市场行为的民事责任。张保华、李晓斌（2005）建议完善操纵市场行为的定义，拓宽监管范围；制定特定交易行为的安全港规则，使其豁免操纵市场监管；授予主管机关必要的权力，加强操纵市场行为监管执法。

D. R. Fischel and D. T. Ross（1991）却认为，对于包括安定操作等可能产生的市场操纵行为，应该放弃规制，交由市场来决定。因为行为人很难获利，而且监管者要付出高昂的监管成本，效果并不理想。

(八) 股份回购制度

Ikenberry D, Lakonishok J, Vermaelen T（1995）通过实证研究发现，公司在宣布股份回购计划之后，公司的股价会在短期内大幅上涨。由此，股份回购可能为公司内部人提供获取非法利益的机会，应该加强对行为的监管（Jesse M. Fried, 2005）。马俊驹、林晓镍（2000）认为，股份回购中的内部人士还可能利用股份回购的内部信息，谋取非法利益。在我国证券市场，不少股价在一定程度上被高估，市场存在一定的过度投机现象。容许股份回购极有可能加重股市的投机性。而且，在我国已经发生的几起股票回购中，信息披露不充分、内幕交易的情况相当严重。许多公司的股价在回购信息公告前便早有反映。如何确保股份回购的公开、公平、公正也是我国立法应正视的问题。

朱庆（2012）指出，股份回购与操纵市场的关联较为复杂。从连续交易和蛊惑交易视角来看，对于股份回购操作是否构成操纵市场，有肯定论、否定论与折中论三种不同学说。相对而言，折中论更为符合配套制度设计的需要。为妥善规制股份回购中的操纵市场问题，宜分三个地带，即黑色地带、白色地带和灰色地带，分别设计相关制度，包括责任制度、安全港制度、隔离带制度、信息披露制度等。

朱庆（2015）指出，上市公司以竞价回购方式回购社会公众股份，通常会产生正向股价效应。这一股价效应可以理解为发行公司对自身股价的操纵。为协调这一冲突，我国法律应区分三个地带分别进行规制。具体而言，应引入竞价回购的"安全港"，创建"白色地带"；慎用操纵市场责任，缩减"黑色地带"；配置"安全港"之外竞价回购的系列规则，武装"灰色地带"。

李晓春（2010）认为，在公司股份回购过程中，容易产生内幕交易等证券违法行为。鉴于此，我们应在证券法中针对股份回购中的内幕交易行为作联动规范，将公司规定为内幕人员；股份回购行为本身构成应披露的内幕信息；限制内部人交易本公司的股份；同时还应禁止公司的短线交易行为。

朱庆（2015）提出，处理股份回购与操纵市场的关系，宜分三步走。首先判断其是否属于"白色地带"，即是否在"安全港"内操作。如果是，则免于审查；如果不是，则进入第二步，判断其应否进入"黑色地带"，考察其是否造成了非常严重的后果，有无必要追究操纵市场责任。如果没有必要追究操纵市场责任，再进行第三步，对其处以行政罚款。监管机构和人民法院对股份回购的操纵市场认定与处罚宜尽可能慎重和克制。

Matthew J. Gardella（2004）指出，"安全港"以外的股份回购，并非都是操纵市场行为，应进行个案分析，不可一概而论。

（九）在内幕交易抗辩事由的制度完善方面

曹理（2013）认为，与主要资本市场法域的相关法律相比，我国关于内幕交易豁免情形的规定不仅种类较少，且内容极为简陋，不易于实践操作。为此，应完善上市公司收购的豁免、细化预定交易计划的具体要求、增加单位内幕交易的免责事由等。

刘东辉（2014）认为，英美两国无论是通过内幕知情人范围的限定或是给定法定的抗辩事由，都说明并非任何利用重大非公开信息的行为都构成内幕交易，因此，建议就特定类型的信息优势行为进行例外规定，使市场有明确的预期，不致对期货市场的套期保值功能产生冲击。

夏雅丽、李婧（2012）指出，我国应在选择"知悉（持有）标准"的基础上，借鉴SEC规则10b5-1的做法，明确规定抗辩情形法定豁免的条件，减少证监会和法院的自由裁量空间，以利于矫正我国证券市场上存在的不正之风。

曾洋（2013）以内幕交易构成要件的利用要件为基础，通过比较研究分析，认为我国应借鉴比较法上这些证券发达国家的经验，将历经检验的事实推定上升为法律推定并辅以知情人法定抗辩事项的立法模式，才能既有效打击内幕交易，又避免违背市场公平。

四、本书的创新点和不足

1. 以往对内幕交易的学术研究，主要集中于内幕交易的构成要件、重大消息时间的探讨、民事责任的赔偿等方面，鲜有学者论述内幕交易的抗辩事由，零星出现的学术成果也主要集中在内幕交易抗辩某项特定制度的讨论，比如预定交易计划、"中国墙"制度等。本书将研究重点集中于内幕交易的抗辩事由，系统并全面地论述了内幕交易抗辩事由的概念、特征、问题及完善建议。

2. 现有的对于内幕交易抗辩制度的研究，主要以比较研究为研究方法，重点探讨美国等国家和地区内幕交易抗辩事由对我国的借鉴意义，并结合我国内幕交易的执行和司法实践。本书搜集了2004年以来中国证监会的360个行政处罚案例，采用了实证研究的统计方法，较为清晰地呈现出我国内幕交易抗辩制度的现状和存在问题。

但由于内幕交易的资料搜集困难，特别是我国法院的判决资料公开度不够，无法获得更大范围的判决样本，本书主要是依据中国证监会公开的行政处罚案例进行分析。此外，由于内幕交易抗辩这个选题涉及知识面较广，需要多学科的理论支持，所以在写作中会有选择性的侧重，在一定程度上也限制了文章的写作。

针对以上问题，作者会在此后的研究当中不断加强和完善，也请各位老师和专家多批评指正，以使本书更完善。

第一章
内幕交易及抗辩制度的基础理论

第一节 内幕交易的规制原因与构成要件

一、内幕交易的内涵和规制原因

内幕交易（Insider Trading）的概念，每个国家或地区的学者都有不同的理解和诠释。比如，有学者认为，内幕交易是一个人在拥有公司重要非公开信息的情况下，违反他们的忠诚义务对该公司的股票进行交易，以获得利润或者避免损失。[1]也有学者认为，内幕交易是基于与公司的特殊秘密关系而取得秘密信息，以便买卖该公司股票获取利益的不法行为。[2]综上，内幕交易可以认定为，具有特定身份的人获得公司的重大非公开信息，而且在该信息尚未公开之前，买卖该公司股票以获取不正当利益的行为。

对内幕交易进行规制，已成为目前世界各国政府的共识，而内幕交易为什么应该被禁止，被禁止的原因何在？

首先，内幕交易违反了公平原则。公平原则是各国发展资本市场所倡导和坚持的基本原则，也是各国规制内幕交易的法律基础。公平原则意味着：（1）在信息的获取方面，所有市场参与者都处于公平的地位，可以公平地获

---

[1] See Emily A. Malone, "Insider Trading: Why to Commit The Crime From a Legal and Psychological Pespective", *Journal of Law and Policy*, Vol. 12, 2003, p. 327.

[2] See Moin A. Yahya, "The Law &Economics of 'Sue and Dump': Should Plaintiffs Attorneys Be prohibited from Trading the Stock of Companies They Sue?", *Suffolk University Law Review*, Vol. 39, 2006, p. 437.

得信息。（2）在交易的机会方面，证券交易要求公平意味着在证券交易过程中，所有人都有公平的机会获得信息，禁止内幕知情人利用重大非公开的信息先行交易获取不正当利益。

其次，内幕交易侵害了市场参与者的合法权益。其一，证券法的核心之一即保护投资者的合法权益，这也是各国设立证券监管法律制度的目的。证券交易是一种零和交易，在有人获利的同时，必定有人遭受损失。内幕交易就剥夺了投资者的合法权利，而且容易对投资者产生误导，损害投资者的利益。其二，内幕交易会损害上市公司的声誉和运行效率。上市公司的信誉是其最宝贵的无形财产，也是上市公司获得公众认同的重要依据。但内幕交易的发生会导致投资者丧失对该公司的信心，引发公司的认同危机。此外，内幕交易还会影响上市公司的运行效率。内幕交易的存在会导致股票价格不能准确反映公司的生产经营状况，从而影响公司的运行效率。

最后，内幕交易损害证券市场的整体利益。其一，内幕交易损害市场的流动性。实证研究表明，若市场上私人信息太多，则会降低市场的流动性。在正常行情下，内幕交易会阻塞市场的流动性，并且在内幕交易的情况下，证券价格会对证券交易量的随机变动变得更加敏感，而更大的敏感性会进一步降低市场流动性。[1]其二，内幕交易对证券市场的信息效率也会产生负面影响。内幕交易剥夺了投资者公平获取信息的机会，会打击投资者搜集信息的主动性，而且内幕交易还会导致公司披露信息的迟延，降低市场的信息效率。

二、内幕交易的构成要件

对于内幕交易的构成要件，一般包括四个方面：内幕交易的主体、内幕信息的界定、内幕交易的主观要件（关于知悉与利用之争，下文会有详细论述）、内幕交易的客观要件（表现形式）。国内外对于内幕交易的构成要件的很多具体问题，仍然存在争议，并没有统一的定论。比如对于内幕交易的认定是以"知悉+利用"还是以"知悉+交易"为标准并不统一，对于当事人从事内幕交易是否以获取不正当利益为目的、内幕交易违法所得的界定等问题也没有明确定论。本书讨论的核心在于内幕交易的抗辩制度，对于内幕交易

---

[1] 参见齐文远、金泽刚："内幕交易的经济分析与法律规制"，载《法商研究》2002年第4期。

的构成要件并不作详细论述，但为了行文的需要，在此依据我国相关规定对有关的构成要件做一个简单的梳理。

1. 内幕交易主体界定。根据《中华人民共和国证券法》（以下简称《证券法》）及《证券市场内幕交易行为认定指引（试行）》（现已失效，以下简称《内幕交易认定指引》）的规定，内幕交易知情人是指内幕信息公开前直接或者间接获取内幕信息的人，包括自然人和单位。而单位包括法人和其他非法人组织，包括公司、企业、事业单位、机关、社会团体等。具体包括：（1）发行人及其董事、监事、高级管理人员；（2）持有公司百分之五以上股份的股东及其董事、监事、高级管理人员，公司的实际控制人及其董事、监事、高级管理人员；（3）发行人控股或者实际控制的公司及其董事、监事、高级管理人员；（4）由于所任公司职务或者因与公司业务往来可以获取公司有关内幕信息的人员；（5）上市公司收购人或者重大资产交易方及其控股股东、实际控制人、董事、监事和高级管理人员；（6）因职务、工作可以获取内幕信息的证券交易场所、证券公司、证券登记结算机构、证券服务机构的有关人员；（7）因职责、工作可以获取内幕信息的证券监督管理机构工作人员；（8）因法定职责对证券的发行、交易或者对上市公司及其收购、重大资产交易进行管理可以获取内幕信息的有关主管部门、监管机构的工作人员；（9）国务院证券监督管理机构规定的可以获取内幕信息的其他人员。而对于《证券法》所规定的其他人，证监会在《内幕交易认定指引》中解释为：（1）发行人、上市公司；（2）发行人、上市公司的控股股东、实际控制人控制的其他公司及其董事、监事、高级管理人员；（3）上市公司并购重组参与方及其有关人员；（4）因履行工作职责获取内幕信息的人；（5）以上事项所规定的自然人的配偶；（6）以上事项规定的自然人的父母、子女以及其他因亲属关系获取内幕信息的人；（7）利用骗取、套取、偷听、监听或者私下交易等非法手段获取内幕信息的人；（8）通过其他途经获取内幕信息的人。

2. 内幕信息的界定。内幕信息是指证券交易活动中，涉及公司的经营、财务或者对公司证券的市场价格有重大影响的尚未公开的信息。包括但不限于：发生可能对上市公司、股票在国务院批准的其他全国性证券交易场所交易的公司的股票交易价格产生较大影响的重大事件，投资者尚未得知时，公司应当立即将有关该重大事件的情况向国务院证券监督管理机构和证券交易场所报送临时报告，并予公告，说明事件的起因、目前的状态和可能产生的法律后果。

前款所称重大事件包括：（1）公司的经营方针和经营范围的重大变化；（2）公司的重大投资行为，公司在一年内购买、出售重大资产超过公司资产总额百分之三十，或者公司营业用主要资产的抵押、质押、出售或者报废一次超过该资产的百分之三十；（3）公司订立重要合同、提供重大担保或者从事关联交易，可能对公司的资产、负债、权益和经营成果产生重要影响；（4）公司发生重大债务和未能清偿到期重大债务的违约情况；（5）公司发生重大亏损或者重大损失；（6）公司生产经营的外部条件发生的重大变化；（7）公司的董事、三分之一以上监事或者经理发生变动，董事长或者经理无法履行职责；（8）持有公司百分之五以上股份的股东或者实际控制人持有股份或者控制公司的情况发生较大变化，公司的实际控制人及其控制的其他企业从事与公司相同或者相似业务的情况发生较大变化；（9）公司分配股利、增资的计划，公司股权结构的重要变化，公司减资、合并、分立、解散及申请破产的决定，或者依法进入破产程序、被责令关闭；（10）涉及公司的重大诉讼、仲裁，股东大会、董事会决议被依法撤销或者宣告无效；（11）公司涉嫌犯罪被依法立案调查，公司的控股股东、实际控制人、董事、监事、高级管理人员涉嫌犯罪被依法采取强制措施；（12）国务院证券监督管理机构规定的其他事项。

3. 内幕交易的表现形式。（1）内幕人员利用内幕信息买卖证券或者根据内幕信息建议他人买卖证券；（2）内幕人员向他人泄露内幕信息，使他人利用该信息进行内幕交易；（3）非内幕人员通过不正当手段或者其他途径获得内幕信息，并根据该信息买卖证券或者建议他人买卖证券。

4. 内幕交易的行政处罚责任。证券交易内幕信息的知情人或者非法获取内幕信息的人违反规定从事内幕交易的，责令依法处理非法持有的证券，没收违法所得，并处以违法所得一倍以上十倍以下的罚款；没有违法所得或者违法所得不足五十万元的，处以五十万元以上五百万元以下的罚款。单位从事内幕交易的，还应当对直接负责的主管人员和其他直接责任人员给予警告，并处以二十万元以上二百万元以下的罚款。国务院证券监督管理机构工作人员从事内幕交易的，从重处罚。

5. 内幕交易的刑事责任。依据《中华人民共和国刑法》（以下简称《刑法》）规定，证券交易内幕信息的知情人员或者非法获取证券交易内幕信息的人员，在涉及证券的发行、交易或者其他对证券的价格有重大影响的信息尚未公开前，买入或者卖出该证券，或者泄露该信息，情节严重的，处五年以下有期徒刑或者拘役，并处或者单处违法所得一倍以上五倍以下罚金；情节特别严重的，处五年以上十年以下有期徒刑，并处违法所得一倍以上五倍以下罚金。单位犯前款罪的，对单位判处罚金，并对其直接负责的主管人员和其他直接责任人员，处五年以下有期徒刑或者拘役。内幕信息的范围，依照法律、行政法规的规定确定。知情人员的范围，依照法律、行政法规的规定确定。另依据《最高人民检察院、公安部关于公安机关管辖的刑事案件立案追诉标准的规定（二）》第35条规定，证券、期货交易内幕信息的知情人员、单位或者非法获取证券、期货交易内幕信息的人员、单位，在涉及证券的发行，证券、期货交易或者其他对证券、期货交易价格有重大影响的信息尚未公开前，买入或者卖出该证券，或者从事与该内幕信息有关的期货交易，或者泄露该信息，或者明示、暗示他人从事上述交易活动，涉嫌下列情形之一的，应予立案追诉：（1）证券交易成交额累计在五十万元以上的；（2）期货交易占用保证金数额累计在三十万元以上的；（3）获利或者避免损失数额累计在十五万元以上的；（4）多次进行内幕交易、泄露内幕信息的；（5）其他情节严重的情形。

第二节　内幕交易规制理论演进与评述

关于内幕交易的规制理论，美国在1980年之前，体现在相关内幕交易的判例当中，多以"公开否则戒绝交易理论"（The Disclose or Abstain Theory）为判决的理论依据，也就是以信息的平等性为理论基础。而在1980年以后，美国联邦法院基于对投资人权益的保护，又发展出"信义义务理论"（The Fiduciary Duty Theory），即公司内部人的交易行为，只有在违反与其交易相对人间的信义义务时，才有可能构成内幕交易行为，如果该内部人并无此种信义义务，就无须为该交易行为负责，而且也无须向社会公众披露相关信息。此后又衍生出"私取理论"（The Misappropriation Theory），即公司内部人以非法手段获取未披露之信息并予以交易的行为。该理论将具有私取信息的行为作为成立内幕交易行为的主要要件，并将在信义义务理论下对同时期交易人的欺诈行为，转变为对消息来源的欺诈。

上述三个理论主要为确定哪些人应受内幕交易法制之规制，均未违反信义义务作为是否违反内幕交易法制的基础，只是三者对于信义义务的认定标准和范围有所不同。而消息传递理论（Tippee Liability Theory）则是在确定内部人范围之后，确认该内部人给他人传递信息是否受内幕交易法制的规制。消息传递理论讨论的主要问题为，当信息的持有者并未进行买卖股票等行为，而是将信息透露给信息受领人，信息受领人得到信息之后进行交易，则信息受领人是否应当受到内幕交易法制的规制。[1]

一、"信息平等理论""公开否则戒绝交易理论"（The Disclose or Abstain Theory）

"信息平等理论"也称为"公开否则戒绝交易理论"。早期美国法院从健全市场、平等保护的理论出发，认为 Rule 10b-5 规则的核心在于使投资者公平地获得信息。因此，可以获得内幕信息的内部人有两种选择：一是不能利用该信息从事非法交易；二是公平披露该信息，即公司内部人以职务便利所获取信息，必须向社会公平披露。假如不向社会披露，却利用该信息从事股票交易行为，即为内幕交易。如此才能保护投资者的信心、维护市场交易的公平性。

本理论首先在 Cady, Roberts & Co 案[2]中被采用。Cady, Roberts 公司是一家证券自营商，Cowdin 曾在该公司任职。此后其又担任 Curtis-Wright 公司的董事。Cowdin 在 1959 年 11 月 25 日上午参加了 Curtis-Wright 公司的董事会，本次董事会决议减少该公司第四季度盈余分配额度和比例。而当日 Curtis-Wright 公司召开董事会时曾短暂休息，Cowdin 趁此时机，在该信息未向社会公布之前，告诉了 Cady, Roberts 公司的合伙人 Gintel。Gintel 随即为其客户及 Cowdin 的客户卖出 Curtis-Wright 公司的股票，并融券卖出（sell shorting）Curtis-Wright 公司的股票。此后，随着 Curtis-Wright 公司将减少盈余分配的信息公开后，Curtis-Wright 公司的股价大幅下跌，导致交易所不得不暂停该公司股票的交易。

SEC 在本案中指出：Rule 10b-5 所规制的不限于特定的欺诈行为，也包

---

〔1〕参见陈妍婷："内幕交易之研究——以重大信息之认定与披露制度为中心"，台湾"文化大学"2009 年硕士学位论文。

〔2〕Cady, Roberts & Co, 40 SEC 907 (1961).

括利用信息优势地位谋取私利的行为。公司董事、经理以及控股股东等内部人，若不向投资者公开重要内部信息而进行股票交易，即违反 Rule 10b 及 Rule 10b-5 的规定。由此可知，从董事 Cowdin 受领信息的证券公司的合伙人 Gintel，在该重要内部信息尚未公开，且明知该信息来源和可信度的情况下进行股票交易，属于法律禁止利用该信息进行交易的情形。负有公开否则戒绝交易的义务人，不应限于公司内部人，只要因为特定关系而获得内幕信息，而且该信息不是为了公司利益而使用即构成内幕交易。也就是说，SEC 有意将 Rule 10b-5 之内部人规范对象扩大至任何人，以保证投资人可以公平地获得信息，保障投资人的利益。

此外，SEC 还指出，公司股利政策会直接影响股票之价值与投资人的判断，公司董事 Cowdin 明知公司董事会已经启动信息公开程序，仍然告知 Gintel，后者在证券公司公布信息之前，迅速卖出其客户持有的 Curtis-Wright 的股票，仅系对其客户尽到忠实和信义义务。但 SEC 认为，Gintel 固然对其客户负有忠实和信义义务，然而并不代表履行该忠实和信义义务就必须依靠违反法律和交易所规则来完成，而且其客户也未必想利用违反法律和社会公众利益的方式达到自己获益的目的。所以，Cowdin 将该重要内幕信息告知 Gintel，而 Gintel 利用该信息进行非法交易的行为，是违反了忠实和信义义务的行为，应承担法律责任。[1]

SEC 的以上主张在 1968 年的 Texas Gulf Sulphur Co 案[2]中获得联邦高等法院的支持。Texas Gulf Sulphur 公司从 1957 年开始在加拿大东部地区进行勘探矿藏的活动，并于 1963 年 10 月底发现该领域富含矿藏。公司总经理 Stephens 命令相关人员保密，甚至没告知该公司董事会、经理及其他员工，也未将信息披露给社会公众，但同时却进一步收购发现矿藏的邻近土地。1964 年 3 月，该公司扩大勘探范围，并陆续发现大量锌、铜、银等矿产。相关知情人员也在此期间内持续买进该公司股票。1964 年 4 月 11 日，纽约先锋论坛报（New York Herald Tribune）以及纽约时报（New York Times）报道 Texas Gulf Sulphur 公司可能发现矿产的消息之后，该公司于同年 4 月 12 日由副总经理 Fogarty 出面发表声明，声称该传闻言过其实，该公司只是在加拿大东部地

---

[1] Cady, Roberts & Co, 40 SEC 912 (1961).
[2] SEC v. Texas Gulf Sulphur Co, 401F. 2d 833, 849 (2d Cir. 1968).

区发现了少部分矿产。Texas Gulf Sulphur 公司表示,将会在勘探工作具有一定规模和成效后再向股东以及公众做说明。在4月16日清晨,该公司正式宣布发现大量矿产的勘探结果。从 Texas Gulf Sulphur 公司发现大量矿产时起,至该公司正式向社会公布该信息,Texas Gulf Sulphur 公司内部知悉该信息以及受领该消息的相关人士,包括总经理 Stephens、副总经理 Fogarty、勘探的地质学家、律师等人,都已经买入大量该公司股票,而该公司股票在5月15日涨至58美元,涨幅高达220%。

第二巡回法院认为,上述人员在 Texas Gulf Sulphur 公司正式公开相关信息之前买入该公司股票的行为,违反了 Rule 10b 及 Rule 10b-5 的规定。制定 Rule 10b 及 Rule 10b-5 的目的在于预防不公平交易的发生,以确保股票交易的公平性,所以不论是在交易所市场、场外市场还是其他交易中心的证券交易,都应适用。同时,该判决重申了 Cady, Roberts & Co 案中法院的意见,认为 Rule 10b 及 Rule 10b-5 适用于获悉内幕信息并从事股票交易的任何人,并不仅限于公司内部人。任何持有该内幕信息的人,均应负有"公开否则戒绝交易"的忠实义务。不论其是公司内部人还是信息受领人,均应公开该信息,或者在信息公开之前不得交易或者推荐股票给他人。[1]

综上所述,公开否则戒绝交易理论系建立在证券市场投资者应公平享有重要信息的假设之上,以维护证券市场信息的整体公平、促进市场信息流通、保护投资者信心、增进市场效率为目的。即任何人,不论其是否为公司的内部人,还是受领该信息的外部人,只要获悉重大信息并进行交易,即称为内幕交易规制对象。但仍有论者认为该理论存在问题,比如该理论涉及的影响投资者决定的"重大"信息的"重大"标准难以明确。再如以"任何人"为规范对象过于宽泛,打击面过广,假如某人基于自身专业知识研究发现重大信息而进行交易,是否应为内幕交易及内幕交易知情人等。

二、信义义务理论(The Fiduciary Duty Theory)

本理论以公司的内部人为立论基础,以该内部人对于公司或者股东负有

---

〔1〕 SEC V. Texas Gulf Sulphur Co., 401F. 2d 833, 848 (2d Cir. 1968)。参见赖禹纶:"从比较法架构我国内线交易相关法制——以企业并购为中心",台湾"台北大学"2014年硕士学位论文。陈妍婷:"内幕交易之研究——以重大信息之认定与披露制度为中心",台湾"文化大学"2009年硕士学位论文,第43页。

信赖关系或者信义义务为基础，即公司的内部人，如董事、监事、高级管理人员等，因为身份上的特殊性所以对于公司及股东负有信义义务，以上内部人如果利用内幕信息进行股票交易即违反了信义义务和信赖关系，必须加以禁止。[1]

由于前述"信息平等理论"在适用范围上有过于宽泛之嫌，并且因为范围过广可能产生殃及无辜的弊端，遂主张在《证券交易法》Rule 10b-5 规定下，内部人交易应限缩于"交易一方对他人具有忠实信任或者其他信义关系时"（fiduciary or other similar relation of trust and confidence），因而有了信义义务理论的产生，该理论是在 1980 年的 Chiarella v. United States 案[2]之后逐渐确立的。

本案被告 Chiarella 是一名任职于 Pandick Press 印刷公司的员工，该印刷公司是一家主营影印金融文件的公司。该公司接受委托制作公司并购案件的公开披露文件，虽然披露文件上将并购公司与目标公司的名称用空白或者假名替代，但 Chiarella 仍从文件内容推敲出目标公司的具体名称，并在股票市场中大量买进目标公司的股票，随后在并购信息宣布后卖出，从中获利超过 3 万美元。联邦地方法院和联邦上诉第二巡回法院，均以信息平等理论作为判案依据，认为 Chiarella 虽不是目标公司的内部人，但因其为相关披露文件的印刷公司的员工，可以利用其职务便利接触到相关的未公开的重大信息，从而负有公开否则戒绝交易的义务。所以，其未公开信息而买卖股票的行为，属于违反 Rule 10b-5 规定的欺诈行为。[3]

但联邦最高法院并不接受以上法院的判决，并改判 Chiarella 无罪。其认为 10（b）所禁止的行为包罗万象（vientiane），但必须是具有欺诈性质。因而在评估内幕交易中行为人未披露重大信息是否构成欺诈时，必须先确认该行为人是否具有披露该重大信息的义务。当然，这种披露义务并非基于行为人单纯持有该信息而产生。[4]同时，联邦最高法院认为，只有在交易一方对他人具有忠实信任或者其他信义关系时，交易一方才对他方负有公开披露信息否则禁止交易的义务，假如此时其未公开信息而进行股票交易的行为才属

---

[1] 参见赖英照："内幕交易的基础理论"，载《月旦法学杂志》2005 年第 123 期。
[2] Chiarella v. United States, 445 U. S. 222 (1980).
[3] United States v. Chiarella, 588 F. 2d 1358 (2d Cir. 1978).
[4] Chiarella v. United States, 445 U. S. 222, 234-235 (1980).

于 10（b）及 Rule 10b-5 禁止的行为。[1]简言之，联邦最高法院认为，单纯持有未公开的重要信息，并不足以衍生出"公开信息否则戒绝交易"的义务，除非交易当事人之间存在基于信义关系所产生的披露义务。

回到本案之中，联邦最高法院之所以认为被告 Chiarella 无罪，究其原因为 Chiarella 仅为印刷公司的员工，并非目标公司的内部人，与目标公司股东之间并不存在任何信义义务。因而 Chiarella 单纯持有未公开并购信息的事实以及其依据未披露信息买卖股票的行为，无法被评估为内幕交易，因而判决 Chiarella 无罪。相较于信息平等理论对于规范的过宽适用，本案联邦最高法院的判决将规范的主体大幅限缩，即只有交易双方具有信赖关系时，一方持有重大信息才具有公开披露信息否则禁止交易的义务。[2]

其后，联邦最高法院于 1983 年在 Driks v. SEC 案[3]中，亦采取并重申了 Chiarella v. United States 案的主张。该案被告 Driks 为一名证券经纪商的经纪人，同时也是一名著名的证券投资分析师。某日，Equity Funding of America 保险公司（以下简称 EFA 公司）的离职经理 Secrist 告知 Driks 该保险公司的资产具有高估造假的情况，并鼓励 Driks 对此情况进行查证。Driks 获知该信息后随即对 EFA 公司展开调查，Driks 先后数次到 EFA 公司进行调查，并找 EFA 公司的员工了解情况，并从 EFA 公司员工口中证实了 Secrist 所说的 EFA 公司造假的事实。Driks 在调查过程中，曾将该信息告知其客户即其他资产管理公司，而某些客户在获悉该信息后随即卖出其持有的 EFA 公司的股票，并导致 EFA 公司的股票大幅下跌。此后，SEC 介入调查此事，并证实 EFA 公司确实存在高估公司资产的欺诈情况。Driks 被指控违反 Section 10（b）及 Rule 10b-5。

SEC 在调查 Driks 泄漏 EFA 公司欺诈造假的情况之后，认为内部人获悉未公开重大信息之后，未公开披露反而进行股票交易的行为，属于违反 Section 10（b）及 Rule 10b-5 的行为。一方面，信息传递人（Tipper）将信息透露给信息受领人（Tippee），信息受领人从事股票交易的行为构成内幕交易。另一方面，信息传递人即使自身未从事股票交易，但其通过传递信息的方式帮助和教

---

[1] Chiarella v. United States, 445 U.S. 222, 228 (1980).

[2] 值得注意的是，究竟什么是"具有忠实信任或者其他信义关系时"以及所衍生出的信息披露义务，联邦最高法院在本案中并未予明确界定。

[3] Driks v. SEC, 463 U.S. 646 (1983).

唆（aids and abets）信息受领人从事内幕交易的行为，也构成内幕交易。[1]基于上述见解，SEC认定Driks泄漏EFA公司欺诈造假的信息给某些投资人的行为，违反了Section 10（b）及Rule 10b-5。在本案中，SEC创设出"拟制违反义务理论"（Constructive Breach Theory），该理论主张任何人在任何时间从公司内部人处获得关于公司重大未公开之信息，即处于公司内部人的地位，应受信义义务的约束，并不得利用该信息谋取私利。[2]

其后案件上诉到联邦最高法院，联邦最高法院并未采纳SEC的观点，反而推翻了SEC的见解，并重申了Chiarella案所建立的理论，即交易一方基于其身份或者职务便利获得的信息，并不因此负有公开否则戒绝交易的义务，除非交易当事人之间具有信义义务，交易一方才有公开披露义务，如果未公开披露而进行交易，才属于违反Section 10（b）及Rule 10b-5的行为。此外，联邦最高法院认为在同时具备以下两种情况时，信息受领人才可以继受（inherit）消息传递人对公司及股东所负有的信义义务：（1）内部人违反了其对公司及股东所负有的信义义务，将内幕信息透漏给信息受领人，且（2）信息受领人知道或者应当知道该信息是信息传递人违反信义义务的情况下透露的。联邦最高法院也同时指出，在内部人泄漏内幕信息的行为是否违反信义义务的问题上，应主要考量行为人内幕信息是否为谋取个人利益。[3]在这里，个人利益不限于金钱利益，也不限于现时的利益，例如下列情形：（1）透露行为可以带给泄密者名声上的利益（reputational benefits），能够在日后转化为金钱利益；（2）泄密者与受密者之间存在密切的商业关系或私人关系，足以表明泄密者希望受密者得到好处；（3）泄密者将内幕信息作为礼物赠送他人。这些都属于为个人利益而透露内幕信息。[4]

综上，联邦最高法院认为Driks自身对于EFA公司及股东并无信义义务，而Secrist及其他EFA公司员工之所以告诉Driks相关EFA公司的信息，主要为了鼓励和揭露EFA公司的欺诈行为，并非为了谋取私利，所以以上人员的行为并不违反信义义务，故判决Driks无罪。

---

[1] Driks v. SEC, 681 F. 2d 824, 837 (DC Cir. 1982).
[2] Fed. Sec. L. Rep. (CCH); 82, 812, at 83, 948 n. 42 (Jan. 22, 1981).
[3] Driks v. SEC, 463 U. S. 646, 647-648 (1983).
[4] 参见"美国证券内幕交易经典案例评介"，载http://www.iolaw.org.cn/showarticle.asp? id=1509，最后访问日期：2021年8月6日。

三、私取理论（The Misappropriation Theory）

联邦最高法院在 1980 年的 Chiarella v. United States 案中采用了信义义务理论，但法院内部对此有不同的见解。首席大法院 Burger 认为，虽然交易一方对于他方负有信义义务时，才有将信息告知对方的义务，但是如果交易的一方是基于自身的经验、分析、专业、技术等要素，利用自身对证券市场的研究所产生的正确的预测，并不应该受到惩罚。反之，如果交易一方是以不正当的方法获取信息，而并非基于自身的经验、分析、专业、技术等要素，即不正当取用（misappropriation）内幕信息时，就应该受到 Section 10（b）及 Rule 10b-5 的规范，应该受到惩罚。制定 Section 10（b）及 Rule 10b-5 的立法目的，是为了保证证券市场交易的公平、公正，防止投资者之间存在不当信息优势。而投资者私自利用未公开的重大信息进行股票交易，其本质上就是一种不当利用信息优势从事谋取私利，破坏证券市场公平、公正的违法行为。因此，以取得重大信息的手段是否合法来判断应否让交易一方承担披露义务，除了可以有效打击内幕交易行为，也可以兼顾投资者利用正当研究进行交易以及其他合法商业行为。[1]鉴于此，Chiarella 虽然仅仅是印刷公司的一般员工，并非该目标公司的内部人，对于目标公司的股东并没有信义义务，但因为其受雇于印刷公司期间可以利用其工作关系获得并购的重大信息，并且利用该信息谋取私利，违反了对于其雇主（印刷公司）的信义义务，因此应该属于违反 Section 10（b）及 Rule 10b-5 的行为，但因该意见并未及时交给下级法院的陪审团审阅，导致联邦最高法院没有采纳其见解，但是却成为"私取理论"的起源，即是否应将违反对信息来源的信义义务且利用该信息谋取私利之人纳入内幕交易主体。

美国联邦最高法院正式讨论私取理论，是在 1987 年的 Carpenter v. United States 案[2]之中。Winans 是华尔街日报的记者，可以利用其职务便利获得一些重要信息。于是，Winans 与本案的另一名被告 Carpenter 共同谋划通过其专栏可以刊载重大信息的便利将信息透漏给证券经纪人 Felis 等人，在信息刊载之前买卖相关股票谋取高额利益。本案中，虽然被告违反华尔街日报的内部

---

[1] Chiarella v. United States, 445 U.S. 222, 239-245 (1980).

[2] Carpenter v. United States, 484 U.S. 19 (1987), 445 U.S. 222 (1980).

规定，但股票交易的对象并非华尔街日报的股票而是其他公司的股票。联邦地方法院判决以上数人违反 Rule 10b-5 及《邮件与电信欺诈法》（Mail and Wire Fraud Statute）。

第二巡回法院维持原判决，并明确指出 Rule 10b-5 规范的欺诈主体不限于股票发行公司的内部人或者临时内部人（例如律师、会计师、证券公司等），认为私取理论本质上禁止公司内部人和其他人盗取（covert）重要且尚未公开的信息进行股票交易。投资者遭受非内部人欺诈所带来的损害，与受内部人欺诈所受的损害，并无两样，所以私取理论的适用主体应该更广泛。联邦最高法院作出判决称，全体大法官一致认为被告违反了《邮件与电信欺诈法》，因此判决被告有罪。但至于是否违反 Section 10（b）及 Rule 10b-5 的规定，支持和反对各有四票，并无统一的决议，并导致此后的法院判决在是否应采用私取理论上，意见存在分歧。

直至 1997 年，联邦最高法院在 United States v. O'Hagan 案[1]中，才明确承认私取理论的有效性，本案被告 O'Hagan 为 Dorsey&Whitney 律师事务所的合伙人。1988 年 7 月，英国的 Grand Metropolitan PLC 公司（以下简称"GM PLC 公司"）欲公开收购美国 Pillsbury 公司，委托 Dorsey&Whitney 律师事务所作为其收购事务的顾问和代理，Dorsey&Whitney 律师事务所以及 GM PLC 公司应采取必要的防护措施以保证本次收购的保密性。在该律师事务所代理 GM PLC 公司收购事务期间，O'Hagan 虽未直接从事相关的收购工作，但基于其合伙人的职务关系仍然可以知悉公开收购的信息，进而在 1988 年 8 月 18 日之后，陆续买进 Pillsbury 公司股票的看涨期权（call option）以及 Pillsbury 公司5000 股的普通股，每股的购入成本大约为 49 美元。GM PLC 公司在 10 月 4 日公开宣布其收购 Pillsbury 公司，在该信息公布后，Pillsbury 公司的股票价格暴涨至 60 美元每股。随后，O'Hagan 卖出所持有股票并行使看涨期权，获利超过 430 万美元。

SEC 随后对该案展开调查，并依据私取理论，主张 O'Hagan 通过其职务便利获得未公开的重大的收购信息，并基于该信息大量买进 Pillsbury 公司的股票和期权获利，违反了其与消息来源（Dorsey&Whitney 律师事务所）之间的信义关系，从而违反了 Section 10（b）及 Rule 10b-5 的规定。此后，该案上

---

[1] United States v. O'Hagan, 521 U.S. 653 (1997).

诉到联邦第八巡回法院，该院认为私取理论已经超过了 Section 10（b）及 Rule 10b-5 的规定，且违反最高法院所主张"只有在交易双方具有信义义务时，行为人才负有披露义务"的见解，并推翻了下级法院的判决，遂判决 O'Hagan 并未违反《邮件与电信欺诈法》及其他规定。[1]同时，该院的判决还指出，SEC 针对公司收购所制定 Rule 14e-3[2]，其适用范围过于宽泛，并未如 Section 10（b）以违反信义义务为要件，所以，Rule 14e-3 因逾越了上位法而无效。[3]

该案最终上诉至联邦最高法院，并以 Ginsburg 法官为首的多数意见，明确承认了私取理论的效力，联邦最高法院基于以下三点理由推翻了第八巡回法院的判决：其一，最高法院以 6∶3 的多数意见，认为 Section 10（b）及 Rule 10b-5 的规定可以衍生出私取理论；其二，法院以 7∶2 的多数意见，确认了 SEC 依据 Section 14（e）授权制定的 Rule 14e-3 的合法性，即最高法院认为 SEC 制定的 Rule 14e-3 并未逾越上位法律；其三，最高法院重申了其在 Carpenter 案的见解，判决认为 O'Hagan 的行为违反了相关规定，属于有罪行为。[4]

联邦最高法院在本案中首次采用私取理论，并指出在传统的信义义务理论之下，公司内部人获得重大尚未公开的信息并进行证券交易的行为之所以违反 Section 10（b）及 Rule 10b-5 的规定而构成内幕交易，原因在于公司内部人与交易对象之间存在信义义务，由此信义义务进而衍生出公司内部人应该公开信息，否则戒绝交易的义务。但倘若交易一方是对于交易对象不负有信义义务的公司外部人，如果其违背对其信息来源的信义义务，并将从信息来源之处获得的重大未公开信息用以谋取私利，应用私取理论予以补充，[5]即认为

---

〔1〕 United States v. O'Hagan, 92 F. 3d 612, 622-627（8th Cir. 1996）.

〔2〕 任何人知悉公开收购的重大信息，知道或者应该知道该信息为尚未公开信息，且知道或应该知道该信息来源于内部人的，负有公开信息否则禁止交易的义务。

〔3〕 United States v. O'Hagan, 92 F. 3d 612, 622-627（8th Cir. 1996）.

〔4〕 See Joel Seligman, "A Mature Synthesis: O'Hagan Resolves 'Insider' Trading's Most Vexing Problems", *Delaware Journal of Corporate Law*, Vol. 23, 1998, p. 16.

〔5〕 美国联邦最高法院认为私取理论和信义义务理论是相互补充（complementary）的关系。具体而言，两个理论都是为了规范行为人利用未公开的重大信息进行交易而获取私利的行为。传统的信义义务理论侧重于当行为人是公司内部人时，其买卖股票的行为违反对交易相对人的信义义务，即构成内幕交易；而私取理论是为了规范行为人是公司外部人，虽然对交易相对人不负信义义务，但其擅自利用从信息来源处获取的重大未公开信息从事股票交易以谋取私利的行为，违反了对信息来源的信义义务，同时也损害了投资者的正当利益，也构成内幕交易。

交易一方的行为违反 Section 10（b）及 Rule 10b-5 的规定而构成内幕交易。[1]因此，在私取理论下，对于是否违反 Section 10（b）及 Rule 10b-5，可以归纳出以下几点：（1）私取的信息系对股价有重大影响且尚未公开的信息；（2）私取者基于一定的信义义务违反其应尽的公开和保密义务；（3）私取者通过这些重大尚未公开的信息谋取私利；（4）私取者对重大未公开的信息来源具有信义义务。私取理论意在防止将影响公司股价的重大未公开的信息为外部人不当使用，保护投资者的信心，维护证券市场的公开和健康发展。

第三节 内幕交易抗辩的概念、特征与原则

一、内幕交易抗辩事由的概念

抗辩事由虽然并未被立法规范所确认，但是作为学理用词被广泛用于侵权责任法、知识产权法等领域。内幕交易从实质上讲，也是一种侵权行为。[2]因此，本书将从侵权法的角度界定抗辩事由及相关概念。

抗辩事由的概念，不同的学者有不同的理解，争议较大。有学者认为，抗辩事由可以等同于免责事由，比如王利明教授认为，免责事由是指减轻或免除行为人责任的事由，也称为抗辩事由。[3]杨立新教授认为，免责事由，是指针对原告的侵权诉讼请求而提出的证明原告的诉讼请求不成立或不完全成立的事实。在侵权法中，免责事由是针对承担侵权责任请求权而提出来的，所以，抗辩事由又称为免责或减轻责任的事由。[4]

也有学者认为，抗辩事由并不能等同于免责事由。事实上，两者有明显的区别。一方面，抗辩事由包括但不限于免责事由。除了免责事由之外，抗

---

[1] United States v. O'Hagan, 92 F. 3d 642, 643（1997）.

[2] 例如，在中国人民大学民商事法律科学研究中心受全国人大常委会法工委委托起草的《中国民法典·人格权法编》和《中国民法典·侵权行为法编》中，"法律建议稿"的第二章规定了侵权行为类型，这一章共规定了15节，第15节为证券侵权行为，包括三种：虚假陈述、内幕交易、操纵市场。参见"中国民法典人格权法编和侵权行为法编专家研讨会讨论综述"，载 http://china.findlaw.cn/info/mins hang/minfa/minshiquanli/renshenquan/rgq/128269.html#p1，最后访问日期：2020年7月1日。

[3] 参见王利明：《侵权责任法研究（上卷）》，中国人民大学出版社2010年版，第412页。

[4] 参见杨立新：《侵权责任法》，法律出版社2010年版，第175页。

辩事由还包括以下两类抗辩事由：其一，通过证明侵权责任构成要件的欠缺而主张责任不成立的抗辩事由，如侵权人证明自己没有过错，加害行为和损害结果之间没有因果关系等；其二，通过提出其他法律事实或者法律的规定而主张免除或减轻责任，如侵权人提出的诉讼时效期间届满的抗辩。另一方面，免责事由蕴含着立法者的价值判断。针对不同的侵权责任，立法者承认的免责事由也是不同的，因此，免责事由必须由法律明确规定，但并非一切抗辩事由都要由法律逐一规定。[1]

综上，笔者认为，抗辩事由包括但不限于免责事由，体现在内幕交易领域也是如此。内幕交易的抗辩事由包括两种：其一，证明不属于内幕交易构成要件的抗辩事由，如当事人不知悉内幕信息，不是内幕信息知情人等；其二，在法律构成要件之外，根据其他法律事实或具体实际情况提出的免责或者减轻责任的事由，如当事人提出交易是基于自身独立判断、诉讼时效已过、错误操作、属于误判、纯属巧合或偶然等。

二、内幕交易抗辩的特征

进一步而言，抗辩事由的独立性还来源于它具有独立的规范功能。也就是说，某个抗辩事由的必要性，来源于它在规范功能实现中的不可替代性，即其规范功能无法被其他构成要件要素所包含和取代。

其一，合法性。一个疑似内幕交易行为能否得到豁免，就是该行为是否能够得到合法性的问题。在实践中，当事人会提出形形色色的抗辩事由，比如，根据证监会的行政处罚统计，经过独立分析判断是当事人提出最多的抗辩事由，还有诸如依据已经公开信息、盈利颇少或亏损卖出可以证明不知内幕信息、股票交易不以营利为目的、纯属巧合或偶然、证券监管部门对禁止内幕交易的宣传缺失、只动用少量资金、错误操作、调查人员有非法取证之嫌，定案证据存疑等。以上抗辩事由大多并非经过法律确定或认可，而抗辩事由根据是否依据法律规定产生，分为法定抗辩事由和一般抗辩事由。法定抗辩事由是指法律明确规定当事人具有抗辩权利的事项，只要在实践中出现该事项规定的情形，当事人的抗辩权利就自动产生。比如大多国家立法都确认的预定交易计划、正当的市场行为等情形。而一般抗辩事由是指非经过法

---

[1] 参见程啸：《侵权责任法》，法律出版社2011年版，第214页。

律确认,而是当事人根据自身实际所提出的抗辩事项,这种事项的抗辩效力较低,甚至没有抗辩效力。比如前述实践中当事人提出的抗辩事由大多都属于一般抗辩事由。而抗辩事由合法性的优点在于,可以防止泛抗辩化的困境出现,减轻司法和执法机关的压力,提高内幕交易司法和执法的效率。

其二,派生性。抗辩事由的派生性意味着,一定的抗辩事由总是以一定的归责原则和责任构成要件为前提的。正是因为抗辩事由是由归责原则和责任构成要件所派生出来的,所以特定的归责原则和责任构成要件总是要求特定的抗辩事由。内幕交易的抗辩事由是从狭义构成要件中派生出来的,即具有派生性。[1]抗辩事由的派生性要求在审查抗辩事由的正当性和合法性时,应结合内幕交易的构成要件进行综合判定。比如在【(2015)4号赵罡】一案中,当事人提出了符合自身交易习惯的抗辩理由,其辩称任何股票均存在首次交易问题,当事人的交易习惯从来都是"全仓、快速、坚决买入"的特点,本次交易并不存在较历史交易异常的情况。但证监会指出,对当事人内幕交易行为的分析认定是从交易时间与内幕信息吻合程度,及交易下单时点、盘中交易特征、仓位情况等细节及与历史交易习惯的对比等多个角度进行的综合分析。当事人所主张的交易一致性的观点既无证据支持,也不足以解释其交易时间与内幕信息高度吻合的问题。[2]可以看出,证监会的认定依据是从该交易是否符合内幕交易的构成要件出发的,在不符合内幕交易的前提下,再考虑当事人提出的抗辩事由的合理性。

其三,防御性。抗辩事由的防御性意味着其主要作用在于防御,而不在于攻击,即有指控和请求权,才会出现抗辩权利,抗辩权利的存在不仅以请求权和指控为前提,还以对方行使请求权和指控为前提,否则抗辩权利的行使就可能成为空谈。也正因为如此,抗辩权利的行使具有即时性,在请求权人请求的同时,抗辩权利同时产生;而且也使得抗辩权利具有永久性,其行使并不导致其自身的消灭,即每出现一次请求权,也会相对应产生一次抗辩权利。[3]此外,既然抗辩事由存在防御性,也意味着当事人并非必须行使该权利,可以选择性地行使或者放弃。以2014年的证监会对内幕交易的行政处

---

〔1〕 参见冯珏:"论侵权法中的抗辩事由",载《法律科学(西北政法大学学报)》2011年第4期。
〔2〕 《中国证监会行政处罚决定书(赵罡)》(2015)4号。
〔3〕 参见尹腊梅:《民事抗辩权研究》,知识产权出版社2013年版,第92~93页。

罚为例,当年内幕交易的行政处罚案件共有46个,是历年来最多的。其中,有24个案件的当事人放弃了提出抗辩的权利:(2014)1号、5号、6号、8号、13号、14号、29号、37号、38号、39号、47号、50号、53号、60号、72号、73号、79号、80号、83号、87号、97号、98号、100号、102号。

三、内幕交易抗辩的原则

原则是为事物提供某种本源性、指导性的价值准则或规范。内幕交易抗辩事由的基本原则,是抗辩事由的立法设计与实践运行应遵循的基本准则,贯穿于内幕交易抗辩事由设计和运行的始终。与其他事物的原则相似,内幕交易抗辩事由的原则也包括基本原则和一般原则,基本原则是统领整个内幕交易抗辩制度的设计和运行并具有普遍适用性的核心准则;一般原则是针对某些特定抗辩事由的适用所衍生出的不具有普遍适用性的特别准则。本章节作为主要研究内幕交易抗辩事由基本法理的章节,主要探讨内幕交易抗辩的基本原则,一般原则在此并不作具体探讨。

在为内幕交易抗辩事由设置基本原则时,既要考虑到设置抗辩事由体现证券法治的公平、公正、效率的基本价值,又要兼顾内幕交易形态的特殊性和多样性,因此,在上述意义的基础上,将内幕交易抗辩事由的基本原则概括为诚实信用原则、有限性原则、原则性和灵活性相结合原则。

(一)诚实信用原则

诚实信用原则是《证券法》的基本原则之一,《证券法》规定,证券发行、交易活动的当事人具有平等的法律地位,应当遵守自愿、有偿、诚实信用的原则。该原则要求人们在证券交易活动中应该诚实、守信用,正当合法地行使其权利和履行义务。诚实信用原则体现在内幕交易抗辩领域,主要适用于以下几个方面:

其一,滥用抗辩权利的行为。在实践中,当事人的内幕交易行为变化多端,形态各异,有很多行为是无法预见的,相应地,当事人提出的抗辩事由也是监管者始料不及的。赋予当事人正当的抗辩权利,一方面是为了使当事人可以最大限度地寻求司法和行政救济,避免司法权和行政权滥用,维护当事人自身的合法权益;另一方面,也是保障司法机关和执法机关正确处理内幕交易案件的需要,当事人行使抗辩权利应该善意、正当,在必要的前提下提出。如果当事人借行使抗辩权利之由，行危害执法和司法秩序之实，则应被视为滥用抗辩权利的行为。比如在【（2011）57号岳远斌】一案中，当事人岳远斌共为自己的行为提出了8个抗辩理由：（1）依据预定交易计划；（2）依据股吧的公开信息；（3）未获利；（4）无社会危害性；（5）符合交易习惯；（6）了解法律法规，不会以身试法；（7）自己不知悉、未利用内幕信息；（8）独立分析判断。比如，当事人岳远斌的第3个抗辩理由本次交易并未获利，但根据证监会的调查，当事人的涉案交易金额巨大，账面盈利金额较大，而并不是未获利。可以看出，当事人在行使抗辩权利时并没有秉承诚实信用原则，而是无端提出根本不成立的抗辩理由，徒增执法机关的调查成本。

其二，维护控辩双方的平等地位。在司法审判和行政执法过程中，应维护双方当事人之间的平等地位，让控辩双方都有控诉和辩解并相互辩论的权利。维持双方的控辩均衡是社会主义法治的应有之义。在我国现行的司法审判和行政执法实践中，特别是证监会的行政执法实践，比如证监会对内幕交易作出的行政处罚决定书中，对于案件涉及内幕信息的形成、传递与公开过程，涉案账户的开立、资金往来及历史交易情况等事实会做较为清楚的说明，但对当事人提出的抗辩事由，有相当大的一部分并没有针对性地回应和说明不予支持的理由。诚实信用原则是实质正义理念在证券法治的体现和延伸，其要求审判和执法机构必须遵循这种正义的理念和思路，调和控辩双方的矛盾，而不是倾斜性地详述当事人的相关内幕交易事实，对当事人的抗辩置之不理。

（二）有限性原则

抗辩事由的设置是必要的，但又必须遵守有限性原则。设立抗辩事由的初衷和目的，是为了维护控辩双方的均衡，保护当事人正当合法的交易行为，提高内幕交易监管的公平性和效率性，因此设立抗辩事由是必要的。但是，抗辩事由的设立并非没有限制。这体现在享有的主体上，即并非所有当事人都享有，而是被指控涉嫌内幕交易行为的相关当事人才享有。在权利的内容、法律效果等方面亦然。

1. 抗辩事由内容的有限性。内容的有限性意味着并非当事人提出的所有辩解事由都属于内幕交易抗辩权利适用的事项范围，只有法律明确规定的事项才属于抗辩事由的内容。同时，法律规定的抗辩事由也必须是有限的，一般经过实践检验并经过充分论证的事项才可以由法律确认成为正当的抗辩事由。例如，《内幕交易司法解释》规定了三种抗辩事由，即上市公司的收购、依据公开信息、预定交易计划。但在实践中，当事人在提出不符合内幕交易构成要件的抗辩之外，还会提出非构成要件的抗辩事由，比如符合个人交易习惯、涉案账户的交易并非本人所为、诉讼时效已过、无社会危害性或社会危害性较小、对相关法律规定不了解等。同时，从英美等发达资本市场的经验来看，内幕交易抗辩事由的内容或范围也是有限的。比如，美国 SEC 利用 Rule 10b5-1 确立了预定交易计划抗辩，英国在其立法中确立了上市公司收购、做市商行为、执行客户指令等抗辩事由，欧盟还确定了安定操作行为、股份回购行为等抗辩事由。因此，抗辩事由的有限性应强调内容和范围的有限。

2. 法律效果的有限性。法律效果的有限性是指当事人提出的抗辩事由，在内幕交易行为的认定和惩罚等方面存在有限性。换言之，并非当事人提出抗辩事由，就可以免除其行政、民事、刑事责任，而是应该考虑当事人提出的抗辩事由是否属于法律明确规定的抗辩事由，即使当事人提出的是法定抗辩事由，还应结合其他因素综合认定，这就使得抗辩事由的效果本身存在有限性。比如，根据统计分析，当事人在实践中使用频率最高的莫过于经过独立分析判断，但即使当事人利用该理由进行抗辩，也不代表着其可以免责，还应结合当事人是否知悉内幕信息、是否在内幕交易敏感期内从事股票交易，以及具体分析当事人的交易时间、规模、投资经验等因素。再如，预定交易计划也是美英等国和地区被普遍确认的抗辩事由。当事人提出预定交易计划并不能当然免责，还应考察当事人实际交易股票的数量、时间、金额、日期等是否严格按照原定计划进行。如果前后进行比较发现，实际交易与原定计划有较大差异，则该理由的抗辩效力将会被消除。

（三）本土化检验原则

任何一国的法律制度都不是凭空产生的，而或多或少地来自于本国或他国已有的正式或非正式的制度，这些制度构成了法律发展过程中可以利用的制度资源。[1]内幕交易抗辩制度并非我国证券市场首创，一般认为，内幕交

---

[1] 参见张文显：《马克思主义法理学——理论、方法和前沿》，高等教育出版社2003年版，第188页。

易抗辩制度源自美国的司法判例和 SEC 的监管规则。以我国现有的内幕交易抗辩规则来看，存在着大量法律移植的规则和制度，比如预定交易计划、依据公开信息、上市公司收购等情形。以预定交易计划抗辩为例，《内幕交易司法解释》第 4 条确认了预定交易计划的抗辩效力，即按照事先订立的书面合同、指令、计划从事相关证券、期货交易的不属于《刑法》第 180 条第 1 款规定的从事与内幕信息有关的证券、期货交易。预定交易计划起源于美国，是 SEC 为了缓和不同法院之间对于内幕交易认定标准的争议所设计的规则。该规则规定，当事人如果可以证明其交易并不依赖重大未公开信息，在知悉信息之前已经订立了交易该股票的生效合同，该合同中详细记载了交易的股票数量、价格、日期、程序和公式等，则不属于内幕交易。此后，欧盟、英国、澳大利亚、日本、新西兰等地区和国家都根据自身的证券市场环境建立了预定交易计划抗辩制度。作为后发型国家，如何处理好法律移植和本土资源之间的关系，使两者很好融合，是我国建设证券市场法治的重要课题。因此，我国在移植他国法律规则时，应结合我国的市场环境进行本土化检验，在充分论证和征求社会意见的基础上，决定抗辩事项的设立与否。

第二章 我国内幕交易抗辩制度的现状
——基于中国证监会执法实践的实证分析

第一节 我国内幕交易抗辩制度的立法现状

一、内幕交易规制的法律渊源

我国规制内幕交易的法律渊源可以溯及到 1993 年的《股票发行与交易管理暂行条例》，该条例第 72 条规定，内幕人员和以不正当手段获取内幕信息的其他人员违反本条例规定，泄露内幕信息、根据内幕信息买卖股票或者向他人提出买卖股票的建议的，根据不同情况，没收非法获取的股票和其他非法所得，并处以五万元以上五十万元以下的罚款。证券业从业人员、证券业管理人员和国家规定禁止买卖股票的其他人员违反本条例规定，直接或者间接持有、买卖股票的，除责令限期出售其持有的股票外，根据不同情况，单处或者并处警告、没收非法所得、五千元以上五万元以下的罚款。由于该规定的原则性和模糊性，不利于实践操作和执行，国务院证券委员会随后又发布了对内幕交易规制更为明确具体的《禁止证券欺诈行为暂行办法》（现已失效），其中第 3 条明确规定，禁止任何单位或者个人以获取利益或者减少损失为目的，利用内幕信息进行证券发行、交易活动。第 4 条用列举的形式解释了内幕交易的内涵。第 5 条解释了内幕信息的概念，即内幕人员所知悉的、尚未公开的和可能影响证券市场价格的重大信息，并用 26 款规定解释了重大信息可能包含的事项。第 6 条界定了内幕人员，是指由于持有发行人的证券，或者在发行人或者与发行人有密切联系的公司中担任董事、监事、高级管理人员，或者由于其会员地位、管理地位、监督地位和职业地位，或者作为雇员、专业顾问履行职务，能够接触或者获得内幕信息的人员。

1998年12月，《证券法》公布。此后，并于2004年、2005年、2013年、2014年、2019年多次修订或修正。在最新的《证券法》中重申了我国对于禁止内幕交易的基本原则，即禁止证券交易内幕信息的知情人和非法获取内幕信息的人利用内幕信息从事证券交易活动。第51条用列举的形式解释了内幕信息知情人的范围，具体包括：（1）发行人及其董事、监事、高级管理人员；（2）持有公司百分之五以上股份的股东及其董事、监事、高级管理人员，公司的实际控制人及其董事、监事、高级管理人员；（3）发行人控股或者实际控制的公司及其董事、监事、高级管理人员；（4）由于所任公司职务或者因与公司业务往来可以获取公司有关内幕信息的人员；（5）上市公司收购人或者重大资产交易方及其控股股东、实际控制人、董事、监事和高级管理人员；（6）因职务、工作可以获取内幕信息的证券交易场所、证券公司、证券登记结算机构、证券服务机构的有关人员；（7）因职责、工作可以获取内幕信息的证券监督管理机构工作人员；（8）因法定职责对证券的发行、交易或者对上市公司及其收购、重大资产交易进行管理可以获取内幕信息的有关主管部门、监管机构的工作人员；（9）国务院证券监督管理机构规定的可以获取内幕信息的其他人员。第52条规定了内幕信息，即在证券交易活动中，涉及发行人的经营、财务或者对该发行人证券的市场价格有重大影响的尚未公开的信息，为内幕信息；并明确规定强制信息披露中所列的重大事件属于内幕信息。第191条则对内幕交易行政法律责任进行了界定：证券交易内幕信息的知情人或者非法获取内幕信息的人违反本法第五十三条的规定从事内幕交易的，责令依法处理非法持有的证券，没收违法所得，并处以违法所得一倍以上十倍以下的罚款；没有违法所得或者违法所得不足五十万元的，处以五十万元以上五百万元以下的罚款。单位从事内幕交易的，还应当对直接负责的主管人员和其他直接责任人员给予警告，并处以二十万元以上二百万元以下的罚款。国务院证券监督管理机构工作人员从事内幕交易的，从重处罚。违反本法第五十四条的规定，利用未公开信息进行交易的，依照前款的规定处罚。

二、内幕交易抗辩制度的法律渊源

从上文可见，我国法律对于内幕交易抗辩制度的规定，只有《证券法》

第53条第2款,即持有或者通过协议、其他安排与他人共同持有公司百分之五以上股份的自然人、法人、其他组织收购上市公司的股份,本法另有规定的,适用其规定。

2007年,中国证监会发布了《内幕交易认定指引》(现已失效),其中第19条规定,上市公司、上市公司控股股东或其他市场参与人,依据法律、行政法规和规章的规定,进行下列市场操作的,不构成内幕交易行为:(1)上市公司回购股份;(2)上市公司控股股东及相关股东行为履行法定或约定的义务而交易上市公司股份;(3)经中国证监会许可的其他市场操作。第20条规定,有下列情形之一的,行为人的证券交易活动不构成内幕交易行为:(1)证券买卖行为与内幕信息无关;(2)行为人有正当理由相信内幕信息已公开;(3)为收购公司股份而依法进行的正当交易行为;(4)事先不知道泄漏内幕信息的人是内幕人或泄露的信息为内幕信息;(5)中国证监会认定的其他正当交易行为。尽管该指引首次较为完整地规定了内幕交易行政处罚的抗辩事由,但是,该指引仅为证监会发布的部门规章,适用的范围也仅为证监会的行政处罚,存在权威性较弱、适用范围狭窄、执行力较差等问题。[1]同时,该指引是一个试行文件,并不是一个正式文件,也就意味着其效力并非恒定,而且作为一种立法文件,试行体现的是立法者对于所规范事项采取的一种实事求是的审慎性态度,但是当立法文件自推出之后就一直处于试行状态,就会使人费解,也会让人对立法者的立法态度和规则本身的良劣产生怀疑。[2]此外,作为部门规章,该指引也无法适用于司法审判,也就造成内幕交易抗辩制度处于一种类似于"花瓶"的摆设。

2012年6月1日起施行的《内幕交易司法解释》,正式让内幕交易的抗辩事由具有了真正的法律效力。该司法解释较为详细地规定了内幕信息、内幕知情人员、敏感期等问题,并吸收了美国、英国、我国香港地区和台湾地区等成熟资本市场的先进经验,采用列举加概括的方式规定了不属于刑法上内

---

〔1〕 有学者专门对此现象作了论述,并将该现象称为"法律空洞化"。"法律空洞化"是指立法风格简略、粗犷,法律的完整性、周延性、精确性和普适性不足,没有实质内容,可操作性差,从而导致法律的控制力不足,法律仅剩一个空壳甚至连外壳都没有的现象。参见邢会强:"政策增长与法律空洞化——以经济法为例的观察",载《法制与社会发展》2012年第3期。

〔2〕 参见黎四奇:"对我国中小企业信用担保法律制度的检讨与反思",载《财经理论与实践》2009年第3期。

幕交易的情形。《内幕交易司法解释》第 4 条规定，具有下列情形之一的，不属于《刑法》第 180 条第 1 款规定的从事与内幕信息有关的证券、期货交易：（1）持有或者通过协议、其他安排与他人共同持有上市公司百分之五以上股份的自然人、法人或者其他组织收购该上市公司股份的；（2）按照事先订立的书面合同、指令、计划从事相关证券、期货交易的；（3）依据已被他人披露的信息而交易的；（4）交易具有其他正当理由或者正当信息来源的。不可否认的是，该规定对于我国完善内幕交易监管制度具有重要意义。但该条前三款规定较为原则，精细化程度较低，可操作性也较差，存在被内幕人滥用的风险。而且，《内幕交易司法解释》的制定目的主要在于明确和解决内幕交易疑难问题，但该条第 4 款采用的是概括式兜底条款规定，即在内幕交易犯罪行为认定中具有直接出罪功能的正当化事由，这在很大程度上与司法解释宗旨相悖。[1]因此，我们可以发现，尽管《内幕交易司法解释》的出台对于保护合法的证券交易、保护投资者的合法权益、为行为人提供合法的抗辩事由等具有重要的推动作用，但其规定并不明确具体，而且未考虑到实践问题的复杂性和多样性，反而不利于实践中更加有效地监管内幕交易。也正如学者所言，《内幕交易司法解释》第 4 条规定将"交易具有其他正当理由或者正当信息来源"明确排除在内幕交易罪之外，基于此规定作为"兜底条款"在规范内涵上的明确性先天不足，实践中又很难给出明确的回应，故须在理论上予以进一步论证从而填补司法解释的空缺。[2]

第二节　我国内幕交易抗辩制度的实践现状

一、样本选择和说明

本书搜集了 2004 年到 2020 年，中国证监会公布的所有涉及内幕交易的行政处罚案例，共 360 件（详情请见附表）。通过对这些案例的研究，试图揭示中国证监会对内幕交易的执法监管实践，而且可以清晰地看出我国内幕交易案件中当事人提出的抗辩事由的具体类型，也由此展现出内幕交易抗辩制

---

[1] 参见谢杰："最新内幕交易犯罪司法解释的缺陷与规则优化"，载《法学》2012 年第 10 期。
[2] 参见刘宪权："论内幕交易犯罪最新司法解释及法律适用"，载《法学家》2012 年第 5 期。

度存在的理论和实践问题。

随着中国证监会执法水平的不断提高和我国依法行政建设的不断推进，中国证监会行政处罚决定书的撰写不断完善，不仅仅关注当事人是否知悉内幕信息，是否构成内幕交易行为以及内幕交易的过程和事实，也开始逐步关注到当事人的抗辩事由。中国证监会行政处罚决定书的不断完善给学者研究内幕交易的抗辩制度提供了便利和可能。之所以选择将中国证监会的行政处罚决定书作为实证研究的主要样本，主要基于证监会的行政执法在构建我国内幕交易监管法律制度方面具有其他手段不可比拟的作用；行政处罚是目前实践中对内幕交易行为人最重要的打击手段，[1]同时，专业监管机构在行政处罚中对法律的适用和解释，在某种程度上会得到司法机关的尊重。[2]因此，本部分将主要研究中国证监会行政处罚决定书所提及的抗辩事由，通过观察实践当中当事人的抗辩理由，为理论研究提供滋养和证明。

二、内幕交易行政处罚案例概述

从360份中国证监会的行政处罚决定书中可以发现，当事人提出的抗辩事由五花八门，类型各异，归纳起来包括以下几种：独立分析判断；依据已经公开信息；盈利甚微亏损卖出可以证明不知内幕信息；股票交易不以营利为目的；对相关法律规定不了解；符合个人或业内交易习惯或风格；涉案账户的交易非本人所为；错误操作；属于误判；纯属巧合或偶然；只动用少量资金；依据预定交易计划；卖出股票是为支付公司相关费用，并非利用内幕信息为个人牟利；证券监管部门对禁止内幕交易的宣传缺失；诉讼时效已过；无社会危害性或社会危害性较小；调查人员有非法取证之嫌，定案证据存疑；基于券商推荐；委托理财关系。

（一）中国证监会行政处罚案例概览

本书共收集了中国证监会从2004年至2020年对内幕交易作出的360份行

---

[1] 在成熟市场中，内幕交易的民事、行政证券法律与监管和刑事责任"三足鼎立"，构成内幕交易的三大支柱。而我国的内幕交易查处过于倚重行政处罚，刑事问责的频度和力度不大，尤其是民事责任的欠缺，更是我国内幕交易有效规制的"短板"。参见蔡奕："我国证券市场内幕交易的法学实证分析——来自31起内幕交易成案的统计分析"，载《证券市场导报》2011年第7期。

[2] 参见彭冰："内幕交易行政处罚案例初步研究"，载《证券法苑》2010年第三卷。

政处罚决定书。其中，2004 年 2 件，2005 年和 2006 年 0 件，2007 年 1 件，2008 年 3 件，2009 年 6 件，2010 年 10 件，2011 年 9 件，2012 年 14 件，2013 年 34 件，2014 年 46 件，2015 年 11 件，2016 年 52 件，2017 年 33 件，2018 年 47 件，2019 年 59 件，2020 年 33 件（如图 2 所示）。

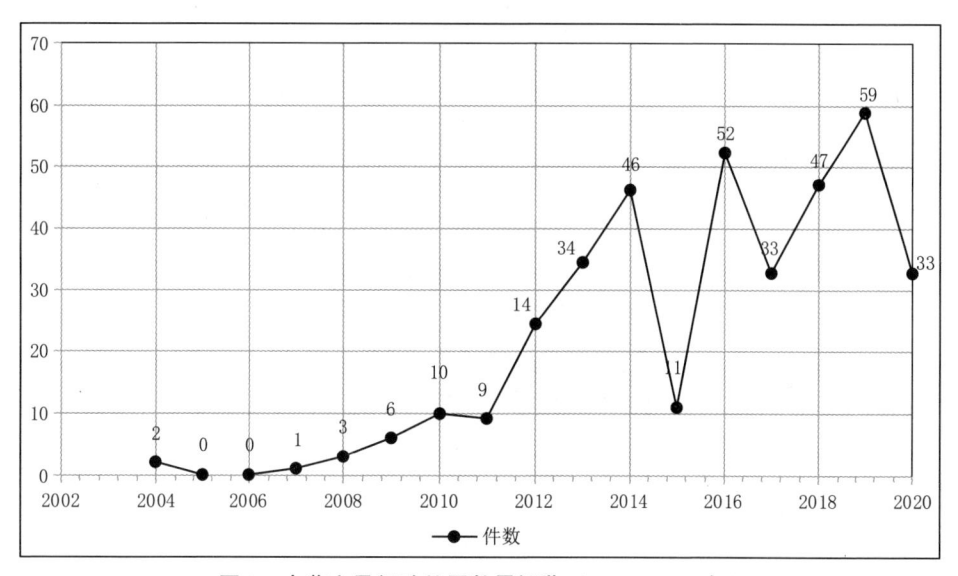

图 2　内幕交易行政处罚数量概览（2004~2020 年）

（二）涉案人数以及是否提出抗辩

在本书统计的 360 个案件当中，共涉及 615 人次，其中提出抗辩的有 347 人次，占比为 56%；未提出抗辩的有 268 人次，占比 44%（如图 3 所示）。可以看出，当事人提出抗辩的比例要多于未提出抗辩的人数比例。究其未抗辩的原因在于：其一，当事人确实从事了内幕交易，甘愿受罚；其二，当事人并不知晓自己具有抗辩权；其三，行政处罚数额不大，当事人对此并不在乎（如图 4 所示）；其四，我国内幕交易的行政处罚和刑事司法实践衔接度不够，无法较好地威慑当事人。

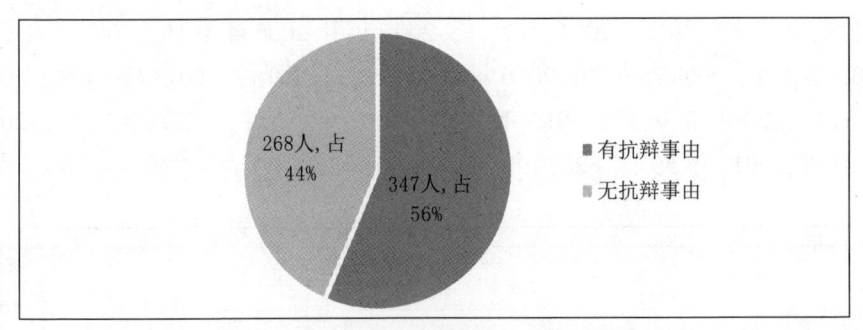

图3 当事人提出抗辩事由的人数和比例

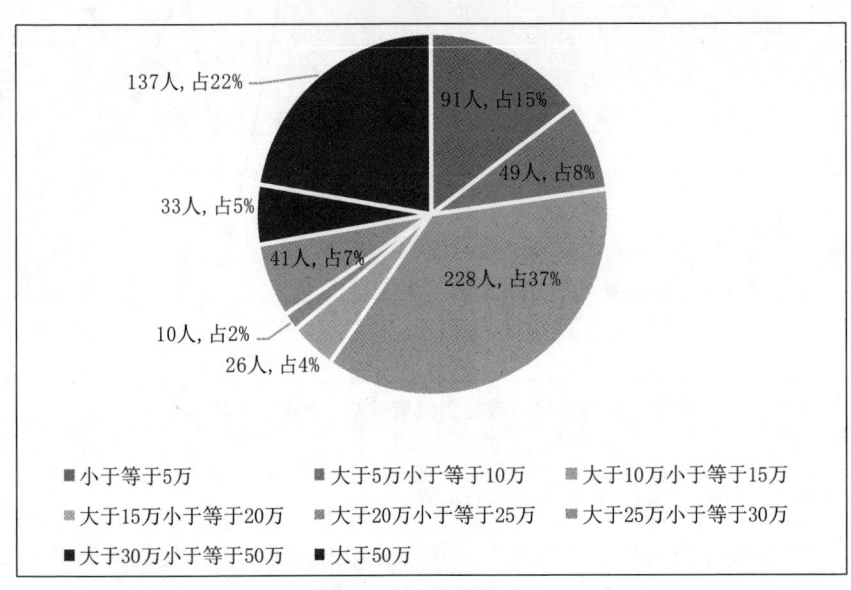

图4 处罚金额及比例

通过观察证监会的行政处罚可以发现，当事人提出的抗辩事由主要有以下几类（如图5所示）：其一，独立分析判断。此种类型是当事人提出最多的，共有90人次提出采用该抗辩，占比为40%。其二，依据公开信息进行交易。该类型共有45人次提出，占比20%。其三，符合以往交易习惯。该抗辩事由共有29人次提出，占比13%。其四，盈利甚微甚至亏损。该抗辩事由共有16人次提出，占比7%。其五，法律认识错误。该抗辩事由共有14人次提出，占比6%。其六，纯属巧合或偶然。该抗辩事由共有12人次提出，占比5%。其七，依据预定交易计划。该抗辩事由共有10人次提出，占比5%。其八，社会危害性较小。该抗辩事由共有 6 人次提出，占比 3%。其九，已过诉讼时效。该抗辩事由仅有 3 人次提出，占比 1%。

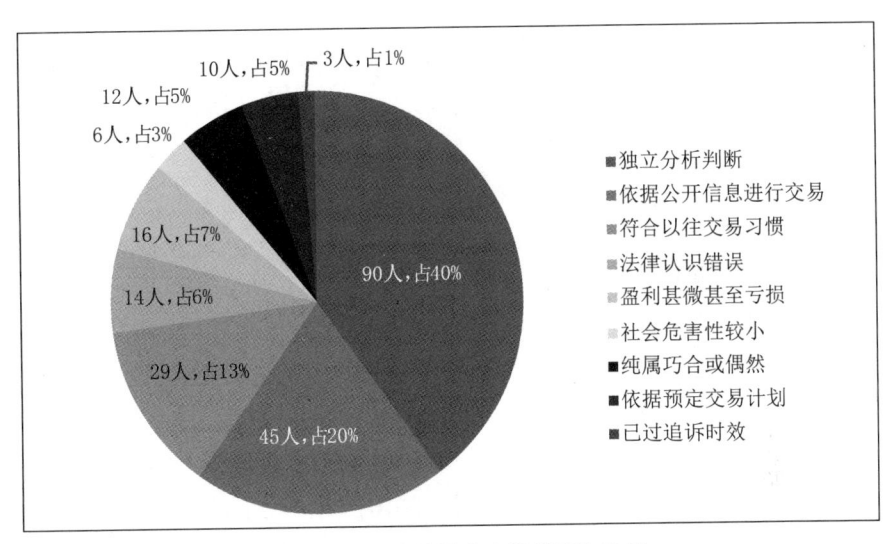

图 5　内幕交易抗辩事由的类型和比例

三、内幕交易行政处罚的困境及原因分析

第一，不重视当事人提出的抗辩理由，对当事人提出的抗辩主张的叙述过于简单。在行政处罚决定书中，当事人的抗辩理由一般处于处罚书的最后位置，列明当事人的抗辩理由和主张是对当事人抗辩权利的尊重以及行政公开的应有之义。目前，有些处罚决定书对当事人的抗辩事由和具体辩解意见，一般只用极少的文字概括，甚至根本找不到当事人的抗辩理由。该问题的存在，无法完整呈现当事人和执法机关的争执焦点，会使当事人对行政处罚的公正性产生怀疑。以行政处罚书的遗漏为例，即处罚书中明确写明当事人提出了抗辩意见，但是无法看到抗辩的具体内容。根据统计发现，共有 5 个案件处罚书未载明抗辩内容。（1）在【（2004）17 号向小云】一案中，证监会认为当事人未报告其持有本公司股票的情况，后又买卖"厦门建发"股票。[1]（2）在【（2009）24 号吕道斌、薛东兵、张瑜婷、刘晓杨、段跃钢】一案中，

---

[1]《中国证监会行政处罚决定书（向小云）》（2004）17 号。

证监会认为五人均在利用职位优势知悉乐山电力能够参与投资多晶硅项目后买卖股票。[1]（3）在【（2014）101号薛峰】一案中，证监会认定薛峰利用内幕信息交易"ST珠峰"股票。[2]（4）在【（2015）8号齐建湘】一案中，证监会认为，齐建湘委托陈某某向季某某打探内幕信息，并在内幕信息公开前交易"时代新材"股票构成内幕交易。[3]（5）在【（2015）30号吕建卫】一案中，证监会认为，在内幕信息敏感期内，吕建卫操作4个账户买入"炬华科技"股票，并于内幕信息公告后全部卖出。[4]

第二，行政处罚决定书表达不清，前后矛盾。详言之，表现在以下两个方面：其一，处罚书写明行为人未提出（不要求）抗辩，却在其中写明了抗辩事由。根据统计发现，共有5个案件存在该问题。（1）【（2010）2号佘鑫麒】一案，证监会认为当事人利用职位优势阅读四川圣达公司的年报信息和业绩快报信息，知悉内幕消息，并买卖"四川圣达"股票。处罚书写明行为人未提出抗辩，却在其中写明当事人提出2个抗辩事由：不知悉内幕信息；涉案账户的交易非本人所为。[5]（2）【（2010）29号李际滨、黄文峰】一案，证监会认为当事人通过身份优势在知悉内幕信息后买卖粤富华股票。处罚书写明行为人不要求抗辩，却在其中写明了抗辩事由：李际滨称未利用内幕信息，基于独立判断；黄文峰辩称完全依据自身判断和公开信息，且对相关法律规定不了解。[6]（3）【（2012）23号沈少玲】一案，证监会指出沈少玲作为内幕信息知情人，在内幕信息敏感期内大量交易彩虹精化股票。处罚书写明行为人未提出抗辩，却在其中写明了抗辩事由，即基于券商推荐。[7]（4）【（2012）31号曾国波】一案，证监会认定当事人利用内幕信息买卖劲嘉股份的股票，从事了内幕交易行为。处罚书写明行为人未提出抗辩，却在其中写明了抗辩事由：依据已经公开信息，通过自身经验判断。[8]（5）【（2014）90号贺小

---

[1]《中国证监会行政处罚决定书（吕道斌、薛东兵、张瑜婷、刘晓杨、段跃钢）》（2009）24号。

[2]《中国证监会行政处罚决定书（薛峰）》（2014）101号。

[3]《中国证监会行政处罚决定书（齐建湘）》（2015）8号。

[4]《中国证监会行政处罚决定书（吕建卫）》（2015）30号。

[5]《中国证监会行政处罚决定书（佘鑫麒）》（2010）2号。

[6]《中国证监会行政处罚决定书（李际滨、黄文峰）》（2010）29号。

[7]《中国证监会行政处罚决定书（沈少玲）》（2012）23号。

[8]《中国证监会行政处罚决定书（曾国波）》（2012）31号。

娟】一案，证监会认定贺小娟利用内幕信息交易"宏达新材"股票。处罚书写明行为人未提出抗辩，却在其中写明当事人提出3个抗辩事由：基于公开信息；独立分析判断；股票全部卖出，交易亏损。[1]其二，处罚书未说明行为人是否提出抗辩。在【（2008）46号邓军、曲丽】[2]和【（2010）22号辽源得亨、辽河纺织、由春玲、赵利】[3]两个案件中，处罚决定书并未说明行为人是否提出抗辩，也未对此情形作出解释。

第三，反驳理由部分说理欠缺针对性、充分性。证券监管机构对涉嫌内幕交易之人进行行政处罚，当事人提出抗辩事由，作为行政处罚主体理应对抗辩事由作出有针对性的回应，让当事人明了自身抗辩无效的依据和原因。但是，纵观证监会的行政处罚决定书，有不少处罚书对当事人提出的抗辩事由并未有明确的回应和说理。比如，在【（2013）2号李国刚、白宪慧、周富华、姚文喜】一案中，周富华、李国刚、白宪慧辩称，对证券法律法规缺乏了解，无意触犯法律，并积极配合调查，请求从轻处罚；周富华还提出合计盈利为741 198.49元，不是《行政处罚事先告知书》中认定的929 279.90元。可以看出，三人提出了两个抗辩事由，一是对相关规定不了解，无意触犯法律；二是对处罚金额有异议。但证监会只对第二个事由作了回应，对于当事人提出的第一个事由，证监会只是指出，李国刚、白宪慧、周富华提出的从轻处罚的理由于法无据，不能采纳，并没有从正面说明不予采纳的直接理由。[4]再如，在【（2013）72号吴伟、谢霞琴】一案中，当事人吴伟提出，其不知道谢霞琴的丈夫是杭萧钢构总经理，在与谢霞琴的交谈中未获知内幕信息；其大量买入该股票是基于个人技术分析和对大市研判，请求对其免予或减轻处罚。证监会并未针对第二个抗辩事由，即交易股票是基于个人技术分析和股市研究进行解释和回应。[5]

第三节　内幕交易抗辩事由的正当性

为什么给内幕交易设置抗辩事由？这是内幕交易抗辩事由正当性分析的

---

[1]《中国证监会行政处罚决定书（贺小娟）》（2014）90号。
[2]《中国证监会行政处罚决定书（邓军、曲丽）》（2008）46号。
[3]《中国证监会行政处罚决定书（辽源得亨、辽河纺织、由春玲、赵利）》（2010）22号。
[4]《中国证监会行政处罚决定书（李国刚、白宪慧、周富华、姚文喜）》（2013）2号。
[5]《中国证监会行政处罚决定书（吴伟、谢霞琴）》（2013）72号。

本源问题。通过分析抗辩事由的正当性，把握抗辩事由存在的合理性和合法性，是抗辩事由研究中的核心问题之一。纵观世界各国和地区内幕交易的先进立法可以发现，内幕交易抗辩事由是境外内幕交易立法的应有之义。为什么证券法在规定内幕交易违法的同时，还要明确规定特定情况下可以抗辩免责呢？本章正是建立在以上假设的基础上，通过对内幕交易抗辩事由的多元化价值进行分析，以求认识到内幕交易抗辩事由的正当性。

一、设置内幕交易抗辩事由的合理性：知悉与利用之争

理论学说作为对现实生活的抽象与简化，必然无法与鲜活的事实完全对应，因而总是存在其固有的缺陷，需要该理论体系外其他学说的修正与完善。抗辩事由即服务于此项目的，涵摄被理论所抽象或者省略了的、但又有必要纳入实体考量范围的事实。[1]也就是说，内幕交易抗辩事由存在的合理性在于弥补内幕交易构成要件的不足。

关于内幕交易的主观构成要件应采用"知悉"（awareness）还是"利用"（use）一直是各国和地区立法和实践中的一个颇具争议的焦点问题。"知悉"，即行为人在进行证券交易时应当知悉内幕信息；"利用"，即行为人利用知悉的内幕信息进行了证券交易。美国联邦法院和学界通说认为，行为人是否构成内幕交易，应视其有无依据（on the basis of）重大未公开信息进行交易。但是，在美国司法实务界、SEC、学界仍然存在诸多争议，争议的焦点就在如何认定行为人是依据重大未公开信息进行交易？即行为人是否必须实际利用了内幕信息，才能构成内幕交易？或者仅需要证明内部人知悉内幕信息就构成内幕交易？

（一）知悉说

在1968年SEC v. Texas Gulf Sulphur Co. 案[2]和1993年United States v. Teicher 案[3]的判决中，美国联邦第二巡回法院都采用了"知悉持有"的标准，认为持有内幕信息就足以构成内幕交易，而且采用知悉标准也符合禁止内幕交易的目的，否则要求监管机构证明行为人实际利用信息，在实践操

---

[1] 参见冯珏："侵权法中的抗辩事由"，载《法律科学（西北政法大学学报）》2011年第4期。
[2] SEC v. Texas Gulf Sulphur Co., 401 F. 2d 833 (2d Cir. 1968)
[3] United States v. Teicher, 987 F. 2d 112 (2d Cir. 1993).

作中会遇到诸多障碍和困难，也会削弱内幕交易规制的合理性和效率性。

联邦第二巡回法院在 United States v. Teicher 一案[1]中，主张1934年《证券交易法》Section 10（b）以及 Rule 10b-5 并未要求被告的交易行为必须与持有内幕信息之间具有因果关系，原告只需要证明行为人在交易时持有重大未公开信息即可，无须考虑两者之间的因果关系。本案中，被告 Teicher 成立了 Victor Teicher&Co 公司，为投资人提供证券投资顾问服务。Frankel 为 Drexel Burnham Lambert，Inc 投资银行的证券分析师，Robert Salsbury 是 Frankel 手下从事金融分析研究小组的成员。Michael David 为 Salsbury 的好友，同时也是 Paul Weiss 律师事务所的合伙人。在1985年12月到1986年3月之间，David 经常泄漏客户未公开的内幕信息给 Teicher 和 Salsbury。Salsbury 也会向 Teicher 泄漏一些客户并购的内幕信息。Teicher 和 Salsbury 借由上述内幕信息进行内幕交易并获取了高额收益，法院根据私取理论判其有罪。被告不服提起上诉，提出一审法院仅仅依据被告知悉重大非公开信息即构成内幕交易，而不论被告是否确有利用内幕信息进行证券交易的行为。但联邦第二巡回法院仍支持一审法院的知悉主张。理由如下：第一，为保护投资者，应以灵活变通的方式解释1934年《证券交易法》Section 10（b）以及 Rule 10b-5 中要求证券欺诈行为必须"与证券交易有关"一词，并将其放入整个资本市场观察。因而，当行为人知悉内幕信息从事内幕交易，即满足了法条中要求的"与证券交易有关"的条件。换言之，广义的证券欺诈应从整个资本市场保护着眼，只要行为人的欺诈行为与证券市场有关，就应该承担法律责任。第二，知悉标准与"公开消息否则禁止买卖"原则一致。当行为人知悉内幕信息而不公开时，即应负戒绝交易的义务，否则就属于违法，至于交易时行为人是否利用了内幕信息，在所不问。第三，知悉标准在适用上简单明确，但凡行为人知悉重大非公开信息，便享有信息优势，如果不能戒绝交易，将危害投资者的合法权益。并且行为人在持有重大未公开信息时，很难想象其交易行为不受该信息的影响。第四，让原告负举证责任，要求原告举证证明内幕信息与证券交易之间没有因果关系，不但难度过高，甚至会陷入合法证券交易和非法证券交易无法分辨的困境。因为要证明行为人确实利用了内幕

---

[1] Unitd States v. Teicher, 987 F. 2d 112（2d Cir. 1993), cert. denied, 510 U. S. 976（1993).

信息非常困难，所以第二巡回法院采用了知悉持有内幕信息的标准。〔1〕

（二）利用说

有别于"知悉"说对于内幕交易的判断，"利用"说则要求原告负担举证责任，让其证明被告的交易行为应该与持有内幕信息之间有因果关系，才构成内幕交易。该学说于联邦第九巡回法院在 United States v. Smith 案〔2〕中得到确认。被告 Richard Smith 在 PDA 软件设计公司担任工程销售部的副总裁，主要负责北美地区的销售业务，并持有该公司股票 51 445 股。Smith 于 1993 年 6 月初知悉公司发生预算估计错误等问题，并即将发布盈亏公告，遂于 1993 年 6 月 10 日到 6 月 18 日将其持有的 PDA 公司股票悉数卖出，并融券卖空 3.5 万股 PDA 公司的股票，而且在交易期间，Smith 也辞去了 PDA 公司的所有职务。由于预算估计错误等负面信息的影响，PDA 公司的股价大跌 40%，而 Smith 避免了 15 万美元的损失，并通过卖空交易获利 5 万元。在本案中，Smith 在 6 月 19 日曾通过电话语音信箱留言给公司洛杉矶营业部的员工 Angela Bravo de Rueda，告知其因为发生严重的预算估计错误，公司在预定盈亏信息公布之后必定会面临一系列的问题，股价也会大跌，所以自己已经出售并采用了融券卖空方式规避风险。Smith 被地方法院认定为构成内幕交易，Smith 不服提出上诉。但联邦第九巡回法院驳回了 Smith 的上诉，认为 Smith 利用了内幕信息，符合利用的标准，故维持原判。

美国联邦第九巡回法院在知悉说和利用说两者之间，明确支持在证券交易中要构成内幕交易，必须真正利用内幕信息。理由如下：第一，行为人具有的不合法的信息优势只有在利用内幕信息时才能得到显现。知悉的认定标准限定于故意欺诈的范围内，如果行为人主观上没有欺诈的意图和行为，比如执行预定交易计划，行为人为完成该预定交易计划，虽然持有内幕信息但仍然继续执行计划时，也应该认为行为人是执行先前预定的计划策略，并没有欺诈的意图，此时行为人也就不具有不法的信息优势。第二，"公开披露否则戒绝交易"原则并非为支持知悉说的理由。具体而言，造成证券市场信息不对称的交易成本，是在内部人利用重大未公开信息交易的时候才得以体现，

---

〔1〕 Unitd States v. Teicher, 987 F. 2d 112 (2d Cir. 1993), cert. denied, 510 U. S. 976 (1993).

〔2〕 United States v. Smith 155 F. 3d 1051 (9th Cir. 1998), cert. denied, 525 U. S. 1071, 119 S. Ct. 804, 142 L. Ed. 2d 664 (1999).

持有内幕信息本身并没有社会危害性。假如行为人的证券交易发生在知悉内幕信息之前，则该行为人并没有不法意图，也就无可归责性。但如果采用"知悉"标准，将出现行为人不论是否有不法意图都将承担责任的绝对归责情形。尽管在 Teicher 一案中，法院认为"知悉"标准和"公开披露否则戒绝交易"原则较为相符，并将其作为驳斥利用说的证据。但"公开披露否则戒绝交易"原则的本质并不是禁止所有证券交易，而是在于消除使用重大非公开信息而非法获利。所以，该原则并非支持"知悉"标准，而是重在利用内幕信息所为的内幕交易。[1]

SEC 一直以来都采用知悉持有的标准。但是，SEC 也不得不承认，其采用知悉持有标准就不可避免地会造成打击面过广的后果，而这可能会牵连正常的证券交易行为。[2] 为解决这一不合理的后果，也为了消除司法实务上长久僵持不下的知悉持有与利用的争论，SEC 于 2000 年公布了 Rule 10b5-1，一方面，采用知悉持有的基本标准；另一方面，也增设了豁免条款，列举数项积极抗辩事由，让行为人可以主张其交易行为与内幕信息无关，经过行为人举证证明之后可以免除其内幕交易责任，并藉此避免知悉持有标准打击过宽的弊病。此后，日本、澳大利亚、我国台湾地区等国家和地区纷纷采用此种立法模式。

我国对于内幕交易的监管立法主要规定于《证券法》及相关法律文件中。《证券法》第 53 条规定，证券交易内幕信息的知情人和非法获取内幕信息的人，在内幕信息公开前，不得买卖该公司的证券，或者泄露该信息，或者建议他人买卖该证券。从该条规定可以看出，法律规定只要行为人在交易时或交易前知悉内幕信息就被禁止从事相关证券交易。换言之，该条采用"知悉"标准。与之相似的还有《刑法》第 180 条，该条规定，证券、期货交易内幕信息的知情人员或者非法获取证券、期货交易内幕信息的人员，在涉及证券的发行，证券、期货交易或者其他对证券、期货交易价格有重大影响的信息尚未公开前，买入或者卖出该证券，或者从事与该内幕信息有关的期货交易，或者泄露该信息，或者明示、暗示他人从事上述交易活动，情节严重的，处

---

[1] United States v. Smith 155 F. 3d 1051（9th Cir. 1998），cert. denied，525 U. S. 1071，119 S. ct. 804，102 L. Ed. 2d 664（1999）.

[2] SEC, Proposed Rule: Selective Disclosure and Insider Trading, Release No. 33-7787, 34-42259, IC-24209, File No. S7-31-99, at part Ⅲ. A. 1.

五年以下有期徒刑或者拘役,并处或者单处违法所得一倍以上五倍以下罚金;情节特别严重的,处五年以上十年以下有期徒刑,并处违法所得一倍以上五倍以下罚金。尽管《证券法》采用了"利用"标准,即禁止证券交易内幕信息的知情人和非法获取内幕信息的人利用内幕信息从事证券交易活动,但从我国行政执法实践来看,证监会的行政处罚基本都采用了"知悉"标准。从立法规定和行政实践来看,我国在内幕交易的认定标准上基本都采用了"知悉"标准。鉴于此,为维护市场公正,避免采用"知悉"标准涵盖范围过广的弊端,保护合法的证券交易,增设内幕交易的抗辩事由实属必要。

二、内幕交易抗辩事由的正当性

(一)抗辩事由体现了协调和平衡社会利益的需要

社会生活的本质是社会资源的分配,而在分配资源的过程中,利益关系是一种最重要、最典型的社会关系。但由于社会关系的复杂性,利益的冲突性和多元性,社会利益和个人利益之间、个人利益与个人利益之间不可避免地会发生冲突,因此法律制度必须在对各方诉求进行充分协调和平衡的情况下力求实现社会资源的均衡分配。立法作为利益冲突调整最为重要的工具,必须置于特定的社会关系或者法律关系的环境之中。法律是以国家的名义出现并要求全体社会成员普遍遵守的一种行为准则,它为人们追逐利益的行为提供了一系列的评价规范,努力为各种利益评价问题提供答案。[1]设置抗辩事由正是对各种利益冲突的一种体现和回答,抗辩事由的产生源于对各种利益的综合衡量和协调,以期促进社会的有序发展。

承认抗辩事由的法律效力、认可抗辩事由的正当性,是侵权责任法上利益平衡的结果。侵权法以协调和平衡当事人之间的利益关系为目标,这种目标的实现必须建立在基本的价值判断基础之上。在侵权责任法中,原被告之间、加害人和受害人之间的利益关系总是处于一种冲突的状态之下,这种冲突主要表现为不同的利益形态,比如公平交易权、知情权等。尽管这些利益形态都为法律认可和保护,但它们在发生冲突之际,为了能让纠纷得到圆满解决,就必须在这些冲突的利益之中进行协调和选择,抗辩事由的法定化就

---

[1] 参见张新宝:"侵权责任法立法的利益衡量",载《中国法学》2009年第4期。

是对司法实践中个案利益衡量结果的制度化和确定化。只要协调和选择是合理的、正当的，当事人双方或者原被告之间就必须接受这种衡平的选择。[1] 侵权责任法调整的民事权益保护与行为自由维护之间的冲突，具体到个案则最终落实为加害人和受害人财产利益的冲突，同样需要平衡的解决机制。在作为主要形态的一般利益衡量中，这种保护应当是平等的，以损害赔偿为核心的侵权责任方式，其基本功能在于给予受害人损害相当的填补，而不是主要对加害人的财产性惩罚。[2]

内幕交易作为侵权责任法的一种侵权类型，也必须遵守侵权责任法的基本理论。利益平衡在内幕交易抗辩事由中主要体现为以下两个方面：其一，立法应该平衡和关注各利益主体的内在需求。对于监管机构而言，考虑更多的是如何实现社会的公平，维护投资者的信心，提高市场的有效性。而对于行为人而言，如果其从事的是一个正常的证券交易，比如正当的做市行为、并购行为，或是忠实地执行客户指令的行为，却让其承担内幕交易的法律责任，将极大挫伤其正当交易的积极性，无法做到真正地维护市场公平，也违背了内幕交易监管的初衷。其二，抗辩事由的设立为各利益主体提供了多元化的利益实现进路。内幕交易破坏了证券市场的公平，侵害了投资者的利益，但利益是一个无法准确量化的概念，因此，利益平衡并非要求各利益主体在利益数量上的绝对平衡，而设置内幕交易的抗辩事由就是为了给各利益主体更多的利益实现进路，给予正当交易主体一种机会上的平等。

（二）内幕交易抗辩事由体现了正义的法律价值

"正义有着一张普罗透斯似的脸，变幻无常，随时可呈现不同形状并具有极不相同的面貌"[3]。在西方法律的历史变迁中，不同学派的法学家都将正义作为法律的基本价值之一，都强调正义始终与作为其载体的法律紧密相连。法律作为一种最具权威性的规范体系，将正义作为其实现目标是其应有之义。罗尔斯认为，正义是至高无上的，它是社会制度的首要价值。每个人拥有的权利都具有一种基于正义的不可侵犯性，即使为了全社会利益也不能加以侵

---

[1] 参见郭佳宁：《侵权责任免责事由研究》，吉林大学 2008 年博士学位论文。
[2] 参见张新宝："侵权责任法立法的利益衡量"，载《中国法学》2009 年第 4 期。
[3] [美] E·博登海默：《法理学：法律哲学与法律方法》，邓正来译，中国政法大学出版社 1999 年版，第 252 页。

犯。正义并非和公平完全等同，但正义的核心是公平，要从公平的视角来观察正义，以达到作为一个结构来集合正义的内容。[1]

正义的核心之一即是矫正正义。而矫正正义的要义即是责任，其核心即是如何通过适当的责任追究，在当事人之间实现公平、公正。整个社会都是由人组成的，人与人之间势必会发生侵权、冲突和纠纷。最简单的法律和最原始的纠纷解决方式就是"以牙还牙"的加害责任和结果责任。这种以报复为解决方式的正当性只存在于人类文明程度较低的社会之中。[2]而随着人类文明程度的逐步提高，人们逐渐意识到，正义的核心要义并非报复和以牙还牙，而是威慑和预防，并以宽容之心给当事人平等的机会。这也意味着，同一错误行为可能因行为人的主观方面和客观环境的不同而受到完全不同的对待，即应尽可能适当地追究责任。[3]

具体到证券法领域，内幕交易抗辩事由制度也是维护正义的一种体现。如上文所分析，正义的核心之一即是通过适当地追究责任在当事人之间实现公平。在证券市场中，不论是被指控违法的被告行为人，还是受损的投资者，抑或作为监管主体的监管机构和裁判者的法院，都希望自身的交易、利益、监管、执法、裁判可以受到公平的对待。内幕交易之所以被禁止，原因之一即是当事人之间的地位不平等，行为人对内幕信息的不当利用以及对信息具有的不当优势。但如果行为人并没有利用这种不平等的地位或者并未对信息进行不当使用，那么禁止其交易的正当性就荡然无存。换言之，我们应该树立公平保护所有市场参与者的理念，对于正当的市场交易应该加以保护。通过设置抗辩事由，让从事正当交易的行为人有机会抗辩免责，可以提高投资者的积极性和市场交易的效率，而这恰恰是正义所蕴含的公平、公正等价值的应有之义。

（三）设置抗辩事由有利于树立监管权威，符合监管国际化的趋势

如上文所述，立法者和监管者为了司法和执法的便利，不得不以"知悉"标准为基础来构建内幕交易的构成要件，但此种"知悉"标准并非完美无缺，而是存在诸多缺陷。例如，如果纯粹以"知悉"标准来认定是否构成内幕交

---

[1] 参见宋晓燕："证券监管的目标和路径"，载《法学研究》2009年第6期。
[2] 参见郭佳宁："侵权责任免责事由研究"，吉林大学2008年博士学位论文。
[3] 参见郭佳宁："侵权责任免责事由研究"，吉林大学2008年博士学位论文。

易，可能会将合法的证券交易作为查控对象，会违背内幕交易监管的初衷。此外，如果行为人确系持有重大非公开的多头信息，但行为人非但没有买进该股票，反而进行卖出股票之相反交易行为，对于这种交易行为，依照"知悉"标准将推论出该行为人应承担内幕交易法律责任的不当后果。所以，为了更好维护市场公正性、有效监管内幕交易，可以在"知悉"标准中增加抗辩事由，即被告举证证明自己没有利用内幕信息，而是基于法律规定的正当的免责抗辩情形。这样可以有效地把争议点转移到被告是否实际利用了内幕信息上，一旦被告能够证明未利用内幕信息进行证券交易，他就可以豁免承担内幕交易的法律责任。同时，这也是将举证责任转移到被告身上，解决了原告举证难的问题。[1]因此，确立"知悉"标准加抗辩事由的立法模式，可以有效解决内幕交易构成要件的不完备性，并可以有效区分内幕交易和合法交易，真正维护市场公平、公正，树立监管机构的监管权威。

《内幕交易司法解释》第4条规定，"具有下列情形之一的，不属于刑法第一百八十条第一款规定的从事与内幕信息有关的证券、期货交易：（一）持有或者通过协议、其他安排与他人共同持有上市公司百分之五以上股份的自然人、法人或者其他组织收购该上市公司股份的；（二）按照事先订立的书面合同、指令、计划从事相关证券、期货交易的；（三）依据已被他人披露的信息而交易的；（四）交易具有其他正当理由或者正当信息来源的。"从该条可以看出，我国内幕交易的抗辩事由有明确规定的仅有以上三项，第四项为兜底条款，并没有明确界定其他正当理由和正当信息来源。这也意味着司法机关和执法机关具有较大的自由裁量权，可能无法对具体交易行为进行量体裁衣地认定，而如果自由裁量权被滥用，不可避免地会导致信任危机，削弱法律的权威。而且从上文证监会行政处罚案例中也可以发现，行为人提出的内幕交易抗辩事由多种多样，远远超出立法规定的范围，对于立法并未规定的抗辩事由，执法机关一味否定行为人的抗辩，却又没有令人信服的说理和证据，同样会削弱监管的权威性。因此，将内幕交易的抗辩事由法定化，并尽可能以列举的形式规定可能正当的抗辩事由，对于树立监管权威，维护投资者的合法权益，具有重要的意义。

---

[1] 参见马其家："英美法系内幕交易的认定证明标准及启示"，载《证券市场导报》2010年第10期。

此外，不仅美国通过 Rule 10b5-1 条款确立了内幕交易抗辩制度，澳大利亚在《2001 年公司法》第 1043B-1043L 条、日本在《金融商品交易法》第 166 条、新西兰在《1988 年证券市场法》第 9D 条、我国台湾地区在 2010 年证券交易相关规定草案、我国香港地区在《证券及期货条例》第 271 条中也都建立了内幕交易抗辩制度。随着证券监管国际化进程的不断深入，逐渐消除证券监管法律制度的地区差异，将有利于促进证券监管国际化进程，优化国际监管标准的实施效果。因此，尽快将内幕交易抗辩事由法定化，也是符合国际证券监管趋势、适应国际证券监管全球化的需要。

（四）限制自由裁量权、确保当事人的实质性参与

其一，法官和执法人员在审判和执法活动中，无论是对内幕交易案件事实的认定，还是对法律规定的适用，都蕴含了相关人员的主观能动性，并体现了其自由裁量权。以内幕交易的行政处罚为例，证监会的行政处罚实质是公权力的具体化，现实中为了保证公权力的有效行使，会对公权力进行过分保护，这也会对当事人的个人权利造成损害。如何平衡这种困境，限制自由裁量权就是我们无法绕开的难题。而鼓励当事人行使抗辩权，让当事人根据立法规定提出合理的抗辩理由，是监控公权力的运行、制约公职人员自由裁量权的一种有效的制度设计。其二，完善和设立抗辩制度也是确保当事人对内幕交易司法和执法过程的实质性参与。当事人对司法和执法活动的参与性，是衡量公权力行使是否公正的核心要素，也是反映社会公众对权力行使是否认同的重要维度。而当事人抗辩权利的行使则为这种参与提供了一种制度化的路径，既让法院和监管机构说明裁判和处罚的依据和理由，也给了当事人阐述其意见的机会和平台。

第三章 内幕交易抗辩制度：法定抗辩事由

第一节 预定交易计划抗辩制度

一、预定交易计划抗辩的内容和发展

Rule 10b5-1 是预定交易计划条款的起源。

SEC 为缓和法院之间采用不同认定标准的争议，并为维护知悉持有说的基本立场，于 2000 年 8 月发布了 Rule 10b5-1。SEC 认为，之所以采用知悉作为判断标准，主要是为了禁止内幕交易、保护投资人的利益、维护证券市场的公平，而且知悉持有的标准比利用的标准更容易实现规制内幕交易的目标。

该条规定，1934 年《证券交易法》Section 10（b）及 SEC 制定的 Rule 10b5-1 所禁止的操纵与欺诈行为，包括以发行人或其有价证券的非公开消息为基础，违反对于发行人及其股东或者为内幕信息来源人的直接、间接负有的信赖或者保密义务而进行的任何有价证券交易。

然而，为了避免该条规定打击范围过于宽泛，Rule 10b5-1（C）也规定了相应的免责条款，给证券交易行为人免责抗辩（affirmative defense）的机会。依据该款规定，当行为人可以证明其具有抗辩事由所规定的情形时，则其交易就不属于依据重大非公开信息，也并未违反其对于发行人及其股东或者消息来源者的忠实或保密义务。具体包括以下情形：

（1）行为人在买卖有价证券时，如果能证明以下几点，即非基于重大未公开信息买卖有价证券：当交易人在知悉内幕信息之前，已经签订买卖有价证券的合同；或者指示他人买卖有价证券；或者已经制定书面的买卖证券的计划。

（2）上述合同、指示、书面计划必须载明买卖股票或者其他证券的数量、交易金额、价格以及交易日期，或者明确买卖数量、金额、价格与交易日期的计算公式或者电脑程序，而且不得允许他人对于是否交易、何时交易以及如何交易进行操作，进而影响买卖的结果；任何人依据合同、指示、书面计划进行证券交易时，必须尚未知悉重大未公开的信息。[1]

（3）预定交易计划必须按照原定计划执行。对于已经发生的证券交易行为，应该依据上述合同、指示、书面计划完成。但如果任意改变证券买卖的数量、时间或者价格，甚至进行套利交易，则属于未依据预定合同、指示或者书面计划进行证券交易的行为，也就不能享有内幕交易豁免的保护。

上述规定必须基于诚实或者善意（good faith），或者非出于规避本规则禁止规定的目的，才能适用。换言之，如果上述合同、指示、书面计划的制定者将其作为一种规避法律的手段，则不能再使用事先制定的合同、指示、书面计划作为内幕交易指控的抗辩事由。

由上文可知，如果行为人要符合 Rule 10b5-1 所规定的预定交易计划豁免情形，必须满足四个条件。第一，行为人必须是善意的，行为人在制定交易计划时并非为规避法律制裁和法律责任。第二，行为人在制定交易计划时确实并不知悉与拟进行证券交易相关的内幕信息。第三，行为人不能再对该证券交易是否交易、何时交易以及如何交易施加任何不利影响，如确需施加影响时，行为人须不知悉内幕信息。第四，在制定预定交易计划之后，行为人原则上不能修改证券交易的买卖数量、金额、价格与交易日期。为满足以上条件，行为人通常应将预定交易计划制定时间设置在公司定期信息披露（例如年报、半年报、季度报等）后的"窗口期"，并将交易时间、买卖数量、金额、价格等信息放在公司定期信息披露报告之中，公司在披露定期报告之后通常被认为与公司证券交易相关的主要内幕信息已经披露，此时制定交易计划，将更容易满足 Rule 10b5-1 中"制定交易计划时，行为人必须确不知悉与拟交易证券有关的任何内幕信息"的条件。[2]

---

[1] Rule 10b5-1（C）（1）还对本条规定中的数量、价格、交易日期做了界定。所谓数量，是指特定目的股票或者其他有价证券，或者有价证券的特定市值。所谓价格，是指特定日期的市场价格、一定范围内的价格或者某特定价格。所谓交易日期，是指交易下单履行之日或者交易限制下单之日。

[2] 参见郑晖："内幕交易司法解释中预定交易计划条款探讨以美国证监会 10b5-1（c）规则为视角展开"，载《证券市场导报》2014 年第 4 期。

Rule 10b5-1 颁布之后，美国的司法实践中就出现了一些利用预定交易计划作为抗辩事由的判例，这样的典型判例，主要包括：

Elam v. Neidorff。本案被告 Michael Neidorff 为 Centene 公司[1]的董事长兼总裁；J. Per Brolin 为该公司副总裁兼首席财务官（CFO）；Karey L. Witty 为该公司的副总裁，主要负责该公司的健康计划业务的运作。该三人被指控在 2006 年 4 月 25 日、2006 年 6 月 20 日发布公司第一和第二季度的虚假财务报告，夸大公司的盈利状况，导致投资人受误导而购买该公司股票。而该三人却于 2006 年 4 月 25 日至 2006 年 7 月 18 日之间，大量出售该公司股票以获取高额利益。

一审法院[2]认为，被告是根据 Rule 10b5-1 相关条件来制定预定交易计划，该计划设置了预定交易日期、价格，并允许当 Centene 公司的股票价格在每股 25 美元以上时即可以出售该公司股票。所以，Neidorff 在 2006 年 4 月 27 日和 4 月 28 日分别以每股 25.21 美元和每股 25.35 美元卖出 40000 股；Witty 在 2006 年 4 月 28 日以每股 25 美元的价格卖出 5000 股，是在执行预定交易计划。法院认为，预定交易计划是允许公司内部人操作的"自动销售程序"（automatic selling program）。被告可以在该公司股票 25 美元以上时自动执行该计划，所以在 2006 年 2 月至 4 月之间的股票卖出行为，也是由于当时股票价格超过 25 美元所致。而此后并未执行预定交易计划不是因为被告故意终止执行该计划，而是因为该公司股票价格并没有达到 25 美元。此外，法院还认为，Rule 10b5-1 的立法目的在于保护企业的合法交易行为，维护法律的公平公正。所以，除非原告发现被告所制定的预定交易计划和重大未公开信息具有因果关系，并有合理的推论和证据证明被告知悉未公开信息，否则不能认定被告从事了内幕交易。同时，投资人对于公司吹捧性的言论应有基本的判断能力，因为该言论可能是该公司对其前景的一种理想愿景和判断，但尚不足以证明该公司有欺诈的意图。

美国第八巡回上诉法院[3]也同意地方法院的见解，认为原告没有充足的证据证明被告是在知悉重大未公开信息的情况下所为的预定交易计划，故支

---

[1] Centene 公司是一家世界 500 强企业，主要从事医疗保健服务和为政府医疗保障计划提供服务。

[2] Elam v. Neidorff, 502 F. Supp. 2d 988 (2007).

[3] Elam v. Neidorff, 544 F. 3d 921 (2008).

持被告所提出的预定交易计划的抗辩事由，遂判决原告败诉。

In re Miva, Inc。Miva 公司（该公司原名为 Findwhat 公司，2005 年 6 月更名为 Miva 公司）是一家互联网公司，主要业务包括点击付费业务、关键词的针对性广告服务等。投资者指控 Miva 公司的 Pisaris-Henderson 等高级经理人在 2003 年 9 月到 2005 年 3 月之间，向社会多次发布虚假信息、实施误导性陈述等违法行为，并多次买卖公司股票且其买卖时间和数量存在问题。

地方法院[1]认为 Rule 10b5-1 使得公司内部人可以通过预先设定的交易方法进行公司股票的交易，Pisaris-Henderson 等人的股票买卖行为属于预定交易计划。Pisaris-Henderson 等人是在未知悉重大未公开的信息时制定的交易计划，而且在交易之后他们仍然持有本公司股票，从而直接驳斥了 Pisaris-Henderson 等人明知内幕信息而进行股票交易的推论。法院指出，要证明被告从事了内幕交易，必须证明被告明知内幕信息仍然进行交易，所以被告在执行预定交易计划后仍然还持有公司股票，可以主张抗辩免责。原因在于，如果被告知悉内幕信息，皆会从事有利于自身的股票交易，而不是仍然执行原来制定的交易计划并继续持有剩余股票。美国第十一巡回上诉法院[2]也赞同上诉法院的判决。

SEC 制定 Rule 10b5-1，认为知悉内幕信息而进行证券交易即构成内幕交易。但为了避免打击范围过大，遂为行为人设置了免责抗辩条款，即只要行为人能够证明该交易并非基于内幕信息，即可依据抗辩条款主张免除责任，也就不构成内幕交易罪。我国台湾地区证券交易相关规定第 157 条确认了内幕交易的"知悉"认定标准，[3]但并未规定内幕交易的合法抗辩事由。鉴于

---

〔1〕 In re Miva, Inc, 544 F. Supp. 2d 1310 (2008).

〔2〕 In re Miva, Inc, 658 F.3d 1282 (2011).

〔3〕 台湾地区证券交易相关规定第 157 条之一：下列各款之人，实际知悉发行股票公司有重大影响其股票价格之消息时，在该消息明确后，未公开前或公开后十八小时内，不得对该公司之上市或在证券商营业处所买卖之股票或其他具有股权性质之有价证券，自行或以他人名义买入或卖出：(1) 该公司之董事、监察人、经理人及公司法第二十七条第一项规定受指定代表行使职务之自然人。(2) 持有该公司之股份超过百分之十之股东。(3) 基于职业或控制关系获悉消息之人。(4) 丧失前三款身份后，未满六个月者。(5) 从前四款所列之人获悉消息之人。前项各款所定之人，实际知悉发行股票公司有重大影响其支付本息能力之消息时，在该消息明确后，未公开前或公开后十八小时内，不得对该公司之上市或在证券商营业处所买卖之非股权性质之公司债，自行或以他人名义卖出。违反第一项或前项规定者，对于当日善意从事相反买卖之人买入或卖出该证券之价格，与消息公开后十个营业日收盘平均价格之差额，负损害赔偿责任；其情节重大者，法院得依善意从事相反买卖之人之请求，将赔偿额提高至三倍；其情节轻微者，法院得减轻赔偿金额。第一项第五款之人，对于前项损害赔偿，应与第一项第一款至第四款提供消息之人，负连带赔偿责任。但第一项第一款至第四款提供消息之人有

此，在相关规定的修正草案中，参照美国 Rule 10b5-1 的规定，制定了行为人实行预定交易计划可以主张抗辩的条款。该修正草案主要包括以下四个方面：

第一，增订"预定买卖契约"为免责抗辩事由（修正草案第八项）："行为人证明其交易是为了执行实际知悉第一项或第二项所定消息之前已订立的买卖证券的合同，不受第一项及第二项规定的限制。但买卖证券的合同显然是为了行为人意图规避第一项或第二项的适用而订立的，不在此限"。

第二，前款但书所称的买卖证券的合同是行为人为了意图规避内幕交易的规定而"不得"主张免责抗辩事由的情形（修正草案第九项）：

1. 行为人未依合同的内容执行证券交易。

2. 行为人订立两个以上存续期间重叠或接续的合同，未依照合同内容执行证券交易。

3. 行为人订定买卖证券的价格、数量或金额区间过大，且其买卖证券明显集中于第一项或第二项所定消息明确后至消息公开后的十八小时之内。

4. 行为人是第一项或第二项所定消息有关事件的负责人或参与人员，于事件进行当中直至消息明确之前订立合同，且其买卖证券明显集中于消息明确后至消息公开后的十八小时之内。

5. 行为人非基于诚信而订立合同的其他情形。

第三，预定买卖契约应符合的要件（修正草案第十项）：

1. 以书面形式呈现，并记载以下事项：（1）订立的日期及存续期间；（2）证券的交易数量或交易金额；（3）证券的交易价格及交易日期；（4）受委托执行证券买卖的人。

2. 前款第二项及第三项规定的证券的交易数量、交易金额、交易价格及执行日期，系依照固定公式或电脑程式决定的，应在合同中载明其公式或电脑程式的内容。

3. 行为人无正当理由不得变更合同的内容或终止交易，也不得影响受托

（接上页）正当理由相信消息已公开者，不负赔偿责任。第一项所称有重大影响其股票价格之消息，指涉及公司之财务、业务或该证券之市场供求、公开收购，其具体内容对其股票价格有重大影响，或对正当投资人之投资决定有重要影响之消息；其范围及公开方式等相关事项之办法，由主管机关定之。第二项所定有重大影响其支付本息能力之消息，其范围及公开方式等相关事项之办法，由主管机关定之。第二十二条之二第三项规定，于第一项第一款、第二款，准用之；其于身份丧失后未满六个月者，亦同。第二十条第四项规定，于第三项从事相反买卖之人准用之。

人的执行方式。行为人或受托人在合同存续期间另行从事相关避险交易的，视为变更合同内容。

4. 行为人应于合同订立之后两日内将合同副本报送至下列机构：（1）合同标的证券在证券交易所上市交易的，应向证券交易所申报。（2）合同标的证券在证券公司营业部交易的，应向证券柜台交易中心申报。

第四，明示公告期限（修正草案第十一项）："证券交易所或证券柜台交易中心应于合同存续期间届满后的十日内，将该合同的主要内容在网站上予以披露"。尽管台湾地区最终并未通过该修正草案，但台湾地区法院司法判例的审判思路和判断标准都与该修正草案的基本内容相契合。

其一，突破公司案。被告陈某曾在1999年至2003年9月之间担任突破公司的董事长兼总经理，负责运营该公司的主要业务和制定决策。突破公司于2004年4月30日18时35分，在台湾证券交易所公告"突破公司董事会减资决定"；18时41分，公告"2003年财务报表经会计师出具无保留意见的核查意见"；19时，公告"2004年财务预测资料"，该资料预测突破公司会发生亏损等。陈某则在2004年4月21日至4月30日之间，将自己持有的所有突破公司的股票悉数卖出。

一审法院采纳了被告的辩解，即被告陈某提出，由于公司一直存在的人事纷争导致自己意欲退出，遂于2004年4月26日申请转让所持股票，并立即请证券公司的营业员辛某操作，但因为当时市场需求量较小没有顺利卖出股票，才于2004年4月29日和30日卖出，而被告知悉的内幕信息的时间是2004年4月29日，所以判被告陈某无罪。

检方对此存疑，遂提出上诉。但二审法院并没有采信检方的上诉理由，仍维持一审法院的意见，认为被告获悉重大非公开信息是在预定转让持股交易之后，所以被告在2004年4月29日和30日的卖出行为是预定交易计划，故不构成内幕交易。该判决思路和理由符合草案中规定的"行为人证明其交易系为执行实际知悉内幕信息之前已经订立了证券交易合同"的要件。

其二，琨诘公司案。被告徐某在2005年6月至2007年4月之间曾担任琨诘股份有限公司（以下简称琨诘公司）的董事长，同时也是琨诘公司的子公司琨诘材料公司的董事长；被告钟某是琨诘公司的董事，也是该公司的副总经理；被告黄某是琨诘公司董事长的妻子，也是该公司的董事。徐某等认为由林某担任实际控制人的司峰电子股份有限公司（以下简称司峰公司）所生产的磁性元器件有较好的市场前景,为提升琨诘公司的营业额,遂与司峰公司签订了合作计划。2005年10月27日,两家公司签订"营业业务推广计划"等合作计划,从而使琨诘公司正式进入电子行业。代理销售司峰公司的元器件使得琨诘的营业收入大幅增加。但由于司峰公司一直拖欠给琨诘公司的应付款项,琨诘公司也只是在公司账面的营业收入有所增加,实际上却处于亏损状态,而且加之司峰公司香港分公司的大额到期应收款项无法收回,导致琨诘公司遭受严重亏损。徐某、钟某均在2006年1月12日和2006年2月20日参加了公司的董事会,并知悉了琨诘公司与司峰公司谈判失败,准备解除合作关系的信息。2006年5月5日,公司发布与司峰公司解约的重大信息。被告徐某、黄某、钟某于2007年3月20日至2007年5月5日大量出售琨诘公司的股票。

本案中,被告钟某及其辩护人辩称因支出生活费用、维持家用,才出售公司股票,从2003年至今从未间断,即使在重大信息公布后,仍然出售股票,所以公司解约一事对自身出售股票没有因果关系。一审法院[1]认为,依照钟某提供的交易资料明细,被告出售琨诘公司股票的时间、金额、数量均非固定,并非通常认为的预定交易计划所规定的定期定额买卖或者依据固定公式所做的交易,而是被告在衡量实际情况下选择较好的买卖时点而做的股票交易,所以认定被告内幕交易罪名成立。二审法院[2]认为被告钟某提出的因生活需要及个人理财等原因持续卖出股票,并且已经离开公司的抗辩事由可信。因此撤销原审判决,改判钟某无罪。"最高法院"[3]则认为,被告钟某与黄某以相对成交方式造成琨诘公司股票交易繁荣的假象,顺利刺激市场需求之后,再由黄某委托被告钟某数次出售琨诘公司的股票。"最高法院"未采纳钟某提出的抗辩事由,而且认为二审法院也未说明为什么采纳钟某提出的抗辩事由,故"最高法院"认为因生活需要及个人理财因而一直在出售股票的理由并不构成免责抗辩事由。

二、预定交易计划存在的法律漏洞

预定交易计划本身也存在一定的法律漏洞,有可能被滥用,表现为以下

---

[1] 台湾地区板桥地方法院2007年度诉字第3355号刑事判决。
[2] 台湾地区2009年度上诉字第3224号刑事判决。
[3] 台湾地区2010年度台上字第6864号刑事判决。

几种形态：

(一) 当事人选择性终止预定交易计划

SEC 并未禁止当事人在制定预定交易计划之后终止该交易计划，换言之，当事人在知悉内幕信息作出权衡之后可以选择终止预定交易计划。比如，某公司的高管在不知悉内幕信息的情况下制定了卖出股票的预定交易计划，但在执行交易计划之前知悉了公司重大未公开的利多信息（outperform the market），此时，当事人可以终止执行预定交易计划，并保留该公司股票直到利多信息公开。相反，如果当事人知悉公司重大未公开的利空信息（underperform the market），当事人可以按照预定交易计划在利空信息公开之前卖出股票，而且有安全港的保护，当事人并不会承担法律责任。[1]

有学者研究了 1241 家公司的 3426 位公司高管实施预定交易计划的情形，并发现，依据预定交易计划的证券交易在 6 个月内的市场回报率比同期未依照交易计划的证券交易高出 6%，因此，可以推断出采用预定交易计划的当事人所获得利润更高并有违常规。究其原因在于，公司高管可以随时选择性地终止预定交易计划。[2]此外，也有学者指出，SEC 的安全港规则允许内部人在知悉重大未公开信息之后，根据预定交易计划买入或卖出公司股票，为内部人获取高额利益提供了可能。可取的做法是，SEC 应禁止内部人在知悉重大未公开信息之后终止预定交易计划。[3]

(二) 当事人知悉内幕信息后，利用预定交易计划抗辩

由于内幕交易的行事和执行都比较隐蔽，对于内幕交易的查处往往发生在内幕交易发生之后。假如当事人已经知悉内幕信息，但为了获取不正当利益且意欲主张免责，可以制定预定交易计划作为抗辩事由。此外，需要判断预定交易计划的制定时间以及当事人在知悉内幕信息之后的预定交易计划的抗辩效力问题。笔者认为，预定交易计划具有抗辩效力在于当事人对重大未公开信息并不知情。如果当事人已经知悉内幕信息，违反了公平和诚信原则，

---

[1] See Jesse M. Fried, "Insider Abstention", *Yale Law Journal*, Vol. 13, 2003, p.490.

[2] See Alan D. Jagolinzer, "Sec Rule 10b5-1 and Insiders' Strategic Trade", *Management Science*, Vol. 55, No. 2., 2009, p.227.

[3] See Jesse M. Fried, "Insider Abstention", *Yale Law Journal*, Vol. 13, 2003, p.492.

并且符合内幕交易的构成要件,再主张预定交易计划就不具有抗辩效果。实践中的案例也可以支持本观点。如 SEC v. Lipson 案。本案是 2001 年由美国联邦第七巡回法院所作出的民事判决。Lipson 是 Supercuts 公司(一家美发沙龙的上市公司)的总裁,SEC 主张被告 Lipson 知悉公司盈利状况较差,为避免消息发布导致股价下跌带来的损失,遂于公司公布该消息之前,以每股 9 美元的价格出售该公司 365 000 股股票,导致消息发布后股价下跌至每股 6.5 美元(后又涨至 7.6 美元),Lipson 因此减少了 62 万美元的损失。此后,SEC 控告 Lipson 违反了 Rule 10b5-1 的规定。一审法院[1]认为 Lipson 作为 Supercuts 公司的总裁,持有 Supercuts 公司超过 10%的股票,通过卖出股票避免了巨额损失。Lipson 辩称其交易是在执行两年前为子女利益所制定的预定交易计划,并非为了故意规避信息公布所带来的股价下跌损失。但法院并不认同 Lipson 所提出的预定交易计划的抗辩,认为 Lipson 是知悉重大未公开的信息,并利用该信息谋取了不正当利益。Lipson 不服遂提出上诉。上诉法院同样不认同 Lipson 的抗辩主张,并指出内部人依据预定交易计划出售股票,须在买卖时并不持有重大未公开的信息,才可以主张抗辩事由免责。也就是说,被告所持有的重大未公开消息与交易之间并没有任何因果关系,才可主张免责。[2]

在【(2011)57 号岳远斌】一案中,当事人称,根据自己对"三爱富"基本面的长期跟踪关注与走势图及技术指标的分析,已经预订了买入"三爱富"的交易计划并告诉其妻子;但是,从 2008 年 5 月 27 日孩子出生至出院,当事人一直没有找到下单的时间窗口,6 月 1 日孩子出院后,当事人为找新住处租房子,6 月 3 日上午安顿好后,下午才有时间交易股票;在当时"三爱富"的基本面、技术面均支持买入,而其持仓股票持续亏损的情况下,在该时段买入"三爱富",既是执行预定的交易计划,也是别无选择;之所以买入申报大部分为一档,成交意愿明显,是因为急于回去照看孩子,时间不充裕,着急买入成交,尤其看到放量上涨后,印证了自己的判断,更是急于将手中资金变成股票。证监会认为,当事人关于执行事先预定的交易计划的辩解,缺乏证据支持,其只能在 6 月 3 日下午交易股票、"别无选择"的说法,也与

---

[1] SEC v. Lipson, 129 F. Supp. 2d 1148 (2001).
[2] SEC v. Lipson, 278 F. 3d 656, 660 (2002).

其本人早就看好"三爱富"的说法存在矛盾之处。这些辩解,尚不足以推翻其交易时点与电话联系时点、三爱富重组进程比较吻合的判断。还有重要的一点,"三爱富"6月3日分时成交量统计显示,岳远斌买入"三爱富"的时间早于"三爱富"成交量明显放大的时间;岳远斌提出的辩解理由,不足以推翻关于其间接获悉内幕信息的推断。[1]

(三) 策略性地操控信息的公开时间

依上文所述,当事人在订立预定交易计划之后,不能随意修改交易计划的数量、时间、价格等要素,即在上述交易要素被变更后,当事人则无法主张预定交易计划豁免。但是当事人可以通过变更重大未公开信息的披露时间的方式,规避法律规定,达到获取不正当利益的目的。比如,与前文事例相似,当事人在不知悉内幕信息的情形下制定了预定交易计划,但当获知公司有重大未公开的利多信息时,可以加速该信息的披露进程,使得信息披露后自身持有的股票价格大涨从而获利;反之,如果获知公司有重大未公开的利空信息时,可以将该信息的披露时间延迟到预定交易计划执行之后,从而避免利空信息公布导致盈利减少。因此,不可回避的问题是,要证明当事人确实操控了重大未公开信息的披露进程或时间,但是这非常困难,因为公司很少公布信息披露的具体时间。此外,当事人加速或延迟信息披露是否构成欺诈,SEC对此问题并没有相应的规定,笔者认为,当事人操控披露时间的行为虽在形式上不构成典型意义上的内幕交易,但其实质是通过操控时间获取不当利益,违背了制定预定交易计划的善意原则,不能将其作为抗辩事由。

(四) 利用各种手段编造或散布虚假信息

除前述法律漏洞之外,当事人还可能利用各种手段编造或散布虚假信息。其一,依照规定,当事人在不知悉内幕信息的情形下预先制定交易计划,即使获知内幕信息,也可以依据预定交易计划免责。影响公司股价涨跌的重要因素即是财务会计报告的发布,由于当事人事后知悉内幕信息并无不可,会诱使当事人在预定交易计划交易试点之前编造或散布虚假信息,借此提升股票价格。

其二,公司的董事、高管等人可能会较早获得重大未公开信息,公司在发布公司盈亏信息之前,当事人可以通过自身的关系或者人脉影响股评师,

---

[1]《中国证监会行政处罚决定书(岳远斌)》(2011) 57号。

希望股评师在公开场合作出有利于公司股价的评论,借此提升投资者的信心和认同。因此,当事人利用股评师提升公司股价,以配合预定交易计划卖出获取不当利益。

三、设立和完善预定交易计划的立法建议

我国《内幕交易司法解释》第 4 条第 2 款借鉴了美国 SEC 的 Rule 10b5-1（C）条款,规定当事人执行预定交易计划并不构成刑法上的内幕交易犯罪。但该规定只有简单的一句话,相关的制度构成并未在条文中体现,这也可能为公司内幕知情人逃避法律制裁提供合法的理由。依照我国内幕交易的行政执法,已经出现诸如【(2011) 57 号岳远斌】【(2013) 59 号光大证券股份有限公司、徐浩明、杨赤忠等人】等当事人以预定交易计划作为抗辩事由的案例。鉴于此,我国可以在借鉴和汲取境外经验和教训的基础上,设立和完善我国的预定交易计划制度。

第一,在预定交易计划的主观状态方面,应为"善意+不知悉"。具体而言,行为人必须是善意的,预定交易的目的合理并合法,行为人在制定交易计划时并非为规避法律制裁和法律责任。同时,行为人在制定交易计划时应不知悉与拟进行证券交易相关的内幕信息。否则,预定交易计划就无抗辩免责的效力。此外,当事人应在预定交易计划当中作出承诺,保证预定交易计划所记载的信息不存在自相矛盾、不同表述并无实质性差异,并不涉嫌虚假记载、误导性陈述或重大遗漏。如果存在以上问题,致使投资者在证券交易中遭受损失的,应依法赔偿投资者损失,并不能主张预定交易计划抗辩免责。

第二,在预定交易计划的内容方面,应详细记载交易计划的制定日期和存期期间,交易证券的数量、交易金额、交易价格和交易日期、受委托执行之人。以上事项如果需要依照演算规则、电脑程序决定的,还应于交易计划之中记载相关的公式或电脑程序等内容。同时,以上事项皆应以书面形式订立,一方面,可以作为当事人涉案时的合理证据;另一方面,也可以作为当事人订立交易计划的可信度及有无证据效力的考量。

第三,预定交易计划的修改和终止方面,依照上文可知,当事人可以通过影响股评师以及编造虚假信息影响预定交易计划的实施。因此为了加强监管,对于预定交易计划中订立的相关内容,在交易计划制定并公开之后,应

严禁对交易计划所涉及的期间、数量、金额、价格等事项作出修改,并严格限制当事人选择性地终止预定交易计划。如果有正当理由确需修改或终止的,应当经过公司董事会特别多数通过,并经过监事会会议认可,报证券监管机关批准之后方可实施。而且当事人修改或终止预定交易计划,应该参照上市公司定期报告的信息披露要求,及时修改信息披露文件的内容,并补充财务会计报告等相关数据,并向社会公开说明缘由,以加强对交易计划制定者和执行者的法律约束,降低交易计划被滥用的可能性。

第四,在预定交易计划的透明度方面,应加强预定交易计划的透明度,透明度越高,公司为了自身信誉和避免纠纷考虑,其交易行为会越发谨慎。同时,透明度的增强,可以使证券监管机构和社会公众更好地监管预定交易计划的实施。建议当事人应于交易计划订立之后两日内将交易计划副本报送至下列机构:(1)标的证券在证券交易所上市交易的,应向证券交易所申报。(2)标的证券在其他场所交易的,应向相关主管部门或机构申报。证券交易所或其他部门应于交易计划存续期间届满后的十日内,将该交易计划的主要内容在其官方网站上予以披露。

第五,在预定交易计划的具体认定上,为了防止泛抗辩化的困境出现,应注重以下几个方面:其一,审查预定交易计划的个性化。交易计划的制定因人而异,要综合考察当事人的投资经历、教育背景、风险资本、交易记录以及风险承受能力等。实践中,有当事人提出自己是根据预定交易计划执行的交易,但根据其背景无制定和执行的可能,则可认定该抗辩无法律效力。其二,假如当事人终止原交易计划并未依据重大未公开信息,且其终止原交易计划有正当理由,应该认定其终止交易属于法律允许的范畴。反之,假设当事人在终止原交易计划之后又设立一个新的交易计划,如两者之间间隔过短且新交易计划执行期限过快,可以认定当事人违反了善意原则,排除其抗辩的法律效力。[1]其三,与第二点相似,如果当事人修改或变更预定交易计划的内容,应考察其是否知悉内幕信息,如果当事人在知悉内幕信息之后再修改或变更交易计划,应不属于善意的范畴,可以认定其无抗辩效力。

---

[1] 参见刘成塘:"内幕交易免责抗辩事由之探讨",载《铭传大学法学论丛》2011年第15期。

第二节 已建立有效的信息隔离制度（"中国墙"制度）

一、"中国墙"制度的缘起和发展

有效的信息隔离制度，也称为"中国墙"制度（Chinese Wall），是指金融机构和企业防止重大未公开信息在其内部部门之间进行不当传递的规则和程序。"中国墙"制度最早起源于美国，而引发对问题关注的是1961年的Cady, Roberts&Co.案。[1]本案中，SEC否认了被告提出的信赖关系的抗辩理由，并且确定了内幕交易的处罚依据"戒绝交易，否则公开"的原则。但是，SEC有一个重要问题并没有解决，即美国有相当多数量的像Cady, Roberts这样的可以为客户提供多种服务的多元化大型金融机构，但不同的部门服务于不同的客户，也就意味着对于不同的客户，公司所负的信赖义务并不相同，因此大型金融机构经常会遇到如何处理利益冲突的难题。比如，A和B都是甲公司的客户，B客户持有A客户的股票。甲公司知悉A客户重大非公开的信息，为了B客户的利益就帮助B卖出其持有的A客户的股票，则甲公司势必会触犯法律构成内幕交易；但如甲公司未利用该重大非公开信息帮助B卖出其持有的A客户的股票，将会违背对B客户的信赖义务。因此，无论甲公司如何运作，都会处在一种尴尬的两难境地。如若该问题无法得到解决，势必会损害综合经营的金融机构的市场竞争力，并使其徒增诉讼风险。

Cady一案未解决的问题启发了美国各界是否应采用"中国墙"制度的广泛思考，对这一问题的正式讨论体现在1968年的美林证券公司（Merrill Lynch, Pierce, Fenner & Smith Inc.，以下简称美林公司）一案中。[2]美林公司担任道格拉斯飞机公司（Douglas Aircraft Co，以下简称道格拉斯公司）发行可转换公司债（convertible debentures）的主承销商。本案中，美林公司的承销部门得知道格拉斯公司未公开的准备下调1966至1967年度盈利预测的消息后，将该消息透露给了该公司的机构销售部门，该部门又立刻将消息告诉了美林公司的几个大型机构客户，使得这几个机构客户卖出了其持有的格拉斯公司

---

[1] Cady, Roberts & Co., 40 SEC 907 (1961).

[2] 43 SEC 933 (1968).

的股票，从而避免了可能的损失。但是，美林公司并没有将该信息告知其他客户，导致其他客户还在大量买进格拉斯公司的股票，结果损失惨重。

美林公司的这一举动引起了 SEC 的调查，后双方达成和解，和解内容除了接受处罚、停业之外，美林公司还承诺建立"中国墙"制度以减少内部部门之间信息勾连和传递的可能性。虽然美林公司承诺建立"中国墙"制度，但是 SEC 仍未打算赋予"中国墙"制度免责的法律效果，即使美林公司建立了"中国墙"制度，也不能保证其可以豁免内幕交易的法律责任。因为内幕交易具有较多形态，由于内幕信息在公司内部的不当传递所引发的内幕交易只是内幕交易多种形态的一种，而"中国墙"制度无法有效解决所有可能的内幕交易，所以仍需要按照交易形态的差异制定不同的解决方案，并不是说建立了"中国墙"制度就可以高枕无忧，无法律风险可言了。[1]换句话说，此时的 SEC 并不认为"中国墙"制度可以豁免大型金融机构法律责任。在六年后的1974年，在 Slade v. Sherason Hammill&Co. 案中，[2]SEC 对"中国墙"制度的态度发生了改变。该案中，被告 Sherason Hammill&Co（以下简称 Sherason 公司）是一家经营投资银行业务的综合证券公司，该公司承揽了 Tidal Marine International Corp（以下简称 Tidal Marine 公司）的相关业务。原告 Renee Slade 公司（以下简称 Slade 公司）及 Edward E. Odette 公司（以下简称 Odette 公司）则是 Sherason 公司具有长年业务联系的客户。Tidal Marine 公司是一家经营海上运输业务的航运企业，在1971至1972年之间，其船队有数艘船遭遇海难，导致该公司遭受严重损失。被告虽然在该事件发生后即获悉该内幕信息，并判断出 Tidal Marine 公司的财务状况会出现问题，但是被告在事后仍然继续向原告两公司推荐购买 Tidal Marine 公司的股票，并导致原告未及时卖出股票而遭受重大损失。此后，原告依据1934年《证券交易法》和 Rule 10b-5 向法院对 Sherason 公司提起反欺诈诉讼，并认为被告在明知有该不利内幕信息的情况下仍向其推荐 Tidal Marine 公司的股票，违反了信义义务，应该承担相应的法律责任。被告提出两点抗辩理由：其一，Sherason 公司在1972年5月之前并不知晓 Tidal Marine 公司的内幕信息；其二，即使 Sherason 公司的投资银行部门知道该内幕信息，在内幕信息被公开之前，Sherason 公司的证券经

---

[1] 43 SEC 933 (1968), 938.

[2] Slade v. Sherason Hammill & Co., 517 F. 2d 398 (2d. Cir. 1974).

纪部门向公司客户推荐 Tidal Marine 公司的股票并不违法。

由此可知，本案的焦点属于典型的银行业务和证券业务之间的利益冲突，法院认为被告 Sherason 公司与原告两公司和 Tidal Marine 公司都具有信赖关系，无法区分两个信赖关系之间孰轻孰重，而建立了信赖关系就必须要履行，遂驳回被告抗辩。Sherason 公司不服，后又上诉到联邦第二巡回法院，但是原被告双方很快就达成了和解。有意思的是，SEC 的观点与法院的观点并不一致，SEC 认为，建立"中国墙"制度的金融机构可以有效防范其内部银行业务部门和证券部门之间信息的不当传递和流转。

至此，我们可以明确地发现 SEC 认为"中国墙"制度是一项有效的自我控制和防卫机制，只要建立了"中国墙"制度就不会有信息的不当流转问题。但在司法层面，法院并未对 SEC 的观点予以确认。但是，司法层面的态度在 1979 年的华盛顿钢铁公司案（Washington Steel Corp v. TW Co.）[1] 中得到了明确。联邦第二巡回法院的审理并非以是否违反信义义务为其关注核心，而是将审判重点放在了非公开信息的不当使用上。即案件的争议核心并不是被告是否知悉原告的非公开信息，真正的关键在于被告是否不当使用了这一非公开信息，仅以被告持有非公开信息无法构成内幕交易的正当化基础，因此认定被告并未违反对原告的信赖义务。联邦第二巡回法院的上述看法实际上是承认了"中国墙"制度的效用，认识到"中国墙"作为内控制度可以用作被指控信息不当传递构成内幕交易的抗辩理由。

此外，在立法方面，1984 年的《内幕交易惩治法》（Insider Trading Sanctions Act of 1984）在立法过程中，SEC 和部分国会议员提出要在该法律中明确"中国墙"制度，从原则上支持了"中国墙"制度的作用。1988 年《内幕交易和证券欺诈执行法》（Insider Trading and Securities Fraud Enforcement Act of 1988，以下简称 ITSFEA）第一次从法律层面明确了"中国墙"制度的地位和作用。该法第 3 条 b 项规定，所有在 SEC 登记备案的证券商，都应该建立、维持和执行以书面形式规定和合理制定的已经充分考量证券业务本质的政策或程序，以避免证券商及其相关人员违反 1934 年《证券交易法》及相关法规所禁止的不当使用重要非公开信息的规定。SEC 无论是基于共益抑或保护投资人的目的，都必须制定合理的法律规范去要求所有的证券商落实该政策或

---

[1] Washington Steel Corp v. TW Co., 602 F. 2d 594 (3d Cir. 1979).

程序。[1]换言之，ITSFEA 明确要求凡是在 SEC 注册的证券商，必须以书面形式执行"中国墙"制度，以防止证券商对于业务上所掌握的客户信息的不当传递。这也是"中国墙"制度在世界法律史上的首次确认。

二、"中国墙"制度的制度安排

SEC 的市场监管部（the devision of market regulation）曾发布一份证券商落实和实施"中国墙"制度的报告，[2]阐述了应该如何建立"中国墙"制度，其认为一个完善的"中国墙"制度至少包括四个要素：其一，不同部门信息传递的控制；其二，员工或自营交易的监控；其三，执行措施的保存记录；其四，自营交易的强化监管。

（一）不同部门信息传递的控制

其一，一个综合证券商建立"中国墙"制度的核心之一就是法务部或者稽核部门应该在制度的构建和运行当中扮演重要的角色，至少在不同部门之间的信息传递、限制清单与监视清单等措施的制定和维持、与员工交易的监管等领域上，法务部或稽核部门应该是处于核心地位的。比如，如何确保投资银行部门的员工从其他部门获得信息之后不会泄露该信息，可能的有效解决之道即为法务部或稽核部引导其他部门的员工跨越这道"中国墙"。换言之，由于投资银行部门的员工在业务范围之内处于一种暂时性内部人（temporary insider）的身份，其所接触到客户的重要非公开信息的概率较大而且较为敏感，因此对该部门与其他部门之间的信息沟通应该格外重视。如果投资部门与其他部门之间进行信息交换，比如行业研究报告的分享，则必须在法务部或稽核部的监督之下进行，而法务部或稽核部在事后应该将监督过程做成书面记录并留存。[3]

其二，"中国墙"制度所采取的措施必须是一种可见的物理障碍（Physical

---

〔1〕 Insider Trading and Securities Fraud Enforcement Act § 3 (b).

〔2〕 SEC Division of Market Regulation, Broker-Dealer Policies and Procedures Designed to Segment the Flow and Prevent the Misuse of Material Nonpublic Information, 1989-1990 Transfer Binder Fed. Sec. L. Rep. (CCH) 84, 520 at 80 (1990).

〔3〕 SEC Division of Market Regulation, Broker-Dealer Policies and Procedures Designed to Segment the Flow and Prevent the Misuse of Material Nonpublic Information, 80, 621-627.

barrier），例如，将两个部门予以物理上的分离，限制内部人员接近使用机密文件和档案以及电脑程序等，在探讨极具敏感性的议题时，对于发行公司及标的证券必须采用代码的方式来沟通。

(二) 员工或自营交易的监控

其一，先前清洁交易。对于证券商员工或自营部门的交易活动，不同规模的证券商应遵守不同程度的先前清洁交易（pre-clearance of trades）的规定，即禁止其员工或自营部门在某标的证券的重大非公开信息公开之前交易该证券。规模较小的证券商应该对其所有员工适用先前清洁交易的规定；规模较大的证券商一般只会要求一些比较敏感的部门（如投资银行部）的从业人员适用该规定。

其二，对交易的时间限制。通常是在对发行人研究分析报告公布之后的2至5天之内，禁止买卖该标的证券。但当员工或自营部门被特别允许买卖标的证券时，就会转换成另一种交易形式与持有时间的限制，包括会规定最低限度的持有时间（minimum holding periods）、禁止卖空交易等。[1]

其三，限制清单、监视清单、谣言清单。除了以上对员工或自营部门的限制之外，还有三种方法来监控员工或自营交易，以补充和完善"中国墙"制度。限制清单会列出证券商的员工或自营部门禁止买卖或者交易受限制的证券类型。监视清单，也称为灰色清单，一般由证券公司的法务部或稽核部将本公司将要获得或者已经获得重大未公开信息的标的证券，或其准备向社会承销的标的证券列入一份保密清单中，并根据该清单监督本公司员工或者自营交易，以监控可能违反"中国墙"制度的不当交易。[2]谣言清单则包括证券公司今年来才发布的交易或者尚未决定交易标的的证券。比较而言，监视清单发挥的作用更为显著。因为证券一旦被列入限制清单之后，整个公司都被禁止交易该清单上的证券，所以限制清单的管制范围有过宽过严之嫌。而谣言清单只有极少数的大型证券公司会采用，其发挥的作用较为有限。

---

[1] SEC Division of Market Regulation, Broker-Dealer Policies and Procedures Designed to Segment the Flow and Prevent the Misuse of Material Nonpublic Information, 80, 621.

[2] 参见黄辉："大型金融和市场机构中的中国墙制度——英美法系的经验与教训"，载《清华法学》2007年第1期。

(三) 执行措施的留存记录

虽然很多证券商抵押设有限制清单和监视清单的监控措施，但是证券商的执行和监控并没有一整套完整的书面记录，由此会导致诸多漏洞和问题发生。因此，"中国墙"的具体执行和监控必须以书面形式记载并作为留存记录保存。所要留存的记录包括但不限于公司的内部备忘录、员工手册、交易凭证的摘录等文件，而这些留存的书面文件可以作为公司执行"中国墙"制度的证明。SEC 特别指出，在四个领域的具体执行措施，证券公司应该留存详细的书面记录，包括重要的跨部门之间的沟通记录（records on significant interdepartmental communications）；将何种标的证券列入限制清单或监视清单过程的工作日志（entry logs for watch and restricted lists）；每日交易的评论记录，该记录必须明确指出任何被发现的可疑交易（records of daily trading reviews, indicating any suspicious trads that were detected）；调查可疑交易的档案文件（documentation of efforts to investigate suspicious trades）。[1]此外，上述文件的留存工作，必须指派法务部或稽核部的专门人员负责，以确保所有涉及"中国墙"制度的档案文件可以保持一致性和完整性。

(四) 自营交易的强化监督

当一个综合证券商持有客户的重要未公开信息时，其自营账户的财产交易行为（proprietary trading）就必须受到严格监控。所谓的财产交易行为包括三种：风险套利行为（risk arbitrage）、做市商（market making）、大额交易（block trading）。对于以上三种交易，尤其应注意风险套利行为。SEC 认为，当一个综合证券商持有内幕信息时，就应该暂时停止对于所有受到该内幕信息有关的有价证券的风险套利。如果证券商从事风险套利，就必须对于其已经建立完整有效的"中国墙"制度承担较高的举证责任。[2]

---

[1] SEC Division of Market Regulation, Broker-Dealer Policies and Procedures Designed to Segment the Flow and Prevent the Misuse of Material Nonpublic Information, 1989-1990 Transfer Binder Fed. Sec. L. Rep. (CCH) 84, 520 at 80, 626 (1990).

[2] SEC Division of Market Regulation, Broker-Dealer Policies and Procedures Designed to Segment the Flow and Prevent the Misuse of Material Nonpublic Information, 1989-1990 Transfer Binder Fed. Sec. L. Rep. (CCH) 84, 520 at 80, 622-23.

三、我国"中国墙"制度的构架

"中国墙"制度在我国的发展较晚,相关的规定散落于《证券法》及相关规定当中。目前的制度框架主要分为四个层次:

第一,法律层面。《证券法》第128条规定,证券公司应当建立健全内部控制制度,采取有效隔离措施,防范公司与客户之间、不同客户之间的利益冲突。证券公司必须将其证券经纪业务、证券承销业务、证券自营业务、证券做市业务和证券资产管理业务分开办理,不得混合操作。

第二,行政法规层面。国务院于2008年4月23日公布《证券公司监督管理条例》第46条规定,证券公司从事证券资产管理业务,不得有下列行为:(1)向客户做出保证其资产本金不受损失或者保证其取得最低收益的承诺;(2)接受一个客户的单笔委托资产价值,低于国务院证券监督管理机构规定的最低限额;(3)使用客户资产进行不必要的证券交易;(4)在证券自营账户与证券资产管理账户之间或者不同的证券资产管理账户之间进行交易,且无充分证据证明已依法实现有效隔离;(5)法律、行政法规或者国务院证券监督管理机构禁止的其他行为。

第三,部门规章层面。证监会于2003年修订的《证券公司内部控制指引》第16条规定,证券公司主要业务部门之间应当建立健全隔离墙制度,确保经纪、自营、受托投资管理、投资银行、研究咨询等业务相对独立;电脑部门、财务部门、监督检查部门与业务部门的人员不得相互兼任,资金清算人员不得由电脑部门人员和交易部门人员兼任。

第四,行业自治规范。中国证券业协会于2015年3月修订公布的《证券公司信息隔离墙制度指引》(以下简称《证券公司隔离墙指引》)较为详细地规定了"中国墙"制度。该指引共有27条,主要包括以下几个方面:

其一,明确规定了"中国墙"制度的内涵,即指证券公司为控制内幕信息及未公开信息(以下统称"敏感信息")的不当流动和使用而采取的一系列管理措施。并明确要求证券公司应当将信息隔离墙制度纳入公司内部控制机制,并明确董事会、管理层及相关人员在信息隔离墙制度建立和执行方面的职责。

其二,信息隔离墙的一般规定。要求证券公司应该按照需知原则管理敏感信息，相关人员未经授权或批准不应获取敏感信息，如若获取也应负保密义务。在信息的保密措施方面，必须建立相关的保密措施，防止敏感信息的不当流动和使用。

其三，具体业务信息和证券投资行为隔离墙的规定。主要包括观察名单、限制名单的范围和列入时点，同时，还要求证券公司应当对尚未公开发布的证券研究报告采取保密措施，证券公司应允许证券自营、证券资产管理等可能存在利益冲突的业务部门对上市公司、拟上市公司及其关联公司开展联合调研、互相委托调研等。

从我国关于"中国墙"制度的立法现状来看，我国相关的法律、法规、部门规章对于该制度只作了原则性的规定，并没有规定"中国墙"制度的具体内容，在行业自治规范《证券公司隔离墙指引》中相对较具体地规定了"中国墙"的有关制度。但纵观我国关于"中国墙"的立法规范，都没有对"中国墙"制度的抗辩效力作出明确规定，也没有相关的司法案例作为参考。因此，在我国"中国墙"制度法律效果的构建上，显然欠缺安全港效果的法律效力，只是具有违反立法规范的制裁效果而已，这种法律效果的缺失，会使我国的"中国墙"制度在实际运行的效力方面大打折扣。

四、"中国墙"制度的抗辩功能反思

依据现行代理的法律规范，如果某综合性金融机构的员工或者经理基于职务关系获得信息，通常被视为该综合性金融机构也同意知悉该信息，那么会导致金融机构时常被暴露在涉嫌内幕交易的风险之中。比如，某综合性的大型金融机构，其承销部门在替客户承销股票的过程中知悉了客户重要未公开的信息，一般会假设该金融机构也已经知悉了该信息。假如此时该金融机构的自营部门对该客户股票进行买卖行为，将可能因为知悉内幕信息而构成内幕交易。这种假设反映在实践中，势必会打击金融机构正常和合法的经营行为，因此，应以一定的形式解除该问题或者至少可以降低这种风险发生的可能性，而"中国墙"制度正是这种可能性的典型代表。

从制度的本质看，"中国墙"制度是为综合性金融机构设置的一种信息隔离措施，该制度的原始意义是出于避免内幕信息的不当传递，然而经过多年的制度演化，现在的"中国墙"制度所扮演的角色已经不再是消极地仅限于

阻断综合性金融机构部门之间的不当传递，还具备了积极性的功能，即可以为金融机构提供一个监管机构指控其内幕交易的抗辩权，当金融机构有充分完整的证据证明其已经建立了"中国墙"制度时，可以免除内幕交易法律责任。

关于"中国墙"制度是否具有内幕交易抗辩的功能和作用存在较多争议，然而从美国联邦法院 Washington Steel Corp v. TW Co. 案，SEC 颁布 Rule 14e-3 (b)（2）后的一系列判决，1988 年 ITSFEA 及相关规定来看，无论是在立法制度还是司法实践中，都已经逐渐有赋予"中国墙"制度此种抗辩功能的倾向。但是，这并不意味着金融机构建立了"中国墙"制度就可以完全免责，"中国墙"制度的抗辩效力受到如下限制：其一，"中国墙"制度仅仅是预防内幕信息被不当传递和使用的有效手段之一，并不是说"中国墙"制度可以应付所有可能的内幕交易，所以还需要有类似限制清单、监视清单等措施作为配套措施。其二，如果证券公司的经纪部门对客户所作的股票推荐意见与证券公司获得的重大未公开信息不一致，即使该公司建立了"中国墙"制度，也无法以该制度进行抗辩，仍应承担相应的法律责任。其三，在公开收购时，证券公司不得以自营商身份购买被收购公司的股票。[1]在英国，证券投资委员会（Securities and Investments Board，SIB）制定的《商业行为核心准则》(the Core Conduct of Business Rules) 第36条第（3）项规定，如果实际交易的员工并不知悉内幕信息，那么其所在公司也不会被看作知悉内幕信息。换言之，只要存在有效的"中国墙"制度，并防止交易人员获得信息，交易人员及所在公司不会被认定为内幕信息知情人。[2]加拿大等国家或地区也有类似规定。从境外的立法和实践来看，"中国墙"制度可以作为金融机构合法交易的抗辩事由，但并不当然使其免责，是否免责应该进行个案分析，结合"中国墙"制度的建立和实施情况，通过其他的证据材料来认定。

在现今的互联网时代，随着信息传输、网络科技以及相关软件的迅速发展，网络金融交易和金融产品不断丰富，此种由互联网带来的金融变革，使得传统"中国墙"制度所强调的物理隔绝，似乎已经丧失了应有作用。鉴于

---

[1] Sec. Ex. Act Rel. No. 34-17120 CCH Fed. Sec. L. Rep.（CCH）82, 646 at 83, 461-462（Sept. 8, 1980）.

[2] 参见吴伟央："比较视野下我国证券公司信息隔离墙的制度现状及完善"，载《证券法苑》2011年第2期。

此，笔者认为，应该肯定"中国墙"制度的积极效用和功能，赋予其抗辩的效力。但在抗辩效力的具体认定上，可以遵循以下思路：其一，应首先确认金融机构是否按照相关规定建立了完善的"中国墙"制度，如果没有建立，其抗辩则无法律效力；其二，如果金融机构建立了完整的"中国墙"制度，包括建立了监视清单、限制清单、具有完整的交易和执行等留存记录，可以认可其具有抗辩的效力，但不可直接认定其免责，仍应当结合其他具体证据，比如金融机构是否有证据证明交易员工与该公司并不知悉内幕信息，而且并没有不当地利用该信息进行交易；其三，如果金融机构的经纪部门对客户所作的股票推荐意见与金融机构获得的重大未公开信息不一致或者在自营业务中有明显的内幕交易痕迹时，即使建立了"中国墙"制度也没有抗辩效力。

第三节 正当的市场行为

在发达证券市场当中，普遍存在着对正当市场行为免责的内幕交易抗辩制度。对于正当的市场行为，一般认为包括以下几种情形：一是上市公司收购行为的抗辩；二是做市商行为的抗辩；三是执行客户指令的抗辩；四是股份回购制度抗辩；五是安定操作行为的抗辩。

一、上市公司收购行为的抗辩

上市公司收购是指投资者以公开收购上市公司已发行股份的方式达到控制该公司的目的或者控制权发生转移的一种行为。具体而言：其一，上市公司收购的主体所称的投资者，既可以是个人，也可以是法人或者其他组织；其二，上市公司收购的目标是上市公司，并且是上市公司已发行的股份；其三，上市公司收购的本质是为了实现对上市公司的控制或者达到控股上市公司的目的。收购成功后，投资者并不会取消上市公司的上市资格或者解散上市公司的法人资格，一般会继续保持上市公司的上市资格，并利用该资格继续从事资本运作提升自身的发展。从理论上讲，上市公司收购行为会使人们对上市公司产生积极的预期，并拉高上市公司的股价。因此，该信息会被认定为重大信息，在该信息未公开之前，使用该信息进行交易都是违法行为。当然，对于该信息的使用或者交易并不是绝对禁止的，也存在一定的除外情形，即要约收购人（offeror）或者潜在要约收购人（potential offeror）为了取得上市公司的控制权或者合并该公司，该行为本身不应被视为构成内幕交易。

英国《市场行为准则》指出，为了获得该公司的控制权而以公开收购或者合并的方式所进行的收购或者合并行为，行为虽然涉及内幕信息，但考虑到收购行为的特殊性，认定该行为本身并不构成内幕交易。[1]具体而言，包括以下两种情形：其一，信息是要约收购人和潜在要约收购人对目标公司发生要约或者正在考虑发出要约的信息；其二，信息是要约收购人和潜在要约收购人通过尽职调查（due diligence）可以获得的信息。[2]在判断行为是否是为了取得目标公司的控制权而以合并作为诱因，应该考虑以下因素：（1）相关交易是否是针对目标公司的股份；（2）相关交易是否是以获得目标公司的控制权或者促进合并为唯一目的。

新西兰《1988年证券市场法》规定，内幕信息知情人不得泄漏内幕信息，但在下列行为下，内幕信息知情人不算泄漏内幕信息：（1）在收购法典之下，向潜在的要约人或者顾问泄漏有关收购的内幕信息；（2）为了竞争性的收购要约而鼓励潜在的要约人进行竞争性的善意收购要约；（3）为了组建收购财团，潜在的要约人或其顾问向他人透露关于公开收购的内幕信息；（4）为了完成收购法典所规定的报告而向独立顾问透露公开收购的内幕信息。同时，还应满足以下两项条件：（1）内幕信息的接受者在信息方面受到保密协议的约束；（2）透露内幕信息的目的是使得或者鼓励信息接受者作出收购要约或者参与收购要约。此外，下列行为不属于鼓励或者建议他人进行内幕交易：（1）目标公司的管理者在一定程度上对于公司股东持有或者交易证券的行为提出建议或者鼓励；（2）一个潜在收购要约的潜在要约人为了建立收购财团而做出的建议或者鼓励行为。[3]

二、做市商行为的抗辩

做市商制度（market-making）也称为做市制度，是发达证券市场中普遍采用的一种市场交易制度，是指具有相当资金和市场信誉的证券公司充当做

---

[1] MAR 1.3.17.
[2] MAR 1.3.18.
[3] Securities Markets Act 1988 No 234, 9E. Exceptions for takeovers.

市商，不断向投资者提供特定证券的买卖价格，而投资者按照做市商提供的报价买卖证券，利用自有资金和证券与投资者进行证券交易并通过交易价差赚取利润，从而为市场提供流动性。做市商制度的特点主要包括：其一，要向投资者报出价格，并按照所报价格买入或者卖出。其二，应利用其自有资金和证券与投资者进行交易。做市商制度对于提高证券市场的流动性，维持证券价格的稳定，提高证券市场运行的效率具有重要的推动作用。但由于做市商通常需要发行公司对其信息进行完整披露，并根据披露信息决定是否对其证券进行做市，如果禁止做市商获得内幕信息，则其从事做市的意愿会明显降低，可能会导致该证券价格的大幅波动以及市场流动性的缺失。因此，为了使做市商能尽可能正常地履行职务，稳定特定证券的价格并保持其流动性，内幕交易的立法都会豁免其行为。相关的规范体现在欧盟的《1989年内幕交易指令》、英国的《1993年刑事正义法》《市场行为准则》等规范中。

英国《市场行为准则》1.3.7条规定，对于那些依照法律规定用他们自己的资金和证券去进行合法交易或者相关交易的做市商而言，其合法的交易行为（包括与发行公司承销金融工具达成协议）不能算是市场滥用（即被视为内幕交易的豁免行为）。[1]对于如何判断做市商的行为是否属于合法的商业交易时，应该主要考虑以下因素：（1）行为人进行相关的交易是为了在一定程度上规避风险，并且某种程度上可以抵销行为人在合法的商业交易下产生的风险；（2）关于客户已经执行的交易是否是一个在内幕消息基础上的交易，即是否与客户相关的内幕信息并未被要求或者尚未被要求公开；（3）是否在跟已经进入的或者即将进入的客户（包括潜在客户）进行相关交易时，这个交易不受价格的影响或者已经对客户完全暴露并且客户也没有任何异议；（4）行为人的行为程度在相关市场行为准则上是否有合理的标准，考虑到在行为人违反相关的法律或者义务时，该交易是否应该继续进行，此时必须考虑一个整体市场的运作是否公平和有效。[2]此外，如果行为人违反了相关的法律、监管或者交换义务，那么判断行为人的行为是否是合法的商业交易就是最重要的考虑因素。[3]

---

[1] MAR 1.3.7.
[2] MAR 1.3.10.
[3] MAR 1.3.11.

三、执行客户指令的抗辩

对于负有执行客户指令义务的证券中介机构及人员，因其在执行职务过程中可能知悉客户所享有的内幕信息，或者知悉客户告知的内幕信息，其为执行客户指令而从事的交易行为并不构成内幕交易。欧盟市场滥用指令就指出，有价证券的取得或者处分本身就是一个内幕信息，而监管机构应该要考虑在此情况下，正常、理性的行为人会知悉该内幕信息。受托执行客户指令的人其尽职尽责执行指令的行为本身不应被视为构成内幕交易。[1]即相关市场中介在执行过程中容易知悉尚未公开的内幕信息，考虑到其职务的特殊性及所负义务，对该行为予以免责。但如果执行客户指令的人，在执行客户指令的交易过程中将所知悉的内幕信息用于谋取私利，则该行为人不可主张执行客户指令的抗辩。

至于如何界定忠实执行客户指令，英国金融服务局（FSA）认为应考虑如下因素：（1）行为人是否遵守商业行为准则（Conduct of Business Sourcebook，简称COBS）的要求或相关领域内的类似要求；（2）行为人是否与客户以特殊方式进行交易达成一致；（3）行为人的行为是否为了促进或确保有效地执行客户指令；（4）行为人的行为是否基本是合理的，并依据相关市场行为的适当标准与相应的风险成正比；（5）与客户（包括潜在客户）进行交易时，该交易是否在价格上并无任何不利影响，或者已经向客户披露相关信息。[2]

新西兰《1988年证券市场法》规定，内幕信息知情人不得进行内幕交易，发行内幕消息的人不得进行与发行的证券相关的内幕交易。内幕信息知情人A在以下情况中可以进行交易：（1）在交易证券时，知情人A是代表其客户B进行证券交易；（2）被交易的证券是由客户B向知情人A发出的具体指令；（3）在交易进行之前，知情人A并没有向客户B泄漏任何内幕信息；（4）知情人A并没有建议或者鼓励客户B进行交易。[3]

---

[1] The MAD, Art1 (1).
[2] MAR 1.3.15.
[3] Securities Markets Act 1988 No 234, 9D. Exception for agent executing trading instruction only.

四、股份回购行为的抗辩

股份回购是指发行人买回自身已经对外发行的股份的一种市场行为。但针对发行人是否可以买回已发行的股份，存在较大的争议。支持者认为，这是一种正当的商业行为，公司可以基于自身的发展需要以及市场的走向趋势从市场上买回自身的股份。而且股份回购在引导发行人股价、推行员工激励计划、规划企业财务等方面具有积极的功能，所以，立法对于股份回购行为不能采用完全禁止的方式。但发行人实行股份回购行为可能会造成市场价格波动，容易产生内幕交易和市场操纵行为的弊端，影响市场秩序和市场公正。具体而言，首先，发行人可以自由选择股份回购计划的公开时间；在公开回购预案之后，发行人也可自由决定是否回购以及回购多少股份，因为回购预案仅为一个回购意向的说明和对董事会的概括授权，具体的回购操作完全交由董事会。[1]其次，发行人的内部人容易借助股份回购进行内幕交易行为，损害投资者的利益。虽然内部人不能自行设定高于市场价的公司买回价，但如果知悉公司将回购股份的内幕信息之后，行为人可以在回购计划公开之前先行买入公司股票，在股份回购计划公开后导致股价上涨后继续持有或者卖出以获取不正当利益。这不仅对投资者不公平，而且也损害了市场公正的交易秩序。[2]最后，在股份回购中的信息不对称也会导致内幕交易，损害中小股东的利益。股份回购的主体包括发行公司和发行公司的股东。对于中小股东而言，如果发行公司并没有完整披露相关信息，那么股份回购的信息是中小股东无法获取的。一方面，行为人可能利用该信息借股份回购抬高公司股价，另一方面，回购股份后市场需求的相应增加可能导致股价上涨，而这都会损害中小股东的利益。因此，有学者也主张禁止发行人回购其股份。

对此，应在权衡各方利益的情况下，采取折中的方式，即原则上发行人不可回购其已发行的股份，但有正当理由的除外。欧盟在此为我们提供了很好的立法和实践范本。欧盟于2003年12月发布了《有关回购计划与金融商品稳定性豁免规则》（以下简称《豁免规则》），其中就规定了发行公司原则

---

[1] 参见朱庆："证券高可控度信息的相关法律问题——以股份回购为视角"，载《法学》2015年第1期。

[2] 参见李晓春："股份回购中内幕交易行为之证券法规制"，载《河北法学》2010年第12期。

上不可买回已发行的股份,除非有下列几种合法理由:其一,发行可转换公司债券;其二,推行员工持股计划;其三,避免公司股票价格被低估等。同时,《豁免规则》对股份回购的目的、信息披露、交易价格和数量、禁止行为等方面作了较为细致的规定:

第一,在回购范围方面,发行公司必须具有减资、发行可转换公司债券、员工持股计划等正当理由,才能买回自身已经发行的股份。[1]

第二,在信息披露方面,在股份回购交易开始之前,应将所有的交易细节向欧盟各成员国的证券监管机关充分披露。包括股份回购计划的目标、理由、预计股份回购的数量和期间,而且如果其后有重要的事项变更也应及时向各成员国证券监管机关充分披露。此外,为了强化监管机关的有效监管,要求发行公司必须通过合适的形式向监管机关报告详细的交易情况,并且应保证每次在完成股份回购交易之后的七天内,向监管机关公平披露上述交易细节。[2]

第三,在交易价格和数量方面,第一,在执行股份回购交易时,发行公司的买入价格不得高于交易市场上最后的独立交易价格或者当时的最高独立报价,以避免发行公司用不合理的过高价格买回股份以此抬高公司股价;如果交易市场是非受监管的市场,买回股份的行为在最终的独立交易价格或者当时最高的独立报价,必须以所处成员国受监管的市场的相对应价格为准。同时,为了避免发行公司故意规避《豁免规则》的上述要求,还规定如果发行公司通过衍生性金融商品回购股份,则衍生性金融商品的交易价格不得高于前述所称的最终独立交易价格或者当时最高的独立报价。第二,对于股份回购的数量,《豁免规则》也规定,原则上发行公司在任何一个受监管的市场一天内的买入数量不得高于该市场日均交易量的25%;对于在某些流动性极低的市场中,如果发行公司事先将超过25%的交易通知证券监管机构并向社会公开披露,则不受25%的比例限制,但仍不能超过日均交易量的50%。[3]

---

[1] Implementing Directive 2003/6/EC of the European Parliament and of the Council as regards exemptions for buy-back programs and stablisation of financial instruments, OJL 336/33, Art 3.

[2] Implementing Directive 2003/6/EC of the European Parliament and of the Council as regards exemptions for buy-back programs and stablisation of financial instruments, OJL 336/33, Art 4.

[3] Implementing Directive 2003/6/EC of the European Parliament and of the Council as regards exemptions for buy-back programs and stablisation of financial instruments, OJL 336/33, Art 5.

第四，在禁止从事的行为方面，发行人在实行股份回购期间，原则上不得从事以下交易：（1）卖出自己的股票；（2）所在成员国依法禁止的其他交易；（3）发行公司在迟延公布内幕信息的交易场所中进行交易。但不包括以下情形：发行公司从事（1）中交易，发行公司为投资公司或信贷机构，并已经在公司内部建立有效的信息隔离机制；或者行为人从事（2）中交易，发行公司从事已经明确公开交易时间和数量的预定时间的股份回购计划；或者从事（3）中交易，股份回购计划是由投资公司或者信贷机构所执行并且独立于发行人。[1]

五、安定操作行为的抗辩

安定操作行为，也称为价格稳定行为或者维持市价行为，是指为了方便证券的募集或卖出，在遵守立法和监管规定的前提下，在证券市场通过连续买卖有价证券等形式以稳定或固定证券价格的行为。安定操作行为具有两面性：一方面，可以在市场出现证券供应量大幅增加的情况下，有效缓解证券价格的波动，利于证券的募集或卖出；另一方面，安定操作行为是一种以人为方式稳定股价的交易，会影响证券市场价格发现机制，同时会形成市场需求繁荣的假象而误导投资者，可能会使投资者在安定操作行为结束后遭受巨额损失。[2]因此，该行为如果被滥用，尤其是在信息没有公开披露的情况下，其实质类似于内幕交易和市场操纵。

对此，美国1934年《证券交易法》第9（a）（6）条规定，任何人不得单独或者与他人共同对在全国性证券交易所登记的有价证券进行连续买卖，企图钉住（pegging）、固定（fixing）或稳定（stabilizing）该有价证券价格，而其方法违反证券交易委员会为维护公众利益和投资者权利所指定的各项命令和规则的，应该被视为违法。

欧盟立法则认为，安定操作是一种市场行为，可以在短时间内支持和稳定有价证券的价格，有效缓解因短期投资所形成的市场压力，在有价证券发

---

〔1〕 Implementing Directive 2003/6/EC of the European Parliament and of the Council as regards exemptions for buy-back programs and stablisation of financial instruments, OJL 336/33, Art 6.

〔2〕 参见张保华、李晓斌："欧盟关于市场操纵行为的监管与立法实践"，载《证券市场导报》2005年第1期。

行时也可以避免供过于求所导致的股价下跌，或者投资者不理性地认购新发行的有价证券而导致股价上涨。[1]因此，鉴于安定操作行为可以稳定证券价格，增加投资者信心，如果抛去违法滥用的因素影响，安定操作行为是可以接受的，而且在发行有价证券的场合（不论是首次公开发行还是增发等发行场合），如果是为了合理支持和稳定证券的价格，投资公司或信用机构可以在预定的时间内通过购买的方式进行安定操作。但考虑到安定操作行为可能被滥用造成内幕交易或市场操纵的风险，法律又对安定操作行为在时间、价格、信息披露等方面作出限制。

第一，在时间控制方面，一方面，如果是股票或与股票相类似的有价证券（比如股权证券）首次公开募股（Initial Public Offerings，简称IPO），则安定操作的期限原则上限制在受监管市场上开始交易之日起30日内；如果第一次公开发行是在受监管的市场上进行，并且遵守信息披露和报告的相关规定，安定操作的期限原则上是从相关证券最后价格公开之日起30日内；如果是再次发行，则安定操作的期限为相关证券最后价格公开之日起，到配股日后的30日。另一方面，对于不可转换股票的债券，安定操作期限从该证券发行条款公开之日起，到发行人收到发行现金后的30日或者配发证券后的60日。对于可以转换成股票的债券，安定操作期限从发行的最终条款公开之日起，到发行人收到发行现金后的30日或者配发证券后的60日。[2]

第二，在价格条件方面，为了避免行为人利用安定操作进行内幕交易或市场操纵，有必要对安定操作的价格进行严格的控制。对于股份或者股权证券的安定操作价格，在任何情况下都不应高于市场对该证券的报价；对于可转换为股票的债券，也要求在任何情况下，安定操作的价格应不高于转换之后股票最新一次的市场价格。[3]

第三，在信息披露方面，为了增加安定操作行为的透明性，在进行安定操作行为之前，应向公众充分披露以下重要信息：（1）应该披露可能进行安

---

[1] Implementing Directive 2003/6/EC of the European Parliament and of the Council as regards exemptions for buy-back programs and stablisation of financial instruments, OJL 336/33, Art 11.

[2] Implementing Directive 2003/6/EC of the European Parliament and of the Council as regards exemptions for buy-back programs and stablisation of financial instruments, OJL 336/33, Art 8.

[3] Implementing Directive 2003/6/EC of the European Parliament and of the Council as regards exemptions for buy-back programs and stablisation of financial instruments, OJL 336/33, Art 10.

定操作的事实，但应说明并不能保证安定操作一定会实施，并且有随时停止的可能；(2) 应当表明安定操作的主要目标是为了支持相关证券价格；(3) 应当披露安定操作可能发生的期间；(4) 应当披露实施安定操作人员的身份（如果已经为公众所知则可以不用披露）；(5) 应该披露超额配股措施或者超额配股选择权（greenshoe option）所涉及现有的和可能的最大交易数量，执行超额认股选择权的期间，使用超额配股措施或超额配股选择权的任何条件；(6) 在交易完成后的 7 天内，行为人应向监管机构报告所有安定操作行为所涉事项的细节。[1] 当然，上述指令的规定只是提供给各会员国证券法律的基本规定，各会员国仍然可以基于本国实际和政策考量，对安定操作行为作出更为严格的限制。

我国证券法律、法规没有对安定操作行为予以明确禁止或允许的规定，但依据《证券法》第 31 条第 2 款规定，"证券公司在代销、包销期内，对所代销、包销的证券应当保证先行出售给认购人，证券公司不得为本公司预留所代销的证券和预先购入并留存所包销的证券。"《股票发行与交易管理暂行条例》第 24 条第 2 款规定，"在承销期内，承销机构应当尽力向认购人出售其所承销的股票，不得为本机构保留所承销的股票。"因此，尽管对于安定操作行为没有明确的禁止性规定，但一般意义上，证券公司保留所承销的证券为我国证券法所禁止，这也就阻断了证券公司进行安定操作的可能性。尽管这种过度的管制在一定程度上可以防范安定操作的滥用，但没有为安定操作预留发挥积极作用的必要空间，影响了市场作用的发挥和投资者整体利益的提高。

第四节　依据已公开信息

依据已公开信息抗辩，是指行为人根据在一般投资者可以接触到的报刊、网站等媒体上，或者在中国证监会指定的报刊和网站等媒体上披露，或者已经被一般投资者普遍知悉和获取的信息所作的交易，被认为是不构成内幕交易的正当交易行为。在统计的 360 个案件当中，有 40 个案件涉及依据公开信

---

[1] Implementing Directive 2003/6/EC of the European Parliament and of the Council as regards exemptions for buy-back programs and stablisation of financial instruments, OJL 336/33, Art 9 (1).

息，其中被 45 人次使用，是使用频率仅次于独立分析判断的抗辩事由。依据收集的样本，在实践当中，当事人提出的公开信息的类型多种多样，主要包括：年报、半年报、中期报告、股吧帖子、研究报告、业绩预增报告等。比如在【（2009）45 号李建兴】一案中，李建兴提出 2008 年 1 月 31 日公司已发布业绩预增公告，交易股票是依据公告的信息买卖股票，亏损卖出股票证明其不知悉内幕信息；[1] 在【（2010）29 号李际滨、黄文峰】一案中，李际滨辩称，买入粤富华股票是对公司全年业绩的判断，而不是受电力分红的影响；卖出股票是因为公司公布了中期业绩预增的消息，在大势不稳和前期股票涨幅已大的情况下，股价会"见光死"。[2] 而在【（2012）31 号曾国波】一案中，曾国波称其买入的原因是劲嘉股份刚出了中期报告，预计年增长率 50%，很多券商的研究报告提升了评级，自己对公司下半年业绩很有信心。[3] 在【（2013）13 号齐凯、张进才】一案中，张进才申辩意见提出，其与森源电气有悠久的关系，认同森源电气及其实际控制人的做事风格，了解森源电气的经营质地，据此才进行投资。关于在敏感期内购买森源电气股票，其解释是基于 2012 年 1 月 14 日森源电气业绩预增公告，至于购买的时点在内幕信息敏感期内，属于偶然。[4]

《内幕交易认定指引》（现已失效）第 20 条第 2 款规定，行为人有正当理由相信内幕信息已公开的，行为人的证券交易活动不构成内幕交易行为。《内幕交易司法解释》第 4 条第 3 项规定，依据已被他人披露的信息而交易的，不属于《刑法》第 180 条第 1 款规定的从事与内幕信息有关的证券、期货交易。立法之所以规定利用公开信息进行交易是内幕交易的合法抗辩事由之一，原因在于，资本市场中的重大未公开信息的经济价值表现为其能够有效地揭示金融商品市场价格与实际价值之间的价差。法律并不禁止基于对市场公开信息获取能力差异形成竞争优势而获取金融交易利润，而是禁止滥用信息优势与资本市场信息的经济价值并从价差发现与相关金融交易中获取利益的行为。有效的信息传递与公平的信息竞争是资本市场参与者投入资本参与金融商

---

[1]《中国证监会行政处罚决定书（李建兴）》（2009）45 号。
[2]《中国证监会行政处罚决定书（李际滨、黄文峰）》（2010）29 号。
[3]《中国证监会行政处罚决定书（曾国波）》（2012）31 号。
[4]《中国证监会行政处罚决定书（齐凯、张进才）》（2013）13 号。

品价格发现的市场基础。[1]具体而言，依据已经公开的信息需要注意以下几个方面：

第一，所依据的公开信息并非内幕信息。《证券法》第52条明确界定了内幕信息，即证券交易活动中，涉及公司的经营、财务或者对该公司证券的市场价格有重大影响的尚未公开的信息，为内幕信息。可以看出，内幕信息主要包括两个特征：一是重大性；二是非公开性。其一，重大性，也称为重要性，一般将该信息对股价是否有显著影响力作为判断标准。《证券法》及《内幕交易认定指引》（现已失效）都以列举的形式解释了重大性的判断标准。比如《证券法》第52条列举的内幕信息，主要包括立法所列的重大事件、股权结构的重大变化、债务担保的重大变更、营业用主要资产的处理、董监高等人员的重大变化、上市公司收购以及其他证监会认定对交易价格有显著影响的其他重要信息。本条所列之内幕信息，因为有法律的明确界定，一旦该信息触及这7项规定，且当事人无其他强有力的证据证明自己的交易是依据公开信息，则该抗辩理由并不成立。难点在于，如何判断对交易价格有显著影响的其他重要信息。在无明确法律依据的情况下，判定该行为是依据公开信息所作必须结合多种因素综合判定。在【（2010）29号李际滨、黄文峰】一案中，证监会明确指出，本案中涉及的信息是上市公司对外股权投资的分红方案，根据内幕信息的"重要性"原则，上市公司未公开的对外股权投资分红方案是否属于内幕信息，应根据该项股权投资在上市公司整体资产、营业收入、利润构成中所占的比重、投资者对该分红方案的预期以及该分红方案与上市公司股票价格变动的相关程度等因素综合判断。本案中，无论从以往年度客观记录看，还是从包括李际滨、黄文峰在内的粤富华高中级管理层、外界投资者主观认知上看，电厂分红在粤富华业绩构成中均占有相当大的比重。而且，由于粤富华2006年11月8日发布的关于投资珠海发电厂5、6号机组的公告，给市场投资者以粤富华在未来年度从发电厂获得的分红收益将有较大比例减少的预期，此后协商、达成的2006年度全额分红的方案，对投资者判断的影响就更为重大。从2007年6月14日粤富华发布公告的内容看，广珠公司2006年度利润分配是粤富华上半年业绩预增650%～700%的直接原

---

[1] 参见谢杰："利用未公开信息交易罪量刑情节的刑法解释与实践适用——'老鼠仓'抗诉案引发的资本市场犯罪司法解释反思"，载《政治与法律》2015年第7期。

因。因此，本案中粤富华对珠海发电厂股权投资的分红方案，符合内幕信息的"重要性"标准。基于上述理由，依据《证券法》的规定，认定该信息属于内幕信息。[1]

其二，非公开性主要涉及股票交易及其价格敏感期间的计算问题。敏感期是从内幕信息开始形成之日起到内幕信息真正公开或者该信息对股票价格不再有显著影响时截止。在【（2013）13号齐凯、张进才】一案中，齐凯申辩意见提出，其对于森源电气内幕信息等事项没有打听，之所以购买森源电气股票是因为一直对省内优质企业较为关注，而森源电气是省内成长性较好、较有投资价值的企业。本案中，齐凯证券账户自2011年1月10日至2012年1月18日没有证券交易行为，但于2012年1月19日至2月8日集中买入森源电气股票30万余股，其买入森源电气股票时间与涉案内幕信息敏感期高度吻合，交易数额巨大，与2011年1月该证券账户交易几千股，最多时上万股的习惯明显不同。因此，其申辩意见不能排除其利用内幕信息从事涉案股票交易的嫌疑。所以，根据上述案例的事实认定可以看出，依据公开信息进行抗辩时，该信息不能是内幕信息，即不能符合内幕信息的重大性和非公开性。

第二，交易行为与行为人所依据公开信息相吻合。当事人提出依据已经披露的相关信息进行股票交易，意味着其交易应该与其所依据的公开信息具有密切联系性，即该公开信息给了当事人足够且明确的指引，当事人正是通过该公开信息才促成了其交易该股票。反之，如果当事人只是提出其交易是依据该公开信息，但事实上两者并无密切关联，则可以认为当事人的抗辩不成立。在【（2012）49号费智、黄晓丹】一案中，黄晓丹辩称其买入龙源技术股票完全是通过公开利好消息作出的决策，不存在利用内幕信息交易的情况。为此还提供了《证券日报》有关预测龙源技术业绩增长的报道等材料。但证监会指出，当事人提供的有关《证券日报》关于预测龙源技术业绩增长的报道等材料，可以作为股民对龙源技术股票进行理性投资的依据，但黄晓丹在2012年2月29日上午11时05分至28分以均价每股43.05元，动用301 330元买入龙源技术股票，又于3月5日以均价每股46.15元全部卖出，获利19 498.93元，短线投机套利明显，该交易行为与上述证券报道关联度不紧密。在【（2012）24号肖家守、朱莉丽、周晓丹、肖传健】一案中，周晓

---

[1]《中国证监会行政处罚决定书（李际滨、黄文峰）》（2010）29号。

丹提出依据网络媒体报道的信息交易涉案股票，但实际上该报道既无关于新日投资收购宁夏恒力的内容，也无明确的买入宁夏恒力股票的投资建议。此外，周晓丹并无丰富投资经验。肖传健在此案的调查中称，周晓丹对股票交易没有研究。证监会提出，周晓丹之前仅短暂交易过一只股票，买入宁夏恒力股票前长达一年时间内都没有股票交易。因此，周晓丹提出仅因一篇网络媒体报道就借用他人账户全仓买入涉案股票，且投入资金量是其之前交易的唯一一只股票"民生银行"资金量的7倍多，其辩解既缺乏合理依据，也不足以否认其利用内幕信息买卖股票的事实。[1]此外，交易行为与行为人所依据公开信息应该相吻合，该观点在【（2014）36号马国秋】一案中也得到了验证。马国秋提出，其"交易行为参考了媒体披露的相关报道及研究报告"和"股吧中关于'ST宝龙'的相关言论坚定了交易"。为此，马国秋还公证了其提供的作为当时交易依据的股吧信息。但本案涉及的内幕信息核心内容即本次资产重组的时间、对象、条件等具体内容在当事人提供的公开信息中并未披露。马国秋从公开渠道获知的并不是本案所涉及的内幕信息。综上，马国秋利用与陈某某的密切关系，通过电话等联系接触获取了内幕信息，是非法获取内幕信息人。[2]

　　第三，交易时间应该在行为人所依据信息公开之后。该抗辩事由的核心是依据他人已经公开的信息进行交易，言下之意就是行为人的交易时间必须在所依据的信息公布之后。相反，如果行为人的交易时间是发生在依据信息公布之前，就无法排除从事内幕交易的嫌疑。因此，即使内幕信息知情人员、非法获取内幕信息人员提出充分且确实的证据证明其在掌握或者知悉内幕信息之前，已经凭借对市场公开资料、数据等信息的分析进行证券交易的，也只能作为其获悉内幕信息之前从事相关交易的合法性基础，而不能成为其获取内幕信息之后从事证券交易排除违法性的抗辩事由。[3]

　　在【（2013）13号齐凯、张进才】一案中，张进才辩称其交易的依据是森源电气业绩预增公告，但证监会调查发现，从资金账户情况来看，2011年1月资金转出后余额仅为0.01元，其后至2012年1月13日，并无资金转入。

---

[1]《中国证监会行政处罚决定书（肖家守、朱莉丽、周晓丹、肖传健）》（2012）24号。
[2]《中国证监会行政处罚决定书（马国秋）》（2014）36号。
[3] 参见刘宪权：《论内幕交易犯罪最新司法解释及法律适用》，载《法学家》2012年第5期。

2012年1月13日，重新开立涉案资金账户。1月14日公司发布业绩公告，其后在短期内转入资金800万元，于业绩公告五天后集中买入森源电气股票30万余股，难以解释为是在业绩公告后着手买入。通观其2011年1月至2012年1月的资金流转情况、涉案资金账户开立时间以及涉案交易时间、交易情况等，齐凯账户在信息敏感期内的交易十分异常，且与内幕信息高度吻合。因此，二人的申辩意见不能排除其利用内幕信息从事涉案股票交易的嫌疑。[1]

在【（2011）57号岳远斌】一案中，岳远斌提出他一直关注"三爱富"，并看到了互联网的一篇分析透彻的帖子，并根据该股票的成交量才大量买入了该股票。证监会指出，岳远斌所提出的公司基本面、互联网上的评论并非子虚乌有，但是其进行的研究与看到互联网上的评论，是发生在买入前还是买入后则无从查证；而且从其惯常交易模式看，这些抗辩不足以支持其过于异常的涉案交易行为；还有重要的一点，"三爱富"6月3日分时成交量统计显示，岳远斌买入"三爱富"的时间早于"三爱富"成交量明显放大的时间；岳远斌提出的辩解理由，不足以推翻关于其间接获悉内幕信息的推断。[2]

第四，信息来源应该权威且有较高可信度。依据已经公开的信息进行交易，该信息还应符合信息来源权威且有较高可信度的标准。关于此标准，可以参考《内幕交易认定指引》（现已失效）第11条的规定，即内幕信息的公开，是指当内幕信息在监管部门指定的报刊、网站等媒体上公布，或者被一般投资者能够接触到的全国性报刊、网站等媒体上公布，或者被一般投资者普通知悉或理解，就可以判定该信息丧失了非公开性。当然，并不是完全否定从其他地方获取信息的可信度和权威性，但当事人无法完全依靠依据公开信息进行交易的理由免责，其证明力会大打折扣。在【（2011）57号岳远斌】一案中，岳远斌提供的证明材料显示，他买入"三爱富"股票，主要是因为自己看了一篇名为《三爱富大涨内幕——华谊集团或将整体上市》的股吧帖

---

[1]《中国证监会行政处罚决定书（齐凯、张进才）》（2013）13号。

[2] 证监会的调查显示，"'三爱富'6月3日分时成交量统计显示，岳远斌买入'三爱富'的时间早于'三爱富'成交量明显放大的时间。6月3日9时30分至14时26分，'三爱富'分时成交量在100 000股以下波动，成交量为462.6万股，占全天成交量的44.66%。14时27分，'三爱富'分时成交量突破100 000股。14时27分至15时，'三爱富'成交量达572万股，占全天成交量的55.34%。而牛某某、凌某账户于14时08分开始卖出股票、14时10分开始买入'三爱富'。"《中国证监会行政处罚决定书（岳远斌）》（2011）57号。

子。该帖子仔细分析了华谊集团借三爱富整体上市的可能性，并提到三爱富基本面好很多，而且CDM项目前景诱人，将是一个非常不错的整合平台。此外，岳远斌还提交了从互联网页面打印下来的证据资料，包括《上海证券报》曾经提及三爱富将进行资产重组的一篇报道，新浪财经、大赢家、东方财富网等财经网站"股吧"中关于三爱富重组的传言帖子，意在证明其系利用公开信息及根据自己判断买入"三爱富"，并未利用内幕信息。当事人提供的所谓基本面情况，一部分属于领导视察公司、上海国有企业整体上市趋势等宏观报道，另一部分属于网络"股吧"上的传言。当事人作为证券专业人士，对"股吧"信息的可信度，应当有着比一般投资者更加深刻、清醒的了解。其申辩理由体现出投资行为过分相信与依赖"股吧"传言的情况，与其专业人士的身份并不相符。[1]

综上，笔者认为，判断当事人提出的依据公开信息的抗辩理由是否正当，应综合考虑以下几点：（1）所依据的公开信息是否是内幕信息，是否符合内幕信息的重大性和非公开性；（2）交易行为与行为人所依据公开信息是否吻合；（3）交易时间发生在行为人所依据信息公开之前还是之后；（4）信息来源的权威性和可信度。

表1 依据公开信息进行交易

序号	处罚案号	处罚时间	受处罚人	交易证券	备注
1	（2009）45号	2009/11/6	李建兴	"深康佳A"	
2	（2010）29号	2010/8/9	李际滨、黄文峰	"粤富华"	其中，黄文峰的抗辩理由之一即为依据公开信息进行交易
3	（2011）57号	2011/12/15	岳远斌	"三爱富"	
4	（2012）24号	2012/6/6	肖家守、朱莉丽、周晓丹、肖传健	"宁夏恒力"	其中，周晓丹、肖传建的抗辩理由之一为依据公开信息
5	（2012）31号	2012/6/27	曾国波	"劲嘉股份"	

---

[1]《中国证监会行政处罚决定书（岳远斌）》（2011）57号。

续表

序号	处罚案号	处罚时间	受处罚人	交易证券	备注
6	(2012) 49 号	2012/12/11	费智、黄晓丹	"龙源技术"	
7	(2013) 2 号	2013/1/23	李国刚、白宪慧、周富华、姚文喜	"科学城"	其中，姚文喜提出，根据已经公开信息交易
8	(2013) 13 号	2013/3/28	齐凯、张进才	"森源电气"	其中，张进才提出，依据公开信息进行交易
9	(2013) 41 号	2013/9/18	张庆瑞	"ST 北人"	
10	(2013) 65 号	2013/11/28	杨国章	"金自天正"	
11	(2014) 10 号	2014/1/9	牛金瓶、王垦海、刘盈、苏剑虹	"天威视讯"	其中，牛金瓶、苏剑虹提出其交易是依据已经公开信息
12	(2014) 11 号	2014/1/9	成蓉	"天威视讯"	
13	(2014) 25 号	2014/2/14	胡海波、曹琏琏	"永生投资"	其中，胡海波提出其交易是基于市场早有预期的信息
14	(2014) 36 号	2014/3/28	马国秋	"ST 宝龙"	
15	(2014) 90 号	2014/10/29	贺小娟	"宏达新材"	
16	(2016) 28 号	2016/3/21	刘如宝	"中钢吉炭"	
17	(2016) 31 号	2016/3/21	谢庆华	"中电广通"	
18	(2016) 37 号	2016/4/18	杨剑波	"ST 国通"	
19	(2016) 48 号	2016/4/25	石乃珊	"平潭发展"	
20	(2016) 56 号	2016/4/26	苏嘉鸿	"威华股份"	
21	(2016) 96 号	2016/8/2	马祥峰	"宝莫股份"	
22	(2017) 11 号	2017/1/20	江阴市九润管业有限公司、任向东	"海润光伏"	
23	(2017) 28 号	2017/3/21	沈忱	"世纪鼎利"	

续表

序号	处罚案号	处罚时间	受处罚人	交易证券	备注
24	(2017) 36 号	2017/4/25	余伟业	"彩虹精化"	余伟业提出,其买入股票是根据公开信息、对国家政策的理解,以及对陈某弟和彩虹精化管理层的信任等,是合法的投资行为
25	(2017) 81 号	2017/8/10	金国强	"东方电缆"	
26	(2017) 83 号	2017/8/10	李广明	"东方电缆"	
27	(2017) 92 号	2017/10/25	广州穗富投资管理有限公司、易向军、周岭松	"国农科技"	易向军、周岭松二人共同提出基于公开信息抗辩理由
28	(2017) 104 号	2017/12/20	吉林省信托有限责任公司、高福波	"吉林森工"	
29	(2018) 109 号	2018/11/13	林红、苏艳芝、王红梅	"华贸物流"	苏艳芝提出自己并不知道内幕信息,买入决策是依据公开信息作出
30	(2019) 22 号	2019/4/2	张勇	"海翔药业"	
31	(2019) 25 号	2019/4/25	龙煜文	"银禧科技"	
32	(2019) 47 号	2019/5/27	李健铭	"瑞和股份"	李健铭提出,其通过上市公司年报等公开信息,足以判断案涉瑞和股份现金分红和转增股本即"送转"的预期,并不需要"内幕信息"
33	(2019) 48 号	2019/5/27	倪汉腾、郑少銮	"瑞和股份"	二人共同提出基于公开信息抗辩理由
34	(2019) 75 号	2019/7/31	阳雪初	"中青宝"	

续表

序号	处罚案号	处罚时间	受处罚人	交易证券	备注
35	(2019) 117号	2019/10/31	花雷	"沙钢股份"	花雷提出,其在2016年2月已经关注并买入"沙钢股份",在同年8月该股价格涨幅近一倍时认为是买入时机,并结合股吧等公开信息及个人经验判断后买入
36	(2020) 7号	2020/3/27	卞忠元	"天沃科技"	卞忠元认为自己曾经交易过涉案股票,其交易行为具有连贯性,且其炒股多年,购买涉案股票前了解到中植系重仓该股、国家社保高比例加仓、高管增持、股权激励等信息并参考股吧消息
37	(2020) 74号	2020/9/29	刘虹	"熊猫烟花"	刘虹称早在熊猫烟花发布拟进行资产重组的公告前,市场上就对熊猫烟花将有收购或重组安排有普遍预期,因此熊猫烟花拟收购资产的信息不具有未公开性
38	(2020) 75号	2020/9/29	买智勇	"易成新能"	买智勇认为,其一,2018年11月1日的调研活动、工作午餐均不涉及本案重组事宜,其与万某福的通讯联络,从工作岗位、职责和通话时长而言,都不可能涉及内幕信息,故其未在与内幕信息知情人的接触、联络过程中获知内幕信息,不构成内幕交易;其二,2018年8月,中

续表

序号	处罚案号	处罚时间	受处罚人	交易证券	备注
					国平煤神马集团的年中工作会中明确提出,"推进易成新能与开封炭素的资产重组",2018年8月8日,《每日经济新闻》报道了易成新能与开封炭素资产重组的预测分析,并被新浪财经、东方财富网等网站转载,因此本案内幕信息已是一定范围的公开消息,不具备内幕信息的未公开性
39	(2020) 82号	2020/10/16	方伟	"梦舟股份"	方伟提出,其买入"梦舟股份"是基于社会公开信息进行的分析,且在敏感期前曾经交易过该股,而敏感期内大额资金购买是因为大额资金转入而产生的巧合
40	(2020) 109号	2020/12/14	左右强	"东方钽业"	左右强提出,其系依据已经披露的信息进行交易,且其交易"东方钽业"300余万元系代其有大额投资习惯的母亲进行投资,交易行为具有合理性

第四章
内幕交易抗辩制度：一般抗辩事由

第一节　独立分析判断

独立分析判断，是指根据自身的知识储备、投资经验，通过分析上市公司的股价走势和价值，分析股价走势的各种影响因素，从而达到预测股价未来涨跌的一种正当事由。"独立分析判断"是被使用频率最高的抗辩事由，在72个案件中，被90人次使用。在实践中，当事人也会用类似"独立分析判断"的表达方式，包括自主判断、自主分析、个人技术分析、个人对市场行情的分析等词语。比如在【（2009）26号夏雄伟】一案中，夏雄伟提出，其决定买入精工科技股票，并不是受知悉内幕信息的影响，而是根据自己的"分析判断"，认为"从历史趋势看，股价偏低"，"应该有一个补涨过程"。[1]【（2013）16号上海金瑞达资产管理股份有限公司、王敏文、刘晓霖】一案中，当事人金瑞达提出，买入"海立股份"的理由是基于对海立股份基本面、市场面和技术面等综合分析而作出的判断，决策过程符合公司的投资决策程序，也没有违反国家的相关规定，交易行为不成内幕交易。[2]【（2013）72号吴伟、谢霞琴】一案中，当事人吴伟提出，其大量买入该股票是基于个人技术分析和对大市研判。[3]【（2013）14号包维春、冯振民、吴春永】一案中，冯振民提出如下申辩意见：包维春没有向其泄露内幕信息，其投资行为是基于

---

[1]《中国证监会行政处罚决定书（夏雄伟）》（2009）26号。
[2]《中国证监会行政处罚决定书（上海金瑞达资产管理股份有限公司、王敏文、刘晓霖）》（2013）16号。
[3]《中国证监会行政处罚决定书（吴伟、谢霞琴）》（2013）72号。

自己对行情的分析，且交易记录显示其交易不异常。[1]

从行政执法实践来看，如果当事人只是提出基于自己的独立分析和判断，但并没有足够的证据支持，后果就是其抗辩事由证明力过低，无法排除其利用内幕信息从事内幕交易的可能性。

笔者认为，判断当事人的独立分析判断抗辩是否合理，首先要看其是否知悉内幕信息。比如，在【（2009）26号夏雄伟】一案中，证监会指出，根据《证券法》防范与打击内幕交易的立法宗旨和有关规定，只要有证据证明知悉内幕信息是影响当事人交易行为的因素之一，就可以认定内幕交易行为成立；当事人要想排除自己行为的违法性，应当有证据证明其即使在完全不知道内幕信息的情况下，也会进行同样的交易行为；如果没有证据完全切断知悉内幕信息与其后的交易行为之间的联系，就不足以阻却行为的违法性。具体到本案，虽然不排除当事人的"分析判断"可能会对其交易行为有一定的影响，但由于该行为本身已经符合《证券法》规定的内幕交易违法行为的构成要件，当事人的辩解无足够证据、也无足够力量排除对其内幕交易行为的认定。[2]可以看出，证监会在行政执法中，对于此类抗辩事由的认定，主要是从行为人是否知悉内幕信息的角度，如果行为人有证据证明其在完全不知悉内幕信息的情况下，也会从事相同的交易行为，那么就可以认定行为人确实依据独立分析判断所作；但如果没有证据完全切断知悉内幕信息与其交易行为的联系，就无法认定行为人的抗辩成立。同样的观点，也体现在【（2010）29号李际滨、黄文峰】一案中。李际滨提出自己的交易行为没有利用内幕信息，买入"粤富华"股票是出于对公司全年业绩的判断，而不是受电力分红的影响；黄文峰也称其股票交易行为完全依据对公开信息的分析和对个股技术走势的判断做出。证监会认为，根据《证券法》的规定，内幕信息知情人"知悉"内幕信息后从事了相关证券的买入或者卖出，就可以推断其买卖行为系"利用"了内幕信息，除非有充分的理由与证据排除这种推断。本案中，虽然不排除二位当事人独立的"分析判断"可能会对其交易行为有一定的影响，但由于其交易行为本身已经符合《证券法》规定的内幕交易违法行为的构成要件，且证明其利用内幕信息从事内幕交易的相关证据清楚而

---

[1]《中国证监会行政处罚决定书（包维春、冯振民、吴春永）》（2013）14号。
[2]《中国证监会行政处罚决定书（夏雄伟）》（2009）26号。

有说服力，当事人的辩解不足以推翻对其内幕交易行为的认定。[1]

其次，判断的标准还应考量当事人是否在敏感期内从事股票交易。如果当事人确定是在敏感期内从事股票交易，又没有合理和充分的证据证明，那么该抗辩并不能推翻其从事了内幕交易行为。比如，【（2014）11号成蓉】一案中，成蓉在其申辩材料中提出：2011年12月27日的班子考评会议上提到网络整合已进入操作阶段，其并未放在心上，会后也未立即因此买入天威股票。自身买卖天威视讯股票的决策依靠股票走势和自身经验，与内幕信息无关。但证监会认为：第一，其买入天威视讯股票的时间仍然在内幕信息敏感期内。第二，2011年年底的经营班子考评会，明确提到网络整合已经进入操作阶段，市领导已签署文件，相对市场其他投资者，成蓉清楚知晓该事件情况，敏感期内交易股票可以认定为内幕交易。[2]

最后，认定独立分析判断的抗辩之中，除了上述两项，还要综合分析和查证当事人的交易时间、交易的具体情况、交易规模、投资经验、财务状况等。在【（2013）13号齐凯、张进才】一案中，证监会提出应当综合考量当事人交易期间的资金流转情况、涉案资金账户开立时间以及涉案交易时间、交易情况等因素。[3]究其原因，主要在于当事人交易决策的形成和实施动因往往比较复杂，受多种因素的综合影响；有时既受内幕信息的影响，也同时受内幕信息之外的其他一些认知因素的影响。在有些情况下，当事人事先基于市场传言、个人分析等因素，已经关注相关证券，并产生了交易念头，然后通过种种渠道刺探、获知内幕信息，经验证后实施交易，案发后以"根据市场传言买卖""早就有了交易计划"等借口推卸责任；在另一些情况下，当事人先获知了内幕信息，但没有马上交易，而是又对相关证券的基本面与技术面作了一些研究分析，然后实施交易，案发后以"根据自己的研究分析和独立判断买卖"为由，否认内幕交易。[4]

因此，判断当事人是否依据独立分析判断，应该综合以下几点因素：（1）是否不知悉内幕信息；（2）是否非于敏感期从事股票交易；（3）是否具有丰富的投资经验和较长的投资时间；（4）是否具有较良好的财务状况；（5）是否

---

[1]《中国证监会行政处罚决定书（李际滨、黄文峰）》（2010）29号。
[2]《中国证监会行政处罚决定书（成蓉）》（2014）11号。
[3]《中国证监会行政处罚决定书（齐凯、张进才）》（2013）13号。
[4]《中国证监会行政处罚决定书（夏雄伟）》（2009）26号。

具有较稳定的交易规模；（6）是否具有较可观的投资收益等。

表2 独立分析判断

序号	处罚案号	处罚时间	受处罚人	交易证券	备注
1	（2008）49号	2008/11/27	瞿湘	"特力A"	
2	（2009）26号	2009/7/6	夏雄伟	"精工科技"	
3	（2010）29号	2010/8/9	李际滨、黄文峰	"粤富华"	2人都提出了依据独立分析判断的抗辩理由
4	（2011）41号	2011/9/19	蔡伟甫、庞友国、陈锡尤、廖凯明、吴慧敏	"佛塑股份"	5人在其中均辩称他们是依据独立分析判断
5	（2011）56号	2011/12/13	光华基金会、任晋阳、梁范栋	"领先科技"	3人（机构）均提出基于独立分析判断
6	（2011）57号	2011/12/15	岳远斌	"三爱富"	
7	（2012）24号	2012/6/6	肖家守、朱莉丽、周晓丹、肖传健	"宁夏恒力"	其中周晓丹、肖传建提出是基于个人独立判断
8	（2012）31号	2012/6/27	曾国波	"劲嘉股份"	
9	（2013）6号	2013/2/6	王瑞苹	"斯米克"	
10	（2013）13号	2013/3/28	齐凯、张进才	"森源电气"	2人均称依据独立分析判断
11	（2013）14号	2013/4/12	包维春、冯振民、吴春永	"宏达股份"	其中，冯振民提出通过独立分析判断
12	（2013）16号	2013/4/15	上海金瑞达资产管理股份有限公司、王敏文、刘晓霖	"海立股份"	其中金瑞达公司、刘晓霖提出基于独立分析判断
13	（2013）19号	2013/5/9	郭红莲	"安诺其"	
14	（2013）20号	2013/5/9	罗明	"安诺其"	

续表

序号	处罚案号	处罚时间	受处罚人	交易证券	备注
15	(2013) 41号	2013/9/18	张庆瑞	"ST北人"	
16	(2013) 65号	2013/11/28	杨国章	"金自天正"	
17	(2013) 72号	2013/12/12	吴伟、谢霞琴	"杭萧钢构"	其中,吴伟提出买卖股票出于自己判断
18	(2014) 7号	2014/1/9	徐建华、王甫荣	"天威视讯"	2人均提出买卖股票是基于独立分析判断
19	(2014) 10号	2014/1/9	牛金瓶、王斌、王垦海、刘盈、苏剑虹	"天威视讯"	其中,牛金瓶、苏剑虹提出,买卖股票凭借自身经验,与内幕信息无关
20	(2014) 11号	2014/1/9	成蓉	"天威视讯"	
21	(2014) 25号	2014/2/14	胡海波、曹琏琏	"永生投资"	2人均提出买卖股票凭借自身经验,与内幕信息无关
22	(2014) 57号	2014/6/9	王舜夫、王顺林	"ST甘化"	其中,王舜夫提出,买卖股票出于自己分析
23	(2014) 58号	2014/6/9	陈汉	"ST甘化"	
24	(2014) 66号	2014/6/27	李之多	"大立科技"	
25	(2014) 74号	2014/8/13	向军、赵兴	"三五互联"	其中,向军提出,其经验丰富、研究能力强,买卖股票基于自身分析判断
26	(2014) 90号	2014/10/29	贺小娟	"宏达新材"	
27	(2015) 4号	2015/2/12	赵罡	"潜能恒信"	
28	(2016) 27号	2016/3/17	李彩霞	"新潮实业"	
29	(2016) 28号	2016/3/21	刘如宝	"中钢吉炭"	
30	(2016) 29号	2016/3/21	邵东平	"中钢吉炭"	
31	(2016) 31号	2016/3/21	谢庆华	"中电广通"	
32	(2016) 36号	2016/4/14	王强彬	"粤宏远A"	

续表

序号	处罚案号	处罚时间	受处罚人	交易证券	备注
33	（2016）37号	2016/4/18	杨剑波	"ST国通"	
34	（2016）38号	2016/4/18	唐政斌	"汇通能源"	唐政斌提出其秉承长期投资和价值投资的理念，长期持续买入"汇通能源"并长期持有，并不是突然买入
35	（2016）48号	2016/4/25	石乃珊	"平潭发展"	
36	（2016）49号	2016/4/25	刘峰	"平潭发展"	
37	（2016）55号	2016/4/26	黄超明	"威华股份"	
38	（2016）56号	2016/4/26	苏嘉鸿	"威华股份"	
39	（2016）85号	2016/7/12	刘丹	"华升股份"	
40	（2016）96号	2016/8/2	马祥峰	"宝莫股份"	
41	（2016）97号	2016/8/2	高扬瑜	"辽宁成大"	
42	（2017）5号	2017/1/9	刘晓忠、吴福利	"唐山港"	其中，刘晓忠提出，其交易行为是因为自身持续关注"唐山港"
43	（2017）8号	2017/1/9	宋常	"盛运股份""国发股份""京能置业""神雾环保"	
44	（2017）9号	2017/1/6	戴国均	"文峰股份"	
45	（2017）11号	2017/1/20	江阴市九润管业有限公司、任向东	"海润光伏"	
46	（2017）64号	2017/6/2	王宇勤、冯玉露	"中科英华"	其中，王宇勤提出，其关注并购买"中科英华"的原因与内幕信息无关，是基于自己的分析判断和信息搜索
47	（2017）65号	2017/6/2	苏建朝	"中科英华"	

续表

序号	处罚案号	处罚时间	受处罚人	交易证券	备注
48	（2017）81号	2017/8/10	金国强	"东方电缆"	
49	（2017）82号	2017/8/10	徐晓光	"东方电缆"	徐晓光提出，其在4月9日即内幕信息即将发布的前一天买入"东方电缆"，是在得知社会传闻和深入分析该公司各项数据指标后进行的交易，由于该传闻已经在当地较大范围的人群中传播，"内幕"的性质完全淡化，不属于非法获取内幕信息；且其并未亏损卖出其他股票来买入"东方电缆"，此次买入金额与其之前买入其他股票的金额没有重大差异，买入量符合其交易习惯
50	（2017）89号	2017/9/21	刘岳均	"恒康医疗"	
51	（2017）104号	2017/12/20	吉林省信托有限责任公司、高福波	"吉林森工"	
52	（2018）21号	2018/4/3	王爱英	"赤峰黄金"	
53	（2018）24号	2018/4/3	施立新、陈森媛、翁凛磊	"宝硕股份"	其中，陈森媛提出买入"宝硕股份"是基于其对两会和京津冀等信息的分析而作出决断
54	（2018）52号	2018/7/5	黄炳文、钟琼	"东风股份"	其中，钟琼提出交易"东风股份"是出于自己的分析判断

续表

序号	处罚案号	处罚时间	受处罚人	交易证券	备注
55	(2018) 55 号	2018/7/3	王麒诚、杨涛	"汉鼎宇佑"	其中,杨涛提出,其交易"汉鼎宇佑"是因为看好公司发展
56	(2018) 57 号	2018/7/3	王智斌	"汉鼎宇佑"	
57	(2018) 72 号	2018/7/31	中植投资发展(北京)有限公司、李轩、赵云昊、杨霁	"勤上股份"	其中,赵云昊、杨霁提出,其交易行为是基于对行业公开信息的分析而做出,对内幕信息并不知情
58	(2018) 87 号	2018/8/20	樊通兴	"维格娜丝"	
59	(2018) 91 号	2018/9/11	黄钦坚	"金一文化"	
60	(2019) 11 号	2019/2/28	吴学军	"太阳纸业"	
61	(2019) 12 号	2019/2/28	程凌	"太阳纸业"	程凌提出,买入"太阳纸业"是基于自己的研究判断
62	(2019) 25 号	2019/4/25	龙煜文	"银禧科技"	
63	(2019) 28 号	2019/4/28	冷济伟	"﹡ST 南电 A"	
64	(2019) 41 号	2019/5/27	余树林	"科融环境"	
65	(2019) 63 号	2019/6/19	袁志敏、王宗明	"金发科技"	其中,王宗明提出买入"金发科技"是自己决定的
66	(2019) 77 号	2019/8/2	王驾宇	"神州数码"	
67	(2019) 118 号	2019/10/31	熊天祥	"博瑞传播"	熊天祥提出,其打探内幕信息与其对公司基本面与价格走势进行分析研判之间并不矛盾,而是相互印证,为其做出交易决策提供更充分的信息依据

续表

序号	处罚案号	处罚时间	受处罚人	交易证券	备注
68	（2020）10号	2020/3/31	汪耀元、汪玎玎	"健康元"	汪玎玎主张，其在内幕信息敏感期内与内幕信息知情人没有过联络、接触，与汪耀元也没有交流过任何有关"健康元"的信息，未非法获取内幕信息，购买"健康元"系根据自我研究和公开信息中获得的利好消息作出的投资决策，是完全正当合理的交易行为；且其长期从事证券交易，具有研判公司股票走势的能力和经验
69	（2020）44号	2020/8/3	孙求生	"新城控股"	孙求生提出，其交易"新城控股"股票的行为并非基于知晓内幕信息，而纯属正常的自主交易
70	（2020）45号	2020/8/4	张国明	"盛洋科技"	张国明提出，其不知悉内幕信息，与叶某明之间的往来不涉及内幕信息，不属于内幕信息知情人；且其系盛洋科技原始股东，因经常路过公司能够基本判断经营状况，基于对治理团队的信任看好"盛洋科技"，买入"盛洋科技"完全依靠自身的独立判断及交易策略

续表

序号	处罚案号	处罚时间	受处罚人	交易证券	备注
71	（2020）48号	2020/8/4	陆春	"上海临港"	陆春提出，其交易"上海临港"系基于自身投资逻辑而作出的交易决策，符合其一贯的交易习惯，完全不具备内幕交易特征，且交易行为不存在异常，未利用任何内幕信息，不构成内幕交易
72	（2020）57号	2020/9/1	谢岳峰、谢均云	"长亮科技"	谢均云提出，其卖出多只股票买入一只股票的行为符合其交易习惯，不属于异常行为。谢岳峰提出，在因工作关系接触到的众多投资标的中，其基于自身的专业判断向父亲谢均云推荐过长亮科技和大华股份两家公司

第二节 符合以往交易习惯

交易习惯是指当事人习惯于在特定的时间买入或者卖出特定数量的股票，并经过反复实践而形成的一种交易特质。该抗辩事由在统计样本中，共在26个案件中出现，有29个当事人主张。体现在实践中，当事人一般称为个人交易习惯、自己多年的股票交易习惯模式、一贯交易风格等。在【（2014）36号马国秋】一案中，马国秋在陈述和申辩中提出，其交易行为不存在明显异常，符合其一贯交易风格。[1] 也有当事人提出，其买卖涉案股票，系基于自己

---

[1]《中国证监会行政处罚决定书（马国秋）》（2014）36号。

多年的观察和交易经验，符合自己多年的股票交易习惯模式，不存在异常，现有证据不足以证明其获悉和利用了内幕信息。[1] 如在【(2014) 9 号邓惠文、邱仲敏】一案中，邓惠文在其申辩材料中提出，其买卖天威视讯股票的行为符合平时的交易习惯，与内幕信息无关。[2]

交易习惯具有较强的主观性和多元性，在不同的当事人之间，因为受其投资理念、职业、经验、交易策略、风险控制、投资板块、教育背景等诸多因素的影响，交易习惯形态各异。因此，在当事人提出以符合个人交易习惯进行抗辩时，要依据不同的个案情况来判定。具体而言，在交易习惯的举证和认定时，要注意以下几个因素：

第一，交易习惯不能违反法律规定并符合公序良俗。当事人的个人交易习惯应该在法律允许的范围内，不能违反宪法、法律、法规等立法规定。交易习惯具有极强的主观色彩，受当事人的各方面因素的影响，因此交易习惯不能是对社会公众利益和他人利益有所损害的行为。

第二，时间因素。交易习惯绝不是当事人一朝一夕可以形成的，它一定是在特定时间内反复对一只、几只或者一揽子股票进行反复交易所形成的。因此，当事人要形成一个独特的交易习惯必须提出该交易习惯是经过长时间反复实践和考验的，所以在进行交易习惯的举证和认定时，必须首先考虑时间要素。具体到内幕交易之中，应核查当事人的交易时间与内幕信息的形成与公布时间的吻合程度。仔细比对当事人的证券交易记录，查看当事人的每笔交易时间、数量、资金数额以及盈利或亏损数额，由此分析当事人的交易时间与内幕信息的敏感期是否一致或关联程度。在【(2013) 59 号光大证券股份有限公司、徐浩明、杨赤忠、沈诗光、杨剑波】一案中，当事人辩称在 2013 年 8 月 16 日全天所做对冲交易，是按照光大证券《策略投资部业务管理制度》的规定和策略投资的原理，具有合规性和正当性，符合业内操作惯例。按照光大证券《策略投资部业务管理制度》的规定和策略投资的原理，光大证券可以进行正常的对冲交易，但是光大证券决策层在了解相关事件的重大性之后，在没有向社会公开之前进行的交易，属于利用内幕信息进行的交易。[3]

---

[1]《中国证监会行政处罚决定书（胡海波、曹琏琏）》(2014) 25 号。
[2]《中国证监会行政处罚决定书（邓惠文、邱仲敏）》(2014) 9 号。
[3]《中国证监会行政处罚决定书（光大证券股份有限公司、徐浩明、杨赤忠、沈诗光、杨剑波）》(2013) 59 号。

第三，价格因素。在当事人的交易习惯之中，价格因素应该是交易习惯的核心构成要素之一。当事人选择交易的股票，其价格一般会符合以往的交易记录，如若与以往交易记录有较大反差，则依据个人交易习惯的抗辩并不成立。在【（2015）4号赵罡】一案中，赵罡提出如下申辩意见：一是其交易习惯从来都是"全仓、快速、坚决买入"的特点，本次交易并无异常。二是其习惯在同类题材股票中选择价格较低者进行交易，"潜能恒信"在创业板石油业务相关股票中处于价格低点，公司发展稳中有升，故选择买入。但证监会的调查发现，当事人先辩称其交易习惯是选择同类题材中相对价格较低的股票，后又辩称"中海油服"股价在大盘股中不算高，其所述选股理由前后不一，自相矛盾。且即使在同期大盘股同类题材股票中，"中海油服"亦属价格较高者。综上，当事人的陈述申辩不能成立。[1]

第四，资金因素。既然成为个人长期养成的交易习惯，资金走向必能清晰地反映其交易习惯或风格。有些人习惯于将全部资金买入一只股票，或者重仓特定股票。巨额资金的调拨行为，可以反映出行为人对内幕信息所指向的重大事实的重视程度，以及主观上利用内幕信息进行交易的客观事实。[2] 当事人习惯于全仓、重仓、轻仓还是空仓，必须提出细致并有说服力的证据证明。比如在【（2014）74号向军、赵兴】案中，向军在陈述申辩意见时就提出，其已经有十几年的股票买卖经验，具备一定的研究、判断及投资能力，也有重仓买入一只股票的习惯，并提交了其股票交易的流水作为证据。但证据显示，向军控制的"向某某"账户自开户至2013年1月31日、"张某某"账户自2012年1月1日至2013年1月31日，均从未交易过三五互联股票。但二人在三五互联发布业绩报告后买入并持续到该公司停牌。[3] 向军的抗辩理由并没有合理的证据排除其从事内幕交易，所以，对其抗辩理由不予采纳。另在【（2012）49号费智、黄晓丹】一案中，黄晓丹在龙源技术召开董事会会议当日动用30余万元买入该公司股票，其辩称是个人操作风格，与内幕交易无关。但其又不能举证证明在龙源技术董事会会议召开当天集中资金同步买入该公司股票的原因，所以，该抗辩理由可信度较低。[4]

---

[1]《中国证监会行政处罚决定书（赵罡）》（2015）4号。
[2] 参见王崇青：《内幕交易罪的因果关系及其证明》，《江西警察学院学报》2013年第2期。
[3]《中国证监会行政处罚决定书（向军、赵兴）》（2014）74号。
[4]《中国证监会行政处罚决定书（费智、黄晓丹）》（2012）49号。

第五，空间因素。当事人要形成特定的交易习惯，必须在自身熟悉和喜欢的地方或地域内进行，具有明显的空间偏好。交易习惯的地域性和空间性会对当事人能否利用交易习惯作为抗辩事由产生影响。

综上，在个人交易习惯的认定方面，应综合考察是否符合法律规定和公序良俗、时间因素、价格因素、资金因素以及空间因素等。而且个人交易习惯受诸多因素的影响，因人而异，差别极大，如果将其作为法定抗辩事由，将造成司法和执法过程中的认定难题，还可能会导致司法和执法不公平。所以，笔者认为，不宜将符合以往交易习惯作为法定抗辩事由。

表3 符合以往交易习惯

序号	处罚案号	处罚时间	受处罚人	交易证券	备注
1	（2011）57号	2011/12/15	岳远斌	"三爱富"	
2	（2012）49号	2012/12/11	费智、黄晓丹	"龙源技术"	
3	（2013）41号	2013/9/18	张庆瑞	"ST北人"	
4	（2013）59号	2013/11/1	光大证券股份有限公司、徐浩明、杨赤忠、沈诗光、杨剑波	所持股票转换180ETF和50ETF	其中，光大证券公司提出其交易符合业内操作惯例
5	（2014）7号	2014/1/9	徐建华、王甫荣	"天威视讯"	其中，徐建华提出其交易符合平时交易习惯，不存在异常情况
6	（2014）9号	2014/1/9	邓惠文、邱仲敏	"天威视讯"	共2人，仅邓惠文提出抗辩，其买卖股票符合交易习惯，与内幕信息无关
7	（2014）25号	2014/2/14	胡海波、曹珐珐	"永生投资"	其中，曹珐珐提出其交易符合股票交易习惯
8	（2014）36号	2014/3/28	马国秋	"ST宝龙"	
9	（2014）74号	2014/8/13	向军、赵兴	"三五互联"	其中，赵兴提出股票交易符合其一贯风格
10	（2015）4号	2015/2/12	赵罡	"潜能恒信"	

续表

序号	处罚案号	处罚时间	受处罚人	交易证券	备注
11	(2015)29号	2015/8/18	魏德善	"齐星铁塔"	
12	(2016)35号	2016/4/14	李正雪	"粤宏远A"	
13	(2016)85号	2016/7/12	刘丹	"华升股份"	
14	(2017)9号	2017/1/6	戴国均	"文峰股份"	
15	(2017)74号	2017/7/5	刘敏、刘英、张永宁、朱雪冬	"苏州高新"	其中，朱雪冬提出符合本人交易习惯的抗辩
16	(2017)81号	2017/8/10	金国强	"东方电缆"	
17	(2017)89号	2017/9/21	刘岳均	"恒康医疗"	
18	(2017)92号	2017/10/25	广州穗富投资管理有限公司、易向军、周岭松	"国农科技"	其中，3人（包括公司）均提出交易国农科技的特征符合当事人交易习惯
19	(2018)52号	2018/7/5	黄炳文、钟琼	"东风股份"	其中，钟琼提出交易习惯本是如此
20	(2019)10号	2019/2/12	周德奋	"金一文化"	
21	(2019)22号	2019/4/2	张勇	"海翔药业"	
22	(2019)73号	2019/7/29	许伟强	"鼎立股份"	
23	(2019)100号	2019/9/5	陆朝阳	"宝新能源"	
24	(2019)102号	2019/9/6	黄建国	"邦宝益智"	黄建国认为本案交易行为不存在异常性，符合以往交易习惯
25	(2019)146号	2019/12/12	王萍	"汇顶科技"	王萍认为交易"汇顶科技"的手法与其过往交易股票的风格一致，不存在明显异常
26	(2020)102号	2020/11/26	蓝海韬略、苏思通	"蓝海七号"	"蓝海七号"账户买卖"天通股份"行为不存在明显异常，符合其以往交易风格和交易习惯，交易行为是基于技术分

续表

序号	处罚案号	处罚时间	受处罚人	交易证券	备注
					析和实战经验，具有合理解释，且苏思通与郑某彬、刘某的联络接触系正常工作联系。本案认定未达到明显优势证明标准

第三节 法律认识错误

法律认识错误抗辩事由在统计的样本之中，共涉及9个案件，有14人次使用。该抗辩事由在实践中的体现，主要有以下几种：对法律法规不熟悉、无法律意识、对相关法律规定不了解、了解相关规定。比如，在【（2012）37号庄坚毅、王建辉、高金花、邹建平等人】一案中，当事人邹建平在书面陈述材料中称，其因对法律法规不熟悉，不懂股票交易规则才违法；证监会拟作出的处罚太重，请求对其酌情处理。[1]在【（2013）28号朱维君、毛海舫、仲志真】一案中，当事人朱维君称，不了解相关法律法规，无意违反《证券法》的规定，希望证监委念其为初犯，且未获利，免予处罚。当事人毛海舫、仲志真申辩称，之前没有任何这方面法律意识，为初犯、获利小。[2]

在这9个案件和14人次之中，有7个案件共12人次提出因为不了解法律法规，无意触犯。只有2个案件共2人次提出是对相关法律规定较为了解，所以不会以身试法。即在【（2011）57号岳远斌】一案中，当事人辩称，马某与其本人皆为证券从业人员，了解证监会强力打击内幕交易的力度以及有关内幕交易案例，不会以身试法。但证监会认为，打击内幕交易的执法可以减少内幕交易行为的发生，但不能从根本上杜绝，原因之一就在于在巨大的利益面前，有的人不惜以身试法，有的人可能心存侥幸。泄露内幕信息者自己未交

---

[1]《中国证监会行政处罚决定书（庄坚毅、王建辉、高金花、邹建平、章敏芝、周星夫）》（2012）37号。

[2]《中国证监会行政处罚决定书（朱维君、毛海舫、仲志真）》（2013）28号。

易或者将内幕信息告知亲属，并非有悖常理，尤其在过失泄露的情况下。[1]

概括这9个案件，主要涉及两个抗辩事由：懂法和不懂法。当事人的基本抗辩逻辑是，"因为我懂法，所以我不会去做触犯法律的事情"；"因为我不懂法，所以即使我做了触犯法律的事情，也不应受处罚"。从本质上讲，这涉及对"法律面前人人平等"这个法律原则的认识和解读。"法律面前人人平等"是指，对于一切公民，不论民族、性别、职业、宗教信仰、财产状况、居住年限，在适用法律上一律平等。法律确认并保护公民享有同样的权利、承担相同的义务，不允许任何人有凌驾于法律之上的特权。法律对所有人平等适用，不论是保护还是处罚都是公平的。因此，法律的适用范围是整个国家的公民，并不是只约束这个国家懂法或者不懂法的公民。正如学者所言，如果用不同的规则要求不同的人，实际上这不是在减少而是在强化社会的不平等。我们会变得非常残忍，却还为自己真诚的虚伪而感动。[2]

与之相类似的是，在【（2012）55号李琳杰、覃炳辉】一案中，覃炳辉辩称，证券监管部门对禁止内幕交易的宣传缺失，证监会认为，禁止内幕交易是《证券法》所规定的，每个公民都应当遵守。[3]证监会对当事人的这条抗辩理由并未直面回复，也是从"法律面前人人平等"的角度来解释。笔者认为，对当事人所提的抗辩理由，应该从正面直接回复比较有效。证券监管部门的宣传缺失，并不能作为当事人不构成内幕交易的法定抗辩事由。原因在于，法律专业书籍、报纸杂志、新闻媒体、网络、专业人员讲解都可以学到法律知识。相关部门的宣传只是获得法律知识的一种途径，而且一个人知识的获取，最重要的是自己主动学习，如果仅凭借外力的宣传，恐怕能获取的知识实在有限。所以，该抗辩事由只能提醒相关部门加强对法律法规的宣传和推广，于法无据，并不能因为宣传缺失而主张自身免责。

此外，在【（2015）29号魏德善】一案中，当事人提出，他高度配合案件调查，在调查过程中主动交代买卖"齐星铁塔"股票。他与耿某认识一个多月，交情并不深，且各有职业操守，耿某不可能告诉他内幕信息。[4]当事

---

[1]《中国证监会行政处罚决定书（岳远斌）》（2011）57号。
[2] 参见苏力："弱者保护与法律面前人人平等——从孕妇李丽云死亡事件切入"，载《北京大学学报（哲学社会科学版）》2008年第6期。
[3]《中国证监会行政处罚决定书（李琳杰、覃炳辉）》（2012）55号。
[4]《中国证监会行政处罚决定书（魏德善）》（2015）29号。

人以自己和内幕信息知情人具有职业操守为由,认为自己并不构成内幕交易。职业操守是指具有高尚的职业道德,品行正直,遵守诚实信用原则,并应该遵守法律法规、行业规范以及所在机构的内部规章制度,并且具有岗位所需的专业技能、知识和资格。可以看出,职业操守的应有之义是包含遵守相关的法律法规规范的,但当事人具有职业操守,却又触犯了法律法规,显然是自相矛盾,没有证明力的。

综上,笔者认为,以了解或者不了解相关法律,证券监管部门的宣传缺失、具有职业操守为由进行抗辩,且不能作出合理说明或提供证据排除其存在利用内幕信息从事证券交易活动,不可认定为法定抗辩事由。

表 4 法律认识错误

序号	处罚案号	处罚时间	受处罚人	交易证券	备注
1	(2010)29号	2010/8/9	李际滨、黄文峰	"粤富华"	其中,黄文峰提出抗辩称对相关法律规定不了解
2	(2012)37号	2012/8/22	庄坚毅、王建辉、高金花、邹建平、章敏芝、周星夫	"粤照明B""佛山照明"	其中,邹建平提出,自己不懂股票交易规则,不熟悉法律法规,请求酌情处理
3	(2013)2号	2013/1/23	李国刚、白宪慧、周富华、姚文喜	"科学城"	其中,周富华、李国刚、白宪慧提出,不懂法律法规,无意触犯
4	(2013)20号	2013/5/9	罗明	"安诺其"	缺乏相关法律知识
5	(2013)28号	2013/5/22	朱维君、毛海舫、仲志真	"兄弟科技"	朱维君提出抗辩称不了解法律法规;毛海舫、仲志真则辩称无法律意识
6	(2013)66号	2013/11/28	张玉屏	"上海建工"	不知买卖其父所在公司股票行为属于违法行为
7	(2011)57号	2011/12/15	岳远斌	"三爱富"	身为证券从业人员,了解证监会对于内幕交易的打击力度和相关案例,不会以身试法
8	(2017)74号	2017/7/5	刘敏、刘英、张永宁、朱雪冬	"苏州高新"	其中,刘敏提出,其没有学习过证券法律

续表

序号	处罚案号	处罚时间	受处罚人	交易证券	备注
9	(2017)104号	2017/12/20	吉林省信托有限责任公司、高福波	"吉林森工"	其中，高福波提出，其法律意识强，家人没有交易吉林森工股票

第四节 盈利颇少或亏损

盈利颇少或亏损，在统计的样本之中，共有13个案件，共有16人（机构）使用该抗辩。该抗辩理由在实践中的体现，主要包括以下几种：其一，亏损卖出股票证明其不知悉内幕信息。在【（2009）45号李建兴】一案中，当事人李建兴在其陈述、申辩材料中提出：对深康佳2007年度业绩预增信息及年度财务报告信息的具体内容不完全清楚，不了解公告的准确数据和内容；2008年4月7日卖出"深康佳A"6 600股为亏损卖出，2008年1月31日已发布业绩预增公告，是依据公告的信息买卖股票，亏损卖出股票证明其不知悉内幕信息。[1]其二，盈利甚微。在【（2011）56号光华基金会、任晋阳、梁范栋】一案中，光华基金会、梁范栋、任晋阳在陈述、申辩材料中称：中油金鸿公司法定代表人陈某某作为基金会理事与基金会并不具备实际意义的关联关系；在深圳证券交易所对任晋阳、梁范栋进行谈话提醒后，光华基金会卖出了全部领先科技股票，盈利甚微。[2]

笔者认为，当事人以盈利颇少或亏损为由抗辩主张免责，并不成立。原因在于：

1. 内幕交易属于行为违法。《证券法》规定，禁止证券交易内幕信息的知情人和非法获取内幕信息的人利用内幕信息从事证券交易活动。证券交易内幕信息的知情人和非法获取内幕信息的人，在内幕信息公开前，不得买卖该公司的证券，或者泄露该信息，或者建议他人买卖该证券。持有或者通过协议、其他安排与他人共同持有公司百分之五以上股份的自然人、法人、非法人组织收购上市公司的股份，本法另有规定的，适用其规定。

---

[1]《中国证监会行政处罚决定书（李建兴）》（2009）45号。
[2]《中国证监会行政处罚决定书（光华基金会、任晋阳、梁范栋）》（2011）56号。

内幕交易行为给投资者造成损失的，应当依法承担赔偿责任。

2. 违反了股票交易的本质。股票交易是一种零和博弈的游戏，其本身并不创造财富，既然有人盈利，必然会出现有人亏损的情况，盈利和亏损都是正常现象。证券市场瞬息万变，受诸多内外部因素的影响。外部因素如政治、宏观经济政策、所处行业和部门、上市公司的经营状况等。内部因素如投资者的心理、交易时机的把握等。当事人交易股票未盈利甚至亏损，可能是诸多因素影响的结果，但无法说明其并未进行内幕交易。即行为人只要实施了内幕交易行为，其违法所得多少、是否有违法所得，均不影响内幕交易行为的构成。

3. 当事人如果符合内幕交易的构成要件，应判定为内幕交易。即如果当事人属于法律规定的内幕信息知情人，或者与内幕信息知情人有密切往来，而且交易期间符合内幕交易的敏感期间，可以认定当事人行为构成内幕交易。比如在【（2014）90号贺小娟】一案中，贺小娟与内幕信息知情人何某明之间存在固有关系、惯常联系，两者在涉嫌交易期间存在频繁通讯联系并与交易时点基本吻合，贺小娟交易操作在内幕信息尚未公开前出现明显异常，而当事人并未对交易理由提出令人信服的合理解释，贺小娟的行为就构成内幕交易行为。

表5　盈利甚微甚至亏损

序号	处罚案号	处罚时间	受处罚人	交易证券	备注
1	（2009）45号	2009/11/6	李建兴	"深康佳A"	亏损卖出可以证明不知内幕信息
2	（2011）56号	2011/12/13	光华基金会、任晋阳、梁范栋	"领先科技"	盈利甚微
3	（2011）57号	2011/12/15	岳远斌	"三爱富"	并未获利
4	（2014）90号	2014/10/29	贺小娟	"宏达新材"	股票全部卖出，交易亏损
5	（2012）55号	2012/12/26	李琳杰、覃炳辉	"中恒集团"	不以营利为目的
6	（2014）56号	2014/6/9	陈狄奇、姚锦聪、王仲鸣、陈述	"ST甘化"	不以营利为目的

续表

序号	处罚案号	处罚时间	受处罚人	交易证券	备注
7	(2017) 89号	2017/9/21	刘岳均	"恒康医疗"	大量买入"恒康医疗",且后期全部卖完,最终亏损,因此无任何非法牟利的行为
8	(2018) 80号	2018/8/20	潘勇	"天成控股""银河生物"	此时交易潘勇遭受重大损失,这足以证明潘勇未获悉内幕信息
9	(2018) 86号	2018/8/20	于洪瑞、王凤雷	"维格娜丝"	于洪瑞提出其交易"维格娜丝",是在听朋友介绍之后,通过关注相关网络信息,进而认定"维格娜丝"可以买入
10	(2018) 91号	2018/9/11	黄钦坚	"金一文化"	并未获利,请求免于处罚
11	(2018) 123号	2018/12/28	朱德胜	"曲江文旅""西安饮食"	不以营利为目的
12	(2020) 51号	2020/5/11	沈烽、黄慧红	"深天地A"	其中,沈烽提出,"张某凤"证券账户的资金完全属于张某凤个人所有,其既没有在交易"深天地A"中投入资金,也没有在交易中获利
13	(2020) 90号	2020/10/26	孙伟良	"南卫股份"	孙伟良提出,其交易"南卫股份"有正当理由:2018年4月3日即与李某2见面当日,南卫股份销售主管李某3告知3月底云南白药公司的订单激增,南卫股份季报已出,业绩不错,建议买入,其因此买入"南卫股份"

与盈利颇少甚至亏损的判断标准相类似的是动用较少资金交易以及股票交易并非以个人牟利为目的。其一，动用较少资金交易。该抗辩事由主要涉及三个案件，【（2013）41号张庆瑞】案，张庆瑞提出，其购买"ST北人"的资金只是其自有资金的很小一部分，如果是因为获知内幕信息进行交易，应该会动用更多的资金，不符合知悉信息的表现。[1]【（2014）64号吕燕】案，吕燕辩称其购买股票的资金并非大量。[2]【（2013）19号郭红莲】案，当事人提出其不知内幕信息，否则会大量购买。[3]三个案件的当事人的抗辩逻辑是，使用较少资金购买，并不是内幕交易的正常表现，如果知悉内幕信息，必定会使用大量资金购买。但《证券法》明确规定，内幕交易是一种行为违法，并不依赖其使用多少资金。其二，股票交易并非以个人牟利为目的。该抗辩事由也涉及三个案件，在【（2012）55号李琳杰、覃炳辉】一案中，覃炳辉提出，其交易"中恒集团"股票不是为营利。[4]【（2014）56号姚锦聪、陈狄奇、王仲鸣、陈述】案，姚锦聪辩称，其长期脱离谈判以至于误以为谈判不能够成功，故买入"ST甘化"，并无获取不正当利益的蓄意。[5]在【（2014）2号程立中、陈筱萍】一案中，当事人辩称，卖出股票是为支付公司相关费用，并非利用内幕信息为个人牟利。[6]

内幕交易是一种行为违法而非结果违法。只要当事人的交易行为符合内幕交易的重要性和非公开性，内幕交易行为就已经成立，就应当承担相应的法律责任，无需考虑交易过程中的资金数额以及当事人的交易动机，即上述抗辩事由与内幕交易的认定方面没有直接关系，并不影响对涉案交易违法的认定。

第五节 已过追诉时效

在【（2014）59号张益武、李介苗、李焕红】一案中，张益武在陈述申辩意见中及听证会上提出："即便违法，也已经超过时效，不应当予以处罚。"

---

[1]《中国证监会行政处罚决定书（张庆瑞）》（2013）41号。
[2]《中国证监会行政处罚决定书（吕燕）》（2014）64号。
[3]《中国证监会行政处罚决定书（郭红莲）》（2013）19号。
[4]《中国证监会行政处罚决定书（李琳杰、覃炳辉）》（2012）55号。
[5]《中国证监会行政处罚决定书（姚锦聪、陈狄奇、王仲鸣、陈述）》（2014）56号。
[6]《中国证监会行政处罚决定书（程立中、陈筱萍）》（2014）2号。

李介苗在陈述申辩意见中提出:"本人行为已经超过追诉时效,不应当予以处罚。"〔1〕

行政处罚时效制度是指行政机关对违法当事人的不当行为追究行政处罚责任的期限。按照其适用阶段不同,可以分为以下三种:其一,追诉时效。即行政机关如欲追究违法当事人的行政处罚责任应该遵守的法定期间,逾期则不能对其进行行政处罚。2009 年《中华人民共和国行政处罚法》第 29 条规定,违法行为在二年内未被发现的,不再给予行政处罚。法律另有规定的除外。前款规定的期限,从违法行为发生之日起计算;违法行为有连续或者继续状态的,从行为终了之日起计算。其二,执行时效。即行政机关作出行政处罚之后,超过一定期间仍未执行的,免于执行。如最高人民法院《关于执行〈中华人民共和国行政诉讼法〉若干问题的解释》第 88 条规定,行政机关申请人民法院强制执行其具体行政行为,应当自被执行人的法定起诉期限届满之日起 180 日内提出。逾期申请的,除有正当理由外,人民法院不予受理。其三,救济时效。即行政处罚的当事人如认为其合法权利受到侵害可以主张法律救济的法定期限。如《中华人民共和国行政复议法》第 9 条规定,公民、法人或者其他组织认为具体行政行为侵犯其合法权益的,可以自知道该具体行政行为之日起 60 日内提出行政复议申请,但是法律规定的申请期限超过 60 日的除外。因不可抗力或者其他正当理由耽误法定申请期限的,申请期限自障碍消除之日起继续计算。

张益武提出:"即便违法,也已经超过时效,不应当予以处罚。"李介苗提出:"本人行为已经超过追诉时效,不应当予以处罚。"尽管张益武没有提出超过时效的类型,但根据内幕交易行政处罚书阐述的事实以及同案受罚人李介苗的抗辩,可以看出两者提出的已过时效应该是追诉时效。按照 2009 年《中华人民共和国行政处罚法》第 29 条的规定,一般的行政处罚追诉时效是两年。而且,内幕交易的行政处罚并不属于法律规定的除外情形,如《中华人民共和国治安管理处罚法》第 22 条规定的治安管理处罚的追诉期间为 6 个月。同时,该条还规定,时效的规定期限是从违法行为发生之日起开始计算的。违法行为有连续或者继续状态的,应当从行为终了之日起计算。在本案中,张益武于 2011 年 1 月 12 日参与了 ST 甘化重组谈判,是内幕信息知情

---

〔1〕《中国证监会行政处罚决定书(张益武、李介苗、李焕红)》(2014)59 号。

人。李介苗2011年1月11日至13日期间多次向"林海彬"账户转入现金共计395 000元,并买入"ST甘化"54 800股。本案的当事人违法行为属于有连续状态的,应该从行为终了之日起计算,即2013年1月13日。行政处罚书在开始部分就指出,当事人张益武、李介苗、李焕红提出陈述、申辩意见,并要求听证。证监会于2012年2月21日召开听证会。张益武及李介苗、李焕红的代理人参加了听证会。本案现已调查、审理终结。[1] 即证监会调查的时间必定早于2012年2月21日,而该期间在法定的2011年1月13日起至2013年1月13日之间,也就说明证监会并没有超过追诉期限。当事人提出的证监会已经超过追诉时效的抗辩并无法律根据。

---

[1]《中国证监会行政处罚决定书(张益武、李介苗、李焕红)》(2014)59号。

结　语

抗辩事由作为责任社会化的制度设计，具有深远的社会历史渊源，对于保证法律责任的适度性，平衡双方当事人之间的利益，保护人权和实现正义具有极为重要的理论和现实意义。在侵权责任法上，抗辩事由的历史甚至要早于侵权行为法律制度，并随着侵权法律制度的发展而不断丰富完善，具有恒久的生命力和适应性。无论侵权责任法的价值定位和实现机制如何变化，抗辩事由都是调节当事人之间法律关系、平衡当事人之间利益和风险的有效方法。作为内幕交易监管的制度设计，抗辩事由与构成要件一起负担着合理认定合法行为与违法行为、是否存在法律责任以及大小的任务，两者之间是不分彼此、相互协调的关系。过于强调一方而忽视另一方的做法显然是不可取的。我国以往对内幕交易的研究过于集中于内幕交易的构成要件和归责原则方面，忽视了对内幕交易抗辩事由的研究，没有给予抗辩事由应有的关怀和重视。抗辩事由研究的落后，不仅是内幕交易监管体系的缺憾，还会带来实践中的认定难题和错误。内幕交易的规制是一个综合性、系统性的大工程，应重视研究该工程的全部结构和组成，因此，偏于一隅的割裂性研究注定是片面的。

我国于2012年公布了《内幕交易司法解释》，表明抗辩事由获得了立法的承认，但令人诧异和具有讽刺性的是，相关立法的出台并没有起到遏制内幕交易发生的频率，反而导致其在数据上比以往更盛。2007年至2020年期间，内幕交易行政处罚数量呈现快速增长的趋势。从所收集到360个行政处罚案例的大样本来看，当事人提出的抗辩事由五花八门、类型各异，归纳起来包括以下几种：独立分析判断；依据已经公开信息；盈利甚微亏损卖出可以证明不知内幕信息；股票交易不以营利为目的；对相关法律规定不了解；

结　语

符合个人或业内交易习惯或风格；涉案账户的交易非本人所为；错误操作；属于误判；纯属巧合或偶然；只动用少量资金；依据预定交易计划；卖出股票是为支付公司相关费用，并非利用内幕信息为个人牟利；证券监管部门对禁止内幕交易的宣传缺失；诉讼时效已过；无社会危害性或社会危害性较小；调查人员有非法取证之嫌，定案证据存疑；基于券商推荐；委托理财关系等。其中，"依据已经公开信息"该抗辩事由在司法解释公布之后，被行为人提出的频率明显增多。因此，抗辩事由虽然获得了立法上的承认，但立法内容的缺失对内幕交易规制而言无疑是雪上加霜。

　　面对金融市场的日新月异和金融创新的不断加速，如何制定出完善并先进的金融法律制度是我们应孜孜追求的目标和责任。在内幕交易规制方面，抗辩事由制度的完善是保证我国证券交易的安全性、维护投资者信心的必要支撑。内幕交易的认定是一个复杂的过程，作为内幕交易规制的重要制度，抗辩事由的立法完善也是内幕交易规制的重要课题。本书正是基于对上述现实和理论的思考，将内幕交易的抗辩事由作为主题，致力于完善和发展内幕交易的归责原则和抗辩制度。本书对内幕交易抗辩事由的研究，主要的侧重点并不在于抗辩事由概念、条件等问题，而是从我国的实践出发，在梳理和总结行政执法案例的基础上，发现内幕交易行为人的泛抗辩化现象较为严重并在不断扩散，会强化和从反面激励行为人的违法动机，并大幅度地增加监管机构的监管成本，让监管机构陷入无止境的反驳和证明当中。这种泛抗辩化的态势降低了监管机构的执法效率，同时也妨碍了社会公众判断合法和违法行为的界限，不利于合法行为人维护自身的权益。因此，本书在总结实践案例和借鉴境外成熟经验的基础上，将内幕交易的抗辩事由分为法定抗辩和一般抗辩，一方面，有利于提高监管机构的执法效率、提高金融监管的社会认同度；另一方面，可以让公众清晰地知晓合法与非法的界限，也可以帮助当事人更好地监督自身行为，防止触发立法的底线。

　　从成熟资本市场法域的经验看，证券法并不会规定所有的抗辩事由，只是选择得到实践检验并具有足够证明力的抗辩事由。结合我国的执法实践，笔者认为，我国内幕交易的法定抗辩事由有：预定交易计划、已建立有效的信息隔离制度、正当的市场行为、依据已公开信息抗辩。除此之外，其他的抗辩事由只能作为一般抗辩。区分的意义在于：对于法定抗辩，行为人如果能够有充分的证据证明该抗辩事由是合理并成立的，就可以有效阻却违法性，不承担内幕交易的法律责任。而对于一般抗辩，比如依据个人交易习惯、对相关法律不了解、独立分析判断等，即使行为人可以证明，也不必然成为行为人免责的证据，而应该根据行为人交易的实际情况，并结合行为人的知识背景、时间因素、市场环境等因素综合考量。

SCHEDULE 附表

2004-2020年内幕交易行政处罚书

序号	处罚案号	处罚时间	受处罚人	交易证券	处罚事由	处罚结果	抗辩事由	反驳理由
1	（2004）12号	2004/4/30	黄东进（长虹电器股份公司原董事）	"四川长虹"	利用职务之便买卖"四川长虹"股票	处以警告并罚款3万元	未提出抗辩	无
2	（2004）17号	2004/6/7	向小云（厦门建发董事）	"厦门建发"	未报告其持有本公司股票的情况后又买卖"厦门建发"股票	未报告股票持有情况处以警告并罚款3万元；内幕交易罚款2万元	处罚书中写明当事人提出了抗辩意见，但是没有看到抗辩的具体内容	无
3	（2007）15号	2007/4/28	陈建良（新疆天山水泥股份有限公司副总经理）	"天山股份"	利用其控制的资金账户和证券账户交易天山股份股票	罚款20万元	未提出抗辩	无
4	（2008）12号	2008/3/20	潘海深（大唐电信董事）	"大唐电信"	在亏损信息公开前交易大唐电信股票	罚款3万元	错误操作，误将大唐股票当成其他股票全部卖出	属于内幕信息知情人
5	（2008）46号	2008/11/19	邓军（辽宁中期董事长）曲丽（辽宁中期副总经理）	"捷利股份"	通过不当手段获取捷利股份欲收购辽宁中期的消息并在信息公开前大量买入捷利股份	均没收违法所得，同时邓军罚款150 099.72元，曲丽罚款75 106.63元	处罚书未说明行为人是否提出抗辩	无

续表

序号	处罚案号	处罚时间	受处罚人	交易证券	处罚事由	处罚结果	抗辩事由	反驳理由
6	(2008) 49号	2008/11/27	瞿湘（特力公司控股股东、特发集团办公室副主任）	特发集团"特力A"	在内幕信息公开前大量买卖特发集团"特力A"股票	罚款3万元	1. 独立分析判断；2. 无主观牟利的故意	缺乏足够证据支持，不足以排除对其内幕交易行为的认定
7	(2009) 4号	2009/2/1	金峰（渤海证券有限责任公司总裁助理） 余梅（金峰配偶）	"四环药业"	金峰知悉泰达控股收购四环药业的有关信息，并在信息敏感期内利用其岳母账号买卖四环药业股票	没收违法所得，并处以罚款22 506.99元	不利用内幕信息，不属于内幕交易	1. 相关信息为内幕信息，金峰为内幕信息知情人；2. 两人利用内幕信息进行了内幕交易
8	(2009) 17号	2009/5/22	赵建广（ST黄海公司董事、总经理）	"ST黄海"	在知悉内幕信息后、内幕信息公开前，通过由其实际控制和使用的他人账户，分次买入"ST黄海"股票	罚款10万元	未提出抗辩	无
9	(2009) 24号	2009/6/22	吕道斌（四川电力副总经济师） 薛东兵（川投集团计划部经理） 张瑜婷（新光硅业董事会办公室秘书） 刘晓杨（川投集团副总经理） 段跃钢（川投集团工业部副经理）	"乐山电力"	五人均在利用职位优势知悉乐山电力能够参与投资多晶硅项目后买卖股票	责令吕道斌依法处理非法持有的相关股票，其余四人均没收违法所得，五人均被罚款3万元	虽然处罚书中写明当事人提出了抗辩意见，但是没有看到抗辩的具体内容	无

附表　2004—2020年内幕交易行政处罚书

续表

序号	处罚案号	处罚时间	受处罚人	交易证券	处罚事由	处罚结果	抗辩事由	反驳理由
10	（2009）26号	2009/7/6	夏雄伟（《证券时报》浙江站站长）	"精工科技"	通过接听精工科技证券事务代表的电话知悉相关内幕信息，并在内幕信息公开前买卖"精工科技"股票	没收违法所得，并处以罚款34 046.4元	1. 独立分析判断；2. 所析获信息并非内幕信息	1. 依据内幕信息的重要性认定为内幕信息；2. 当事人的辩解有无足够证据和力量排除对其内幕交易行为的认定
11	（2009）45号	2009/11/6	李建兴（深康佳财务中心总经理助理）	"深康佳A"	知悉2007年度业绩预增信息和2007年年度报告具体内容后，在信息敏感期内买卖"深康佳A"股票	没收李建兴违法所得，并处以5万元罚款	1. 依据已经公开信息；2. 亏损卖出可以证明不知内幕信息	1. 根据相关事实认定确有内幕交易行为发生；2. 行为人只要实施了内幕交易行为，其违法所得多少、是否有违法所得，均不影响内幕交易行为的构成
12	（2009）47号	2009/11/20	汤明	"界龙实业"	汤明作为内幕信息知情人在内幕信息敏感期内买卖"界龙实业"股票	没收违法所得，并处以3万元的罚款	未提出抗辩	无
13	（2010）2号	2010/1/18	佘鑫麒（四川圣达董事、总经理）	"四川圣达"	利用职位优势阅读四川圣达公司的年报信息和业绩快报信息，知悉内幕消息，并买卖"四川圣达"股票	没收违法所得，并处以罚款170 346.96元	处罚书写明行为人未提出抗辩，但在其中却写出两个抗辩事由：1. 不知悉内幕信息；2. 涉案账户的交易非本人所为	1. 佘鑫麒属于证券交易内幕信息的知情人；2. 佘鑫麒实施了涉案交易的"买卖"行为
14	（2010）16号	2010/4/13	耿佃杰（大成股份董事长）	"大成股份"	知悉"中农化重组大成股份""中农资重组大成股份"等内幕信息并进行股票买卖	罚款5万元	未提出抗辩	无

续表

序号	处罚案号	处罚时间	受处罚人	交易证券	处罚事由	处罚结果	抗辩事由	反驳理由
15	(2010)18号	2010/4/19	党建军（光明家具副总经理）马中文（光明家具董事长）赵金香（马中文配偶）马忠琴（与马中文系姐弟关系）	"S*ST光明"	四人均在知悉内幕信息后，公开内幕信息前，买卖"S*ST光明"股票	没收马忠琴账户违法所得，对马中文、赵金香、马忠琴罚款98 632.34元；对党建军罚款50 000元；责令其处理账户中剩余股票	未提出抗辩	无
16	(2010)22号	2010/6/23	辽源得亨辽河纺织由春玲（辽源得亨董事会秘书、辽河纺织公司秘书）赵利（辽源得亨董事长兼总经理）	"*ST得亨"	辽河纺织利用内幕信息交易"*ST得亨"股票；辽源得亨2008年中期报告未按照规定准确披露前十名股东，赵利、由春玲是该违法行为直接负责的主管人员	对辽源得亨给予警告，并罚款30万元；对辽河纺织罚款30万元；对由春玲给予警告，并罚款60万元；对赵利给予警告，并罚款3万元	处罚书未写明是否提出抗辩	无
17	(2010)23号	2010/6/30	姜永贵（深天健公司董事、总经理）	"深天健"	知悉深天健2007年度业绩快报信息后，卖出"深天健"股票	罚款8万元	不要求抗辩	无
18	(2010)29号	2010/8/9	李际滨（粤富华公司副总经理）黄文峰（粤富华资金部部长）	"粤富华"	两人通过身份优势在知悉内幕信息后买卖粤富华股票	没收李际滨违法所得，并罚款69 385.26元；没收黄文峰的违法所得，并罚款48 819.02元	处罚书写明行为人不要求抗辩，但却在其中写明了抗辩事由：1.李际滨未利用内幕信息；2.李际滨基于独立判断；3.黄文峰辩称完全依据自身判断和公开信息；4.对相关法律规定不了解	1.粤富华对珠海发电厂股权投资的分红方案，符合内幕信息的"重要性"标准；2.二人是涉案内幕信息的知情人；3.证明二人利用内幕信息从事内幕交易的相关证据清楚而有说服力

续表

序号	处罚案号	处罚时间	受处罚人	交易证券	处罚事由	处罚结果	抗辩事由	反驳理由
19	(2010)32号	2010/8/9	况勇（曾任格力集团财务部副部长、格力电器董事会秘书等职，后辞职）张蜀渝（况勇配偶）徐琴（况勇的外甥女）	"海星科技"	况勇将有关内幕信息泄露给其配偶张蜀渝，张蜀渝将有关信息告诉了徐琴，并建议徐琴买入海星科技股票；徐琴从张蜀渝处获悉内幕信息后，接受了张蜀渝的建议，多次买入海星科技股票	对况勇、张蜀渝分别罚款3万元；没收徐琴违法所得，并处以112 346.05元罚款	不要求抗辩	无
20	(2010)40号	2010/11/19	北孚集团秦少秋（北孚集团董事长、总裁、ST兴业董事长）倪锋（银洲集团重组ST兴业的直接参与者）柳驰威（系倪锋的朋友）	"ST兴业"	知悉内幕信息后，北孚集团利用其实际控制的证券账户买入"ST兴业"；倪锋利用其控制的证券账户买入"ST兴业"；柳驰威利用其个人证券账户买入"ST兴业"	对北孚集团罚款50万元；对秦少秋给予警告，并罚款20万元；对倪锋罚款15万元；对柳驰威罚款3万元	柳驰威提出：1.其本人不属于内幕信息知情人；2.无意中听说相关信息	柳驰威系非法获取内幕信息的人员，其利用该内幕信息买卖"ST兴业"股票的行为，已构成内幕交易
21	(2010)44号	2010/12/6	张小坚（国海证券副总裁）	"S*ST集琦"	张小坚，自始至终参与了国海证券借壳桂林集琦的相关事宜，是内幕信息知情人并在内幕信息敏感期内买入"S*ST集琦"	对张小坚罚款60万元；责令张小坚依法处理相关证券	未提出抗辩	无
22	(2010)53号	2010/12/21	贾华章（新太科技独立董事）刘荣（贾华章配偶）	"新太科技"	贾华章知悉新太科技股权结构重大变化的信息，为内幕信息知情人；贾华章与刘荣为夫妻，有共同利益，刘荣	贾华章和刘荣处以35 000元罚款	无	无

续表

序号	处罚案号	处罚时间	受处罚人	交易证券	处罚事由	处罚结果	抗辩事由	反驳理由
					在信息敏感期内买入新太科技股票			
23	(2011) 16号	2011/4/29	汤建华（兰生集团总裁、兰生股份副董事长）	"兰生股份"	在进行涉案交易行为以前,汤建华通过内部文件传阅、参加相关会议等渠道,知悉内幕信息,后进行"兰生股份"股票交易	罚款10万元	1. 不认为相关信息是内幕信息；2. 不存在牟利的恶意	1. 相关信息构成内幕信息；2. 相关解释并不影响对其违法行为的认定
24	(2011) 24号	2011/6/14	刘洋（建工集团总经济师）	"ST中钨"	刘洋参与了借壳ST中钨的相关事宜,是内幕信息知情人,并在内幕信息敏感期内,为"谢某某"账户买入"ST中钨"股票,构成内幕交易	对刘洋给予警告,并处以30万元罚款	涉案账户的交易非本人所为	根据相关事实认定"谢某某"账户的交易实际是由刘洋操作
25	(2011) 26号	2011/6/29	林士泉（首泰投资法定代表人）	"新潮实业"	林士泉知悉新潮实业股权结构重大变化的信息,为内幕信息知情人,在信息敏感期内购买新潮实业股票	没收违法所得,并罚款55 570.28元	未提出抗辩	无
26	(2011) 32号	2011/7/22	杨宝才（浙江东方投资部经理）	"浙江东方"	杨宝才通过接听国贸集团投资部经理陈某电话并接收有关传真文件知悉了内幕信息,后操作其妻账户进行"浙江东方"股票交易	罚款5万元	未提出抗辩	无

续表

序号	处罚案号	处罚时间	受处罚人	交易证券	处罚事由	处罚结果	抗辩事由	反驳理由
27	(2011) 41号	2011/9/19	蔡伟甫（佛塑股份投资管理部副总经理、金辉高科董事）庞友国（佛塑股份东方分公司总工程师）陈锡尤（佛塑股份经营管理部副总经理、佛塑股份东方分公司副总经理）廖凯明（金辉高科总经理）吴慧敏（佛山市盈科工程造价咨询事务所工程师）	"佛塑股份"	五人均为内幕信息知情人，并在内幕信息公开前买卖"佛塑股份"	没收蔡伟甫违法所得，并罚款120 825.56元；没收庞友国违法所得，并罚款36 834.03元；没收陈锡尤违法所得，并罚款64 678.70元；没收廖凯明违法所得，并罚款43 923.10元；没收吴慧敏违法所得，并罚款176 309.10元	处罚书写明行为人未提出抗辩，但五人在其中均辩称他们是依据独立分析判断	知悉内幕信息，属于内幕信息知情人
28	(2011) 49号	2011/11/17	方清（国轩高科总经理）	"佛山照明"	方清知悉内幕信息后交易佛山照明股票	责令方清依法处理非法持有的股票，没收违法所得，并处以罚款48 800元	未提出抗辩	无
29	(2011) 55号	2011/12/13	领先集团 李建新（领先集团法定代表人、董事长）刘建钢（领先集团副总裁）范春明（领先科技董事、副总经理兼财务总监）	"领先科技"	李建新、刘建钢为内幕信息知情人，领先集团利用"中润科技"账户买卖领先科技股票，构成了单位内幕交易	没收领先集团违法所得，并罚款370 959.38元；对李建新、刘建钢给予警告，并分别罚款30万元；对范春明给予警告，并罚款20万元	1. 中润科技、刘建钢与范春明是委托理财关系，范春明利用"中润科技"账户买卖领先科技股票与领先集团无关；2. 范春明辞职后已不再对领先集团和领先科技提供服务；3. 范春明将相关收益已经上交领先科技	1. 没有足够证据证明当时范春明已经辞职；2. 范春明实质上是为李建新和领先集团服务；3. 委托理财关系证据不充分；4. 中润科技只是以领先集团员工名义注册的公司，委托理财关系不存在

续表

序号	处罚案号	处罚时间	受处罚人	交易证券	处罚事由	处罚结果	抗辩事由	反驳理由
30	(2011) 56号	2011/12/13	光华基金会 任晋阳（光华基金会理事长兼秘书长） 梁范栋（光华基金会副秘书长、办公室主任）	"领先科技"	光华基金会相关账户利用内幕信息买卖领先科技股票，构成单位内幕交易，任晋阳为直接负责的主管人员，梁范栋为其他直接责任人员	对光华基金会罚款5万元；对任晋阳、梁范栋给予警告，并分别罚款3万元	1. 基于自身独立判断；2. 盈利甚微	当事人对其申辩事项没有提交任何证据，申辩书中所述理由不足以排除其进行内幕交易的嫌疑
31	(2011) 57号	2011/12/15	岳远斌（企业融资总部董事总经理）	"三爱富"	岳远斌知悉内幕信息后，利用其妻子和其岳母的账户买卖"三爱富"股票	罚款20万元	1. 依据预定交易计划；2. 依据股吧的公开信息；3. 未获利；4. 无社会危害性；5. 符合交易习惯；6. 了解法律法规，不会以身试法；7. 自己不知悉、未利用内幕信息；8. 独立分析判断	1. 无足够的证据和说明力证明，2. 内幕交易的判断不以营利为要件（有针对性地逐条进行了反驳和解释）
32	(2012) 3号	2012/2/3	周和华（科达机电董事、副总经理、董事会秘书）	"科达机电"	周和华担任科达机电控股子公司科达石材的董事，是法定内幕信息知情人，后其利用"郑某某"账户在内幕信息敏感期内买入"科达机电"股票	周和华没收违法所得，并处罚款147 983.84元	不知内幕信息，不是内幕信息知情人	提出的申辩事实及理由不足以排除其从事内幕交易行为的嫌疑

续表

序号	处罚案号	处罚时间	受处罚人	交易证券	处罚事由	处罚结果	抗辩事由	反驳理由
33	(2012) 14号	2012/5/10	张涛(银河证券投资银行总部股票发行部副经理)、王东海(甘肃弘信董事长)、魏亮(甘肃弘信评估师)、崔永杰(海地人矿评估部总经理)、高晓卉(海地人房评估师)、黄成仁(方大集团财务总监)	"方大炭素"	张涛知悉内幕信息并利用其妻王某某账户买卖股票;魏亮、高晓卉知悉内幕信息,用其个人账户买卖"方大炭素"股票;王东海、崔永杰、黄成仁作为内幕信息知情人,用其个人账户买卖"方大炭素"股票	没收张涛违法所得,罚款453 113.92元,并责令张涛处理非法持有的股票;对王东海、魏亮、崔永杰、高晓卉分别处以4万元罚款;对黄成仁处以3万元罚款	张涛提出:1.不知内幕信息;2.未控制其妻账户,其妻账户资金来源主要是其本人积累。黄成仁提出:不知内幕信息。王东海提出:涉案账户的交易非本人所为。魏亮提出:错误操作	张涛:证据与事实不符,买入意愿强烈,相关抗辩事由不成立;黄成仁:依据相关事实认定其交易"方大炭素"股票的行为构成内幕交易;王东海:抗辩事由证据不足;魏亮:陈述前后矛盾
34	(2012) 19号	2012/5/23	瀚宇投资、夏自强(瀚宇投资业务总经理、实际控制人)	"ST皇台"	瀚宇投资知悉内幕信息并利用内幕信息买卖"ST皇台"股票,夏自强为直接负责的主管人员	责令瀚宇投资改正违法行为,对瀚宇投资没收违法所得,并罚款1 440 308.65元;对夏自强给予警告,并罚款6万元	未提出抗辩	无
35	(2012) 23号	2012/6/5	沈少玲(彩虹精化实际控制人、董事)	"彩虹精化"	沈少玲作为内幕信息知情人,在内幕信息敏感期内大量交易彩虹精化股票	责令沈少玲依法处理彩虹精化股票;如有违法所得,予以没收;对沈少玲罚款60万元	处罚书写明行为人未提出抗辩,但却在其中写明了抗辩事由:基于券商推荐	无
36	(2012) 24号	2012/6/6	肖家守(新日投资、松江钢材城、新日钢结构有限公司董事长)、朱莉丽(肖家守之妻)、周晓丹(上海钢旺物资有限公司总经理)、肖传建(周晓丹之夫)	"宁夏恒力"	肖家守、肖传健知晓相关内幕信息,并将相关信息泄露给朱莉丽、周晓丹,朱莉丽、周晓丹在内幕信息敏感期内买卖宁夏恒力股票	对肖家守处以150 000元罚款;没收朱莉丽违法所得,并处以150 000元罚款;对肖传健处以30 000元罚款;对周晓丹没收违法所得并处以753 161.85元罚款	肖家守、朱莉丽提出:1.未泄漏内幕信息;2.其建议其妻购买股票不存在合理性。周晓丹、肖传建提出:依据公开信息,基于个人独立判断	肖家守:未尽到保密义务,泄漏内幕信息;周晓丹:非法获取内幕信息,属于内幕交易;其他两人抗辩与事实不符,证据不足

续表

序号	处罚案号	处罚时间	受处罚人	交易证券	处罚事由	处罚结果	抗辩事由	反驳理由
37	(2012)31号	2012/6/27	曾国波（劲嘉股份监事）	"劲嘉股份"	利用内幕信息买卖劲嘉股份的股票，从事了内幕交易行为	没收曾国波违法所得，并罚款100万元	处罚书写明行为人未提出抗辩，但却在其中写明了抗辩事由：依据已经公开信息，通过自身经验判断	1. 买入劲嘉股份股票的交易异常，其所述借用资金的目的与资金运作情况不吻合；2. 属于由于所任职公司职务可以获取公司有关内幕信息的人员
38	(2012)37号	2012/8/22	庄坚毅（佛山照明副董事长）王建辉（青海原点时任总经理）高金花（王建辉配偶）邹建平（江苏富瑞药业有限公司副总经理）章敏芝（邹建平配偶）周星夫（邹建平、章敏芝女婿）	"粤照明B""佛山照明"	庄坚毅知悉内幕信息后，在内幕信息公开前买入"粤照明B"股票；王建辉、高金花、邹建平、章敏芝、周星夫知悉内幕信息后，在内幕信息公开前买入"佛山照明"股票	责令庄坚毅依法处理相关股票；没收违法所得，并处以罚款。对邹建平处以10万元罚款。对王建辉、章敏芝分别处以5万元罚款。对高金花、周星夫分别处以3万元罚款	邹建平提出：不懂股票交易规则，不熟法律法规，请求酌情处理	申辩于法无据，不予支持
39	(2012)46号	2012/11/21	陈宝庆（潍坊市投资公司总会计师）李文静（陈宝庆的妻子）	"山东海龙"	陈宝庆在知悉相关内幕信息后泄露给李文静，李文静获知内幕信息后，在内幕信息价格敏感期内使用陈宝庆、李文静账户买入山东海龙股票	责令陈宝庆、李文静依法处理所持山东海龙股票，并分别处以5万元罚款	未提出抗辩	无
40	(2012)47号	2012/11/27	崔建胜（ST华光财务经理）	"ST华光"	崔建胜在ST华光发布公告前使用崔建胜账户分6笔买入"ST华光"股票	罚款39 000元	未提出抗辩	无

续表

序号	处罚案号	处罚时间	受处罚人	交易证券	处罚事由	处罚结果	抗辩事由	反驳理由
41	(2012) 49号	2012/12/11	费智（龙源电力集团股份有限公司副总经理、烟台龙源电力技术股份有限公司董事）黄晓丹（费智妻子）	"龙源技术"	费智系法定内幕信息知情人，其以公司董事身份获取内幕信息。黄晓丹是费智配偶，在费智参加龙源技术董事会会议取得内幕信息同一天上午同步买入龙源技术股票	共罚款5万元	1. 黄晓丹买卖股票完全出于公开利好的消息；2. 费智对黄晓丹炒股知情；3. 黄晓丹交易股票纯属巧合和符合个人炒股风格	1. 短线投机套利明显；2. 辩解理由可信度较低
42	(2012) 51号	2012/12/13	熊绍咏（宇瀚光电总经理）林溪彬［精耘生物科技（上海）有限公司总经理、利宝投资股东］曾俊生（利宝投资股东、宇瀚光电董事长）	"金利科技"	熊绍咏知悉内幕信息后借用"崔某"股票账户买卖"金利科技"，曾俊生、林溪彬知悉内幕信息后借用"杨某"股票账户买卖"金利科技"	没收熊绍咏违法所得，并罚款40 957元；没收曾俊生违法所得，并罚款84 243元；对林溪彬罚款50 000元	未提出抗辩	无
43	(2012) 52号	2012/12/13	秦华	"ST天龙"	秦华在买入"ST天龙"前知悉内幕信息，利用王某账户在内幕信息尚未公开前买入"ST天龙"	罚款36 000元	未提出抗辩	无
44	(2012) 54号	2012/12/24	马刚（青岛城投集团总经理助理、青岛城投置地总经理）	"胜利股份"	马刚利用内幕信息买卖胜利股份股票	罚款3万元	未提出抗辩	无
45	(2012) 55号	2012/12/26	李琳杰（中恒集团控股子公司梧州制药营销中心副总经理）覃炳辉（梧州制药营销中心副总经理）	"中恒集团"	李琳杰、覃炳辉为内幕信息知情人并在信息敏感期内交易"中恒集团"股票	没收李琳杰违法所得，并罚款149 345.05元；没收覃炳辉违法所得，并罚款93 838.03元	覃炳辉提出：1. 证券监管部门对禁止内幕交易的宣传缺失；2. 其交易股票目的不在于营利	覃炳辉在内幕信息敏感期内交易"中恒集团"股票属于内幕交易

续表

序号	处罚案号	处罚时间	受处罚人	交易证券	处罚事由	处罚结果	抗辩事由	反驳理由
46	(2013)1号	2013/1/4	顾振其（舒泰神董事）穆彩球（顾振其妻子）	"舒泰神"	顾振其泄露内幕信息，穆彩球利用内幕交易"舒泰神"股票	共罚款3万元	未提出抗辩	无
47	(2013)2号	2013/1/23	李国刚（海南信得实际控制人王某的代表）白宪慧（李国刚妻妹）周富华（银泰盛达总经理）姚文喜（首一创业总经理）	"科学城"	李国刚在内幕信息公开前买卖科学城股票，并将消息透露给妻妹白宪慧并建议买入科学城股票；后白宪慧买入科学城股票；周富华、姚文喜在内幕信息公开前买卖科学城股票	对李国刚罚款30万元；没收白宪慧违法所得，并罚款332 100.06元；没收周富华违法所得，并罚款929 279.90元；对姚文喜罚款5万元	周富华、李国刚、白宪慧提出：不懂法律法规，无意触犯。姚文喜提出：1. 相关信息不是内幕信息；2. 根据已经公开信息交易	1. 从轻处罚的理由于法无据；2. 认დ《行政处罚事先告知书》内容有误
48	(2013)4号	2013/1/23	谭淑智（内幕信息知情人李某配偶）	"云内动力"	在相关会议的第二个交易日，谭淑智账户大量买入云内动力股票	罚款3万元	未提出抗辩	无
49	(2013)6号	2013/2/6	王瑞苹（江西省地质矿产勘查开发局赣西地质调查大队高级工程师）	"斯米克"	王瑞苹利用涉案内幕信息买卖斯米克股票	没收王瑞苹违法所得，并处以96 312.67元罚款	1. 非内幕信息知情人；2. 个人投资经验丰富，买卖股票为自行判断；3. 调查人员有非法取证之嫌，定案证据存疑	1. 完全符合有关法律法规对内幕人员的身份定义范围；2. 所提其他抗辩的事实和法律依据不充分
50	(2013)13号	2013/3/28	齐凯（诺德担保董事长、法定代表人）张进才（河南商业经济研究所所长，诺德担保监事）	"森源电气"	齐凯、张进才在内幕信息敏感期内利用齐凯账户大量购买森源电气股票	分别罚款30万元，同时责令齐凯处理非法持有的股票，如有盈利予以没收	齐凯提出：独立分析判断；张进才提出：1. 依据公开信息，独立分析判断；2. 在信息敏感期内购买股票纯属偶然	交易异常，与内幕信息高度吻合

续表

序号	处罚案号	处罚时间	受处罚人	交易证券	处罚事由	处罚结果	抗辩事由	反驳理由
51	(2013) 14号	2013/4/12	包维春（宏达股份总会计师）冯振民（四川路桥建设股份有限公司证券部副经理）吴春永（交银施罗德基金管理有限公司专户投资部投资经理）	"宏达股份"	包维春向冯振民泄露内幕信息，并建议其买入"宏达股份"，冯振民利用妻子黄薇账户进行内幕交易；吴春永通过包维春获知了内幕信息，随后，吴春永用其管理的7个账户买入"宏达股份"股票	对包维春处以30万元罚款；对冯振民给予警告，并处以30万元罚款；对吴春永处以30万元罚款	包维春提出：既不知晓也未透露内幕信息。冯振民提出：1.通过独立分析；2.交易记录未显示交易异常	根据询问笔录等相关证据，包维春申辩意见不成立
52	(2013) 16号	2013/4/15	上海金瑞达资产管理股份有限公司 王敏文（浙江金瑞泓科技股份有限公司董事长）刘晓霖（王敏文配偶、金瑞达的股东）	"海立股份"	金瑞达、王敏文、刘晓霖在知悉内幕信息后，在内幕信息敏感期内大量买入"海立股份"股票	对王敏文与金瑞达公司，没收违法所得，并处以241 525.44元的罚款；对王敏文利用他人账户进行内幕交易的行为，没收违法所得，并处以879 222.19元的罚款；对王敏文与刘晓霖共同进行内幕交易，没收违法所得，并处以41 412.79元的罚款	王敏文提出：1.不知内幕信息；2.无交易股票不符合量的标准，交易行为也不异常，交易时间点吻合纯属巧合。金瑞达公司、刘晓霖提出：独立分析判断	1.王敏文利用金瑞达过失获取内幕信息；2.王敏文交易行为明显异常；3.刘晓霖与王敏文共同内幕交易行为成立
53	(2013) 18号	2013/5/9	罗永斌（湖北丽源董事长）	"安诺其"	罗永斌作为内幕信息知情人利用"吕某""俞某"证券账户交易"安诺其"股票	没收罗永斌违法所得，并处以2 846 631.46元罚款	未提出抗辩	无

续表

序号	处罚案号	处罚时间	受处罚人	交易证券	处罚事由	处罚结果	抗辩事由	反驳理由
54	(2013)19号	2013/5/9	郭红莲	"安诺其"	郭红莲在内幕信息公开前，与内幕信息知情人刘某有联络、接触，其交易"安诺其"的行为与内幕信息高度吻合	没收郭红莲违法所得，并处以54 632.15元罚款	1. 独立分析判断；2. 不知内幕信息，否则会大量购买	证据和抗辩无法排除其利用内幕信息从事内幕交易
55	(2013)20号	2013/5/9	罗明	"安诺其"	罗明在内幕信息公开前，与内幕信息知情人刘某有联络、接触，利用本人及"罗某霞"证券账户交易"安诺其"	没收罗明违法所得，并处以577 982.09元罚款	1. 缺乏相关法律知识；2. 独立分析判断；3. 无主观故意	证据和抗辩无法排除其利用内幕信息从事内幕交易
56	(2013)21号	2013/5/9	蒯雯瑾	"安诺其"	蒯雯瑾知悉内幕信息后利用"邓某"证券账户交易"安诺其"	罚款3万元	未提出抗辩	无
57	(2013)22号	2013/5/9	王周屋（民生银行汕头分行工作人员）	"万顺股份"	王周屋知悉内幕信息后，在内幕信息敏感期内大量买入"万顺股份"股票	依法处理非法持有的证券；如有违法所得，没收违法所得，并处以违法所得一倍罚款；如没有违法所得或者违法所得不足3万元，处以20万元罚款	未提出抗辩	无
58	(2013)28号	2013/5/22	朱维君（中华化工总经理）毛海舫（中华化工副总经理）仲志真（为毛海舫之妻）	"兄弟科技"	当事人知悉兄弟科技要收购中华化工的内幕信息，交易兄弟科技股票	对朱维君、毛海舫分别处以3万元的罚款；对仲志真处以3.6万元的罚款	朱维君提出：不了解法律法规。毛海舫、仲志真提出：无法律意识；两人为夫妻，分别处罚有重复	毛海舫属于泄露内幕信息，仲志真属于非法获取内幕信息从事内幕交易，对二人分别处罚，不存在重复

续表

序号	处罚案号	处罚时间	受处罚人	交易证券	处罚事由	处罚结果	抗辩事由	反驳理由
59	（2013）29号	2013/5/23	周小南（工贸公司副总经理）朱敏 朱敖娣（朱敏的母亲）潘企康	"九鼎新材"	周小南、朱敏、朱敖娣、潘企康知悉内幕信息，其四人在信息公开前买卖九鼎新材股票	没收周小南违法所得，并处以89 039.88元罚款；对朱敏处以3万元罚款；对朱敖娣处以3万元罚款；对潘企康处以3万元罚款	未提出抗辩	无
60	（2013）30号	2013/6/5	黎家燕（能鑫矿业执行董事和法定代表人）张鹏（北海高岭副总经理）赵东生（海富投资董事、总经理）张海颜（赵东生的配偶）	"海印股份"	黎家燕、赵东生、张海颜、张鹏知悉内幕信息后，在内幕信息敏感期内大量买入海印股份股票	对黎家燕、赵东生、张海颜各处以3万元罚款；没收张鹏违法所得，并处以59 152.64元罚款	未提出抗辩	无
61	（2013）31号	2013/6/5	吕顺龙（莱茵置业财务部经理）	"莱茵置业"	吕顺龙内幕交易莱茵置业股票	罚款3万元	未提出抗辩	无
62	（2013）35号	2013/8/21	朱建峰（内幕信息知情人姚某峰的大学校友）	"领先科技"	朱建峰通过姚某峰知悉内幕信息，并以其本人账户和他所控制的"白某秀"账户利用内幕信息交易领先科技股票	没收朱建峰违法所得，并处以737 731.49元罚款	未提出抗辩	无
63	（2013）36号	2013/8/23	邓永祥（大元股份总经理）	"大元股份"	在知悉内幕信息后，其利用"邓永祥"账户通过凯富公寓互联网交易"大元股份"	罚款50万元	未提出抗辩	无

续表

序号	处罚案号	处罚时间	受处罚人	交易证券	处罚事由	处罚结果	抗辩事由	反驳理由
64	(2013) 37号	2013/8/23	郭文忠	"大元股份"	郭文忠于知悉内幕信息后、内幕信息公开前交易"大元股份"	没收郭文忠违法所得18 836.08元，并处以3万元罚款	1. 客观上无利用内幕信息的条件；2. 主观上无动机和目的	当事人未提出足以切断知悉内幕信息行为与涉案交易行为之间联系的理由与证据
65	(2013) 39号	2013/8/26	江建华（娴遐投资法定代表人、实际控制人、执行董事）熊碧波（原上海天力投资咨询顾问公司董事长）	"天业通联"	江建华知悉内幕信息，并且通过借用和协议控制李某等9个账户交易天业通联股票；熊碧波知悉内幕信息，实际控制彭某等9个账户交易天业通联股票	对江建华处以400 000元罚款。对熊碧波从重处以罚款600 000元，并责令其卖出相关股票，如有违法所得，予以没收	未提出抗辩	无
66	(2013) 41号	2013/9/18	张庆瑞（京城控股总经理仇某朋友）	"ST北人"	张庆瑞通过内幕信息知情人京城控股总经理仇某知悉内幕信息，并在内幕信息敏感期内交易"ST北人"股票	没收张庆瑞违法所得，并处以542 712.12元罚款	1. 不知悉内幕信息；2. 依据公开信息，独立分析判断；3. 只是利用少量资金购买，不符合知悉内幕信息的表现；4. 符合以往的交易习惯	1. 交易行为明显异常；2. 其提供的网页材料证明力较低；3. 其自有资金的多少与其内幕交易行为没有直接关系；4. 其交易风格较以往有较大差异
67	(2013) 51号	2013/9/27	刘绍军（长沙鑫航办公室员工）李小燕（内幕信息知情人苏某的妻子、湖南师范大学数学与计算机科学学院教授）	"博云新材"	刘绍军作为内幕信息知情人，在内幕信息敏感期内买卖了博云新材股；李小燕作为非法获取内幕信息的人员，在内幕信息敏感期内买卖博云新材股票	分别罚款3万元	未提出抗辩	无

续表

序号	处罚案号	处罚时间	受处罚人	交易证券	处罚事由	处罚结果	抗辩事由	反驳理由
68	(2013) 57号	2013/10/22	方振颖（春晖股份董事长）方振韶（方振颖之弟）	"春晖股份"	方振颖泄露内幕信息，方振韶从方振颖处获知内幕信息后买卖"春晖股份"股票	分别罚款3万元	未提出抗辩	无
69	(2013) 58号	2013/10/22	江逢灿（鸿汇投资总经理、实际控制人、香港人士）罗建荣（江逢灿的多年好友）詹嘉绮（罗建荣的妻子）	"春晖股份"	江逢灿泄露内幕信息，罗建荣、詹嘉绮使用"詹嘉绮""林琼芳""刘东云"账户，于内幕信息公开前，大量买入"春晖股份"股票	对江逢灿处以3万元罚款；对罗建荣、詹嘉绮合并处以3万元罚款	未提出抗辩	无
70	(2013) 59号	2013/11/1	光大证券股份有限公司 徐浩明（光大证券法定代表人、总裁）杨赤忠（光大证券助理总裁）沈诗光（光大证券计划财务部总经理兼办公室主任）杨剑波（光大证券策略投资部总经理）	所持股票转换为180ETF和50ETF	光大证券在内幕信息公开前将所持股票转换为ETF卖出和卖出股指期货空头合约，徐浩明为直接负责的主管人员，杨赤忠、沈诗光、杨剑波为其他直接责任人员	没收光大证券违法所得，并处以违法所得5倍的罚款；对徐浩明给予警告，并处以60万元罚款；对杨赤忠给予警告，并处以60万元罚款；对沈诗光给予警告，并处以60万元罚款；对杨剑波给予警告，并处以60万元罚款	光大证券提出：1.属于预定交易计划，符合业内操作惯例；2.证监会认定的法律依据不足；且存在计算错误。杨赤忠、徐浩明提出：无主观故意，不知内幕信息。沈诗光、杨剑波提出：1.无主观故意；2.非直接负责的主管或高管人员	1.光大证券符合内幕信息特征，其自身就是信息产生的主体，对内幕信息知情；2.光大证券内幕交易行为性质恶劣，影响重大，对市场造成了严重影响

续表

序号	处罚案号	处罚时间	受处罚人	交易证券	处罚事由	处罚结果	抗辩事由	反驳理由
71	(2013) 62号	2013/11/27	赵玉春（禧利多矿业现任法定代表人王某林之母）孙速（赵玉春外甥女）赵同仁（王某林岳父）赵明（王某林之妻）曲延辉（禧利多矿业股东曲某伟之弟）曲欣欣（曲延辉侄女）董雪枫（曲欣欣之夫，后离异）	"中捷股份"	赵玉春、曲延辉知悉内幕信息，并使用本人或他人账户在内幕信息敏感期内交易中捷股份股票；赵明知悉内幕信息，在内幕信息敏感期内向他人泄露未公开信息；孙速、赵同仁、曲欣欣、董雪枫获知内幕信息后，利用其本人或他人证券账户在内幕信息敏感期内交易"中捷股份"	没收赵玉春违法所得，并处以89 910.88元罚款；没收曲延辉违法所得，并处以89 853.05元罚款；没收曲欣欣、董雪枫违法所得，并处以111 465.65元罚款；对孙速处以37 000元罚款，对赵明处以30 000元罚款	未提出抗辩	无
72	(2013) 63号	2013/11/27	成都海天鸿实业发展有限公司 曾林（海天鸿法定代表人）	"中航重机"	海天鸿2010年9月10日通过"汉昆投资"账户买入"中航重机"构成内幕交易，曾林是涉案交易的决策者	没收海天鸿违法所得，并处以4 244 849.10元罚款；对曾林给予警告，并处以10万元罚款	未提出抗辩	无
73	(2013) 65号	2013/11/28	杨国章（与内幕信息知情人胡某为内幕联系人）	"金自天正"	杨国章与内幕信息知情人胡某在内幕信息敏感期内有电话联系，之后集中大量买入金自天正股票，交易行为明显异常	没收杨国章违法所得，并处以91 102.46元的罚款	1. 根据行业经验判断和市场公开信息；2. 与胡某通话内容不涉及内幕信息	其提供的陈述申辩材料不能解释其敏感期内交易异常的原因
74	(2013) 66号	2013/11/28	张玉屏（内幕知情人张某某之女）	"上海建工"	张玉屏在张某某知悉本案内幕信息后集中大量买入上海建工股票	没收张玉屏违法所得，并处以108 945.63元罚款	1. 不知买卖其父所在公司股票行为属于违法行为；2. 还于其他时间买卖过该股票；3. 收益已上缴	1. 我国法律并未禁止投资者买卖亲属所在企业的股票，禁止的是利用内幕信息进行股票交易；2. 3月21日买入

附表 2004—2020年内幕交易行政处罚书

续表

序号	处罚案号	处罚时间	受处罚人	交易证券	处罚事由	处罚结果	抗辩事由	反驳理由
								股票的行为不足以解释其3月26日交易异常的原因
75	(2013)71号	2013/12/11	丁国军（向日葵总经理）潘卫标（向日葵副总经理、财务总监）	"向日葵"	丁国军、潘卫标知悉内幕信息且在内幕信息公开前交易向日葵股票	均没收违法所得并处以一倍罚款	未提出抗辩	无
76	(2013)72号	2013/12/12	吴伟（职业股民）谢霞琴（杭萧钢构总裁周某之妻、吴伟前妻樊某的朋友）	"杭萧钢构"	两人均在知悉内幕信息后买卖杭萧钢构股票	均没收违法所得并处以一倍罚款	吴伟提出：1.不知谢霞琴丈夫身份，未获知内幕信息；2.买卖股票出于自己判断	吴伟在陈述、申辩材料中未就《行政处罚事先告知书》有关其违法行为的认定提出新的事实及证据，对其申辩意见不予采纳
77	(2013)74号	2013/12/11	宋辉东（北京冠华荣信系统工程股份有限公司董事长）	"捷成股份"	宋辉东为内幕信息知情人，并利用其配偶"尚某某"账户买卖捷成股份股票	没收违法所得并处以一倍罚款	未提出抗辩	无
78	(2013)76号	2013/12/19	王永进（东部新区管委会副主任）	"爱仕达"	王永进利用内幕消息交易"爱仕达"股票	没收违法所得42 571.80元，并处以127 715元罚款	未提出抗辩	无
79	(2013)79号	2013/12/31	米兴平（蓝色光标2010年重大资产购买事项经办律师）冯喜利（工商银行陕西榆林分行银行卡部副经理、米兴平堂姐夫）	"蓝色光标"	米兴平向冯喜利泄露蓝色光标重大资产购买事项的内幕信息，冯喜利知悉内幕信息后买卖"蓝色光标"股票	米兴平处以3万元罚款；没收冯喜利违法所得46 888.99元，并处以140 666.97元罚款	米兴平提出：1.并非冯喜利炒股的直接受益人；2.与冯喜利联系的内容与内幕信息无关	1.米兴平为内幕信息知情人，与冯喜利系亲属关系；2.冯喜利所控制的账户在涉案期内交易"蓝色光标"明显异常；3.敏感期内米兴平和冯喜利联系较多且异于平常

续表

序号	处罚案号	处罚时间	受处罚人	交易证券	处罚事由	处罚结果	抗辩事由	反驳理由
80	(2014) 1号	2014/1/2	深圳财富成长投资有限公司 唐雪来（财富成长总经理、投资总监、基金经理） 肖猛（天音控股证券事务代表）	"天音控股"	肖猛知悉内幕信息，其在信息公开前买卖天音控股股票并向唐雪来泄露该内幕信息，唐雪来在知悉内幕信息后，代表财富成长建议他人买卖天音控股股票	没收财富成长违法所得195 954.64元，并处以587 863.92元罚款；对唐雪来给予警告，并处以20万元罚款；对肖猛处以10万元罚款	未提出抗辩	无
81	(2014) 2号	2014/1/2	程立中（原金德发展公司董事） 陈筱萍（金德发展董事、董事会秘书）	"金德发展"	两人知悉内幕信息后，在内幕信息敏感期内买卖"金德发展"股票	均没收违法所得并处以一倍罚款	陈筱萍提出：1. 卖出股票是为支付公司相关费用，并非利用内幕信息为个人牟利；2. 其不存在主观故意；3. 不具备支付罚款能力	1. 利用内幕信息买卖股票事实清楚、证据充分申辩理由不能成立；2. 有关为公司重组作出贡献和家庭困难同本案违法事实认定之间没有直接联系
82	(2014) 5号	2014/1/9	段晓军（大华会计师事务所员工）	"大商股份"	段晓军知悉内幕信息，并使用本人账户在内幕信息敏感期内交易大商股份股票	没收违法所得并处以一倍罚款	未提出抗辩	无
83	(2014) 6号	2014/1/9	许军（深圳广电网络改革重组领导小组办公室副主任） 刘青（许军的妻子） 许慧（许军的姐姐）	"天威视讯"	许军知悉内幕信息，在内幕信息敏感期内向他人泄露未公开信息，刘青、许慧获知内幕信息后，利用其本人证券账户在内幕信息敏感期内交易"天威视讯"	对许军处以5万元罚款；责令刘青、许慧依法处理非法持有的证券；如有违法所得，没收违法所得，并处以违法所得一倍罚款；如没有违法所得或者违法所得不足3万元，处以3万元罚款	未提出抗辩	无

附表 2004-2020年内幕交易行政处罚书

续表

序号	处罚案号	处罚时间	受处罚人	交易证券	处罚事由	处罚结果	抗辩事由	反驳理由
84	（2014）7号	2014/1/9	徐建华（天宝公司财务总监）王甫荣（与徐建华曾是会计师事务所的同事）	"天威视讯"	徐建华知悉内幕信息，在内幕信息敏感期内向他人泄露未公开信息并在内幕信息敏感期内交易"天威视讯"；王甫荣获知内幕信息后，利用其本人证券账户在内幕信息敏感期内交易"天威视讯"	对徐建华处以5万元罚款；责令王甫荣依法处理非法持有的证券；如有违法所得，没收违法所得，并处以违法所得一倍罚款；如没有违法所得或者违法所得不足3万元，处以3万元罚款	徐建华提出：1.符合平时交易习惯；2.基于独立分析判断。王甫荣提出：买卖股票出于自身判断	1.徐建华在内幕信息敏感期内知悉内幕信息；2.王甫荣在询问笔录中承认徐建华核实后买入天威视讯股票；3.王甫荣聊天记录、通话记录证明王甫荣从徐建华处非法获知内幕信息
85	（2014）8号	2014/1/9	方元生（天宝公司副总经理）方春花	"天威视讯"	方元生知悉内幕信息，在内幕信息敏感期内向他人泄露未公开信息并在内幕信息敏感期内交易"天威视讯"；方春花获知内幕信息后，利用其本人证券账户在内幕信息敏感期内交易"天威视讯"	责令方元生、方春花依法处理非法持有的证券；如有违法所得，没收违法所得，并处以违法所得一倍罚款；如没有违法所得或者违法所得不足3万元，处以3万元罚款	未提出抗辩	无
86	（2014）9号	2014/1/9	邓惠文（深圳天宝公司副总经理欧阳某光的妻子）邱仲敏（天宝公司总工办主任伍某的妻子）	"天威视讯"	邓惠文、邱仲敏获知内幕信息后，利用其本人证券账户在内幕信息敏感期内交易"天威视讯"	责令邓惠文、邱仲敏自收到本处罚决定书之日起7个可交易日内，依法处理非法持有的证券；如有违法所得，没收违法所得，并处以违法所得一倍罚款；如没有违法所得或者违法所得不足3万元，处以3万元罚款	邓惠文提出：1.其买卖股票符合交易习惯，与内幕信息无关；2.其与丈夫谈话内容不涉及内幕信息	1.欧阳某光知晓内幕信息，邓惠文与欧阳某光是夫妻关系；2.抗辩事由可信度较低

续表

序号	处罚案号	处罚时间	受处罚人	交易证券	处罚事由	处罚结果	抗辩事由	反驳理由
87	（2014）10号	2014/1/9	牛金瓶（天宝公司总经理助理兼总编办主任） 王斌（天宝公司总工程师） 王垦海（天宝公司计财部主任） 刘盈（广电中心电视专题部部长） 苏剑虹（广电中心编辑、主持人）	"天威视讯"	牛金瓶、王斌、王垦海、刘盈、苏剑虹获知内幕信息后，利用其本人或他人证券账户在内幕信息敏感期内交易"天威视讯"	责令牛金瓶、王斌、王垦海、刘盈、苏剑虹依法处理非法持有的证券；如有违法所得，没收违法所得，并处以违法所得一倍罚款；如没有违法所得或者违法所得不足3万元，处以3万元罚款	牛金瓶、苏剑虹提出：1. 相关信息已经公开，不属于内幕信息；2. 买卖股票凭借自身经验，与内幕信息无关	1. 相关信息是内幕信息；2. 牛金瓶、苏剑虹从座谈会上知悉了内幕信息；3. 抗辩事由可信度较低
88	（2014）11号	2014/1/9	成蓉（深圳宝安广播电视中心电视新闻部副部长）	"天威视讯"	成蓉获知内幕信息后，利用其本人证券账户在内幕信息敏感期内交易"天威视讯"	没收成蓉违法所得，处以10万元罚款	1. 相关信息已经公开，不属于内幕信息；2. 买卖股票凭借自身经验，与内幕信息无关	1. 相关信息是内幕信息；2. 买入天威视讯股票的时间仍然在内幕信息敏感期；3. 抗辩事由可信度较低
89	（2014）13号	2014/1/20	吴京荣（龙净环保董事、首席执行官）	"龙净环保"	吴京荣知悉内幕信息后使用"冯某梅"账户交易龙净环保股票	没收违法所得并处以一倍罚款	未提出抗辩	无
90	（2014）14号	2014/1/23	刘刚（宇顺电子中兴客户部副经理）	"宇顺电子"	刘刚获知内幕信息后，利用其本人证券账户在内幕信息敏感期内交易"宇顺电子"股票	没收违法所得并处以一倍罚款	未提出抗辩	无

续表

序号	处罚案号	处罚时间	受处罚人	交易证券	处罚事由	处罚结果	抗辩事由	反驳理由
91	（2014）25号	2014/2/14	胡海波（平安信托有限责任公司渠道服务部副总经理）曹琏琏（胡海波的岳母）	"永生投资"	胡海波账户内幕信息形成后及复牌后交易"永生投资"；曹琏琏从胡海波处获悉内幕消息后交易"永生投资"股票	没收胡海波账户违法所得368 823元、魏某飚账户违法所得66 195.15元，并对胡海波处以435 018.15元罚款，对曹琏琏处以3万元罚款	胡海波提出：1.基于市场早有预期的信息；2.买卖股票出于个人分析与经验；3.已将收益上交。曹琏琏提出：基于独立分析判断，符合股票交易习惯	1.相关信息已经具有重要性；2.缺乏足够的证据支持；3.当事人是否已经将违法所得上交上市公司，既不影响认定，也与量罚无涉
92	（2014）28号	2014/2/26	姜胜芳（杨行铜材副总经理）陆昇栋（东升变压总经理、东升变压法定代表人、姜胜芳之子）倪浩（杨行铜材副总经理）段婷婷（倪浩妻子）	"蓉胜超微"	姜胜芳、陆昇栋利用所知悉的内幕信息实际控制"陆昇栋""陆某某""廖某"三个账户交易"蓉胜超微"股票；倪浩、段婷婷利用内幕信息控制"丁某"账户买入"蓉胜超微"股票	对姜胜芳、陆昇栋处以5万元罚款；对倪浩、段婷婷处以5万元罚款	姜胜芳：1.未泄露内幕信息；2.违法所得计算数额与实际所得不符合。倪浩提出：1.与妻子不睦，未交流内幕信息；2.是段婷婷控制其银行账户转账	陈述申辩不足以推翻内幕交易的认定
93	（2014）29号	2014/2/28	王雄英	"长方照明"	王雄英是从邓某贤处非法获取了内幕信息并在内幕信息敏感期内买卖长方照明股票	对王雄英处以30万元罚款；责令王雄英依法处理非法持有的长方照明股票；如有违法所得，没收违法所得	未提出抗辩	无
94	（2014）34号	2014/3/21	刘明星（广州日报社计财处投资专员）沈晓中（羊城地铁报财务总监）	"粤传媒"	刘明星、沈晓中在内幕信息公开前买卖"粤传媒"股票	均没收违法所得	刘明星提出：没有泄露内幕信息；非内幕信息知情人；交易行为无任何异常。沈晓中提出：知悉的相关信息非内幕信息；积极配合调查，处罚过于严苛	刘明星：有证据证明刘明星知悉内幕信息；沈晓中明确表示刘向其透露内幕信息；沈晓中：能够结合身份判断出刘明星告诉其"粤传媒快要重组了"是内幕信息

续表

序号	处罚案号	处罚时间	受处罚人	交易证券	处罚事由	处罚结果	抗辩事由	反驳理由
95	(2014) 36号	2014/3/28	马国秋（内幕信息知情人陈某某研究生同学）	"ST宝龙"	马国秋非法获取内幕信息，控制其本人账户内幕交易"ST宝龙"股票	没收违法所得并处以一倍罚款	1. 非法获取内幕信息人；2. 交易行为不存在明显异常；3. 基于公开信息，符合一贯交易风格	1. 其是非法获取内幕信息人；2. 从公开渠道获知的并不是本案内幕信息；3. 交易行为明显异常
96	(2014) 37号	2014/3/28	陈珍芳（与内幕信息知情人陈某某为亲兄妹）	"ST宝龙"	陈珍芳通过听取陈某某工作电话非法获取内幕信息并控制"陈珍芳""郑某某"等三个账户在内幕信息敏感期内交易"ST宝龙"	罚款10万元	未提出抗辩	无
97	(2014) 38号	2014/4/28	范立义 钱继新 赵煜敏	"风范股份"	钱继新利用非法获知的内幕信息交易了"风范股份"股票；赵煜敏知悉内幕信息后利用"张某"账户和"张某华"账户累计买入"风范股份"；范立义知悉内幕信息后利用"曹某丰"账户，委托钱继新利用"某丹"账户累计买入"风范股份"	没收范立义违法所得195 622.02元，并处以391 244.04元罚款；没收钱继新违法所得59 417.31元，并处以59 417.31元罚款；没收赵煜敏违法所得224 470.85元，并处以448 951.70元罚款	未提出抗辩	无
98	(2014) 39号	2014/4/28	陆沈良（华星创业财务部主办会计）金刚（陆沈良朋友）	"华星创业"	陆沈良、金刚利用相关信息进行内幕交易，买卖"华星创业"股票	对陆沈良处以3万元罚款；没收金刚违法所得56 214.46元，并处以56 214.46元罚款	未提出抗辩	无

续表

序号	处罚案号	处罚时间	受处罚人	交易证券	处罚事由	处罚结果	抗辩事由	反驳理由
99	(2014)43号	2014/4/30	张世珍（内幕消息知情人陈某洪的朋友）	"ST冠福"	张世珍利用相关信息进行内幕交易，买卖"ST冠福"股票	没收张世珍违法所得293 770.41元，并处以587 540.82元罚款	1. 并未与内幕信息知情人交流内幕信息；2. 并未与内幕信息知情人对重组事项进行讨论	综合相关事实和证据，认定张世珍最晚于7月31日知悉内幕信息
100	(2014)44号	2014/4/30	郭艺声（山西当代董事）曲红军	"ST当代"	内幕信息知情人郭艺声向曲红军泄露了相关内幕信息，曲红军利用该信息买入"ST当代"	分别罚款10万元	《事先告知书》有关违法行为的认定及处理没有事实依据	本案证据充分，抗辩事由不成立
101	(2014)47号	2014/5/21	孔令敏（中介人）孔令强（孔令敏之弟）	"ST博元"	孔令敏知悉内幕信息并主动关心、刺探重组进程，孔令敏、孔令强共同实施了利用内幕信息交易"ST博元"	分别罚款30万元	未提出抗辩	无
102	(2014)48号	2014/5/21	王明华（ST博元董事）	"ST博元"	王明华利用内幕信息交易"ST博元"股票	罚款60万元	辩称自己非内幕信息知情人，既不知悉也未透露内幕信息	根据王明华身份、行为、相关证人证言认定其内幕交易的事实清楚，证据确凿
103	(2014)50号	2014/5/21	吴昌国（神剑股份财务总监）王敏雪（神剑股份董事、董事会秘书）王学良（神剑股份董事、副董事长）	"神剑股份"	吴昌国作为内幕信息知情人，在内幕信息公开前通过他人证券账户买卖"神剑股份"；王敏雪、王学良、吴昌国作为神剑股份的董事和高管，利用他人账户，在六个月内频繁交易"神剑股份"	对吴昌国给予警告，没收违法所得17 899.54元，并处以67 899.54元罚款；对王敏雪、王学良给予警告，并分别处以30 000元罚款	未提出抗辩	无

续表

序号	处罚案号	处罚时间	受处罚人	交易证券	处罚事由	处罚结果	抗辩事由	反驳理由
104	(2014)53号	2014/5/22	马少鹏（内幕信息知情人陈某锐朋友）	"嘉应制药"	马少鹏在内幕信息敏感期内利用本人及其配偶"陈某云"账户交易嘉应制药股票	没收马少鹏违法所得79 980.11元，并处以159 960.22元罚款	未提出抗辩	无
105	(2014)56号	2014/6/9	陈狄奇（德信丰益合伙人）姚锦聪（德信丰益合伙人）王仲鸣（德信丰益投资经理）陈述（德信丰益投资助理）	"ST甘化"	四人作为内幕信息知情人，在信息敏感期内买卖"ST甘化"股票	没收陈狄奇违法所得682 664.26元，并处以682 664.26元罚款；没收姚锦聪违法所得52 745元，并处以52 745元罚款；对王仲鸣处以3万元罚款；对陈述处以5万元罚款	姚锦聪提出：1.买卖股票属于误判；2.无获取不正当利益的蓄意	内幕交易的事实清楚，证据确凿，不采纳其抗辩事由
106	(2014)57号	2014/6/9	王舜夫（上海夫雄智能科技有限公司董事长）王顺林（德力西副总裁）	"ST甘化"	王顺林泄露内幕信息，王舜夫利用内幕信息买卖"ST甘化"股票	对王顺林处以10万元罚款；没收王舜夫内幕交易行为的违法所得5 852 827.34元，并处以1 774 202.64元罚款	王舜夫提出：1.买卖股票出于自己分析；2.买卖股票的四个账户中有三个为代理关系，应当区别对待	1.王舜夫的内幕交易特征明显；2.抗辩事由2有一定道理，但是不影响违法行为责任人的性质认定
107	(2014)58号	2014/6/9	陈汉（温州银行杭州分行副行长）	"ST甘化"	陈汉与内幕信息知情人联络知悉内幕信息并后异常交易"ST甘化"股票	没收陈汉违法所得572 506.16元，并处以572 506.16元罚款	1.与内幕信息知情人通话并非询问内幕信息；2.买卖股票出于个人判断；3.计算收益存在错误	陈汉与吴某某在沟通联系中获取并利用了内幕信息
108	(2014)59号	2014/6/9	张益武（江门市国资委企业管理科科长）李介苗（张益武配偶）李焕红（江门市国资委企业管理科副科长）	"ST甘化"	张益武、李介苗、李焕红利用内幕信息交易"ST甘化"股票	没收李介苗、张益武违法所得149 624.19元，并处以149 624.19元罚款。没收李焕红违法所得56 148.65元	张益武提出：未泄露内幕信息；诉讼时效已过。李介苗提出：不知内幕信息，未控制"林海彬"账户；诉讼	1.张益武、李介苗为夫妻关系，共同生活，财产共有，筹集资金从事交易"ST甘化"期间通讯联系密切；2.根据现有在案证据，

续表

序号	处罚案号	处罚时间	受处罚人	交易证券	处罚事由	处罚结果	抗辩事由	反驳理由
						元,并处以56 148.65元罚款	时效已过。李焕红提出:质疑证据的合法性与关联性	可以认定李焕红从事内幕交易,其申辩意见不予以采纳
109	(2014)60号	2014/6/20	吴银旺(华夏聚富研究总监)	"盛达矿业"	吴银旺知悉内幕信息后在内幕信息敏感期买卖"盛达矿业"股票	没收吴银旺违法所得4 466 037.26元,并处以4 466 037.26元罚款,罚没款共计8 932 074.52元	未提出抗辩	无
110	(2014)63号	2014/6/27	张明续	"梅泰诺"	在内幕信息敏感期内,张明续在交易梅泰诺股票前、后均与内幕信息知情人孟某进行过通话,后交易梅泰诺股票	罚款6万元	1. 孟某非内幕信息知情人;2. 孟某不知悉相关内幕信息	经复核,内幕交易证据充分,其抗辩事由证据不足,不予成立
111	(2014)64号	2014/6/27	吕燕(内幕信息知情人单某配偶)	"SST华新"	吕燕知悉内幕信息后实际控制使用"钱某兰""吕某"账户交易股票	责令吕燕依法处理非法持有的股票,没收违法所得2 422 814.35元,并处以100万元罚款	1. 不知悉内幕信息;2. 购买股票的资金也非大量;3. "吕某"账户转至深圳后,均由其妹吕某操作管理;4. 因至今无工作请求减轻处罚	1. 其最迟不晚于2012年8月15日知悉内幕信息;2. 交易时间点吻合且控制账户交易行为异常;3. 吕燕对"钱某兰"和"吕某"账户均为实际控制关系
112	(2014)66号	2014/6/27	李之多(内幕信息知情人曹某某的外甥)	"大立科技"	李之多知悉内幕信息后交易大立科技股票	罚款60万元	买卖股票行为凭借自身判断,与内幕信息知情人曹某某无关	经复核,内幕交易证据充分,其抗辩事由证据不足,不予成立

续表

序号	处罚案号	处罚时间	受处罚人	交易证券	处罚事由	处罚结果	抗辩事由	反驳理由
113	(2014) 72号	2014/8/12	王潍海(得利斯集团行政总监) 张庆兰(王潍海妻子) 郑东永	"得利斯"	王潍海、张庆兰、郑东永利用内幕信息交易得利斯股票	责令王潍海、张庆兰依法处理非法持有的得利斯股票,如有违法所得予以没收,并处以3万元罚款;对郑东永处以3万元罚款	未提出抗辩	无
114	(2014) 73号	2014/8/12	李弘(盐田港股份资产经营管理部员工以及下属物流中心负责人)	"盐田港"	李弘利用内幕信息买卖"盐田港"股票	没收李弘违法所得90 116.80元,并处以90 116.80元罚款	未提出抗辩	无
115	(2014) 74号	2014/8/13	向军(深圳市中科龙盛创业投资有限公司的员工) 赵兴(中科宏易的司机)	"三五互联"	向军、赵兴知悉内幕信息并在敏感期内买卖三五互联股票	均没收违法所得并处以一倍罚款	向军提出:经验丰富、研究能力强,符合一贯交易风格。赵兴提出:1.不知悉内幕消息;2.股票交易符合一贯风格	根据相关事实,提供的申辩理由不能就其交易行为作出合理说明,其提供的证据不能排除其利用内幕信息从事证券交易活动的可能性
116	(2014) 79号	2014/9/5	刘峰(中间人)	"新大新材"	利用内幕信息交易河南新大新材料股份有限公司股票	没收刘峰违法所得379 315.01元,并处以758 630.02元罚款	未提出抗辩	无
117	(2014) 80号	2014/9/19	杨晓春(地质大队总工程师) 倪宋燕(在地质大队工作) 徐永翔(参与矿区合作意向书的起草和修改工作) 余菲(康盛股份总经办文员) 方发达(康盛股份工作人员) 倪健康(康盛股份董事长)	"康盛股份"	六人均知悉内幕信息或非法获取内幕信息并利用内幕信息交易"康盛股份"	对倪宋燕处以42 341元罚款。责令徐永翔、余菲依法处理非法持有的股票,如有违法所得予以没收,并处以3万元罚款。对方发达处以59 884元罚款。责令倪健康依法处理非法持有的股票,如有违法所得予以没收,并处以10万元罚款	未提出抗辩	无

续表

序号	处罚案号	处罚时间	受处罚人	交易证券	处罚事由	处罚结果	抗辩事由	反驳理由
118	(2014)83号	2014/10/10	徐东波（新华锦集团和鲁锦集团副总裁）	"新华锦"	知悉内幕信息后利用内幕信息买卖"新华锦"股票	罚款5万元	未提出抗辩	无
119	(2014)87号	2014/10/22	鞠成立（梦龙软件的实际控制人）	"广联达"	鞠成立利用内幕信息交易"广联达"股票	没收鞠成立的违法所得681 749元，并处以681 749元罚款	未提出抗辩	无
120	(2014)90号	2014/10/29	贺小娟（内幕信息知情人王某渝的侄女儿）	"宏达新材"	贺小娟利用内幕信息交易"宏达新材"股票	罚款10万元	处罚书写明行为人未提出抗辩，但却在其中写明了抗辩事由：1.基于公开信息；2.独立分析判断；3.股票全部卖出，交易亏损	无
121	(2014)97号	2014/11/14	张彦（与内幕信息知情人韦某某是上下楼邻居）	"德豪润达"	张彦利用内幕信息交易"德豪润达"股票	没收张彦违法所得88 494.12元，并处以88 494.12元罚款	未提出抗辩	无
122	(2014)98号	2014/11/14	朱继华（内幕消息知情人韦某某与朱继华的母亲是同乡、朋友）	"德豪润达"	朱继华利用内幕信息交易"德豪润达"股票	没收朱继华违法所得197 148.71元，并处以197 148.71元罚款	未提出抗辩	无
123	(2014)100号	2014/12/2	蔡素晖（冠豪高新运营管理部经理）冯浚汉（蔡素晖配偶）	"冠豪高新"	蔡素晖、冯浚汉利用内幕信息交易"冠豪高新"股票	罚款5万元	未提出抗辩	无
124	(2014)101号	2014/12/2	薛峰（上海申威联合职员）	"ST珠峰"	薛峰利用内幕信息交易"ST珠峰"股票	没收薛峰违法所得374 351.44元，并处以374 351.44元罚款	虽然处罚书中写明当事人提出了陈述、申辩意见，但是没有看到抗辩的具体内容	薛峰证券交易活动与内幕信息基本吻合

续表

序号	处罚案号	处罚时间	受处罚人	交易证券	处罚事由	处罚结果	抗辩事由	反驳理由
125	(2014) 102号	2014/12/4	汪东（经纪人为内幕信息知情人陈某的配偶汪某）孔继东	"江苏宏宝"	汪东、孔继东利用内幕信息交易"江苏宏宝"股票	没收汪东违法所得147 020.15元，并处以147 020.15元罚款。对孔继东处以5万元罚款	未提出抗辩	无
126	(2015) 1号	2015/1/27	苏彩龙（和佳股份董事会秘书）梁准（农业银行珠海市湾仔支行行长）	"和佳股份"	苏彩龙在知悉内幕信息且该内幕信息未公开的情况下，建议梁准买入"和佳股份"，而梁准在明知苏彩龙和佳股份董秘身份的情况下，在内幕信息公开前、与苏彩龙联络之后交易了"和佳股份"	对苏彩龙处以10万元罚款；没收梁准违法所得141 246元，并处以282 492元罚款	未提出抗辩	无
127	(2015) 4号	2015/2/12	赵罡（中海油法律部综合处处长）	"潜能恒信"	赵罡利用职位和身份优势获取内幕信息，并在信息敏感期内买卖"潜能恒信"股票	没收赵罡违法所得651 365.55元，并处以651 365.55元的罚款	1. 本次交易符合个人交易习惯，不存在异常情况；2. 交易该股票是出于个人判断，对其前景有信心	1. 所主张的交易一致性的观点既无证据支持，也不足以解释其交易时间与内幕信息高度吻合的问题；2. 陈述自相矛盾
128	(2015) 5号	2015/3/17	白洋（内幕信息知情人金某磊的朋友）	"ST成霖"	白洋在内幕信息敏感期内与内幕信息知情人联络、接触，异常交易"ST成霖"股票	没收白洋违法所得261 669.23元，并处以261 669.23元的罚款	未提出抗辩	无
129	(2015) 8号	2015/4/13	齐建湘（湖南湘银投资有限公司法定代表人）	"时代新材"	齐建湘委托陈某某向季某某打探内幕信息，并在内幕信息公开前交易"时代新材"股票	罚款40万元	虽然处罚书中写明当事人提出了陈述、申辩意见，但是没有看到抗辩的具体内容	无

续表

序号	处罚案号	处罚时间	受处罚人	交易证券	处罚事由	处罚结果	抗辩事由	反驳理由
130	(2015) 13号	2015/6/15	章志坚、王叔丹	"中源协和"	章志坚知悉相关信息并交易"中源协和";王叔丹知悉相关信息并交易"中源协和"	分别罚款3万元	未提出抗辩	无
131	(2015) 16号	2015/7/13	李根(东兴证券研究所电力行业研究员)王艳强(恒顺电气财务总监兼董事会秘书)	"恒顺电气"	李根、王艳强泄露内幕信息,同时李根作为证券从业人员知悉内幕信息,违规买卖股票	责令李根依法处理非法持有的股票,并以45万元罚款;对王艳强处以30万元罚款	李根请求从轻处罚:1.积极配合调查;2.违法行为社会危害性小	提出的从轻或减轻处罚的请求没有法律依据
132	(2015) 17号	2015/7/13	杨君	"恒顺电气"	杨君知悉内幕信息并在该信息公开前买卖恒顺电气股票	罚款10万元	未提出抗辩	无
133	(2015) 18号	2015/7/13	方勇灵(福建勘设院院长)	"恒顺电气"	方勇灵知悉相关信息并交易恒顺电气股票	罚款3万元	未提出抗辩	无
134	(2015) 19号	2015/7/13	深圳市金中和投资管理有限公司 曾军(金中和CEO及投资总监)	"恒顺电气"	在内幕信息公开前,金中和所管理的相关信托账户买卖恒顺电气股票,曾军是直接负责的主管人员	没收金中和内幕交易期间违法所得840 184.59元,并处以2 520 553.77元罚款;对曾军给予警告,并处以30万元罚款	金中和公司提出:1.内幕交易的行为人是个人而非公司;2."违法所得"金额计算有误,其没有违法所得	1.曾军在公司有一定的地位和影响力;2.曾军所从事的投资行为未超出公司的授权范围;3.收益归公司;4.跟投所产生的收益也直接归公司所有
135	(2015) 29号	2015/8/18	魏德善(东源基金副总经理)	"齐星铁塔"	魏德善知悉内幕信息,并利用其控制的4个账户买卖"齐星铁塔"股票	没收魏德善违法所得238 746元,并处以238 746元罚款	1.积极配合调查;2.未与内幕信息知情人耿某交流内幕信息;3.符合交易习惯	1.账户全仓买入说明魏德善对内幕信息有一定确认;2.没有为其买卖"齐星铁塔"提供充分的、有说服力的解释

续表

序号	处罚案号	处罚时间	受处罚人	交易证券	处罚事由	处罚结果	抗辩事由	反驳理由
136	(2015) 30号	2015/9/7	吕建卫	"炬华科技"	在内幕信息敏感期内,吕建卫操作4个账户买入"炬华科技"股票,并于内幕信息公告后全部卖出	没收吕建卫违法所得1 090 802.81元,并处以1 090 802.81元罚款	虽然处罚书中写明当事人提出了陈述、申辩意见,但是没有看到抗辩的具体内容	无
137	(2016) 2号	2016/1/4	虞凌云	"合金投资"	俞某因工作关系获悉了内幕信息。从内幕信息形成至公开期间,虞凌云与俞某存在联络,内幕信息有传递至虞凌云的途径和可能。虞凌云在敏感期间交易了"合金投资",构成内幕交易行为	对虞凌云处以60万元罚款	无	无
138	(2016) 8号	2016/1/20	张海光	"任子行"	在内幕期间,张海光利用私人关系获得内幕信息,控制的2个账户,在"任子行"停牌之前合计买入225 796股	没收张海光内幕交易违法所得并处以7 525 435.08元罚款	1. 当事人买入"任子行"是依据自身判断做出的决定;2. 当事人从未与景某军交流过;3. 未进入实质操作阶段	1. 本案任子行并购项目在公开前构成内幕信息;2. 张海光的申辩不足以解释其交易时点与内幕信息进展及其与知情人联络高度吻合的异常情况
139	(2016) 9号	2016/1/20	黄芝颢	"世荣兆业"	世荣兆业董事长郑某涛将内幕信息告知黄芝颢,其将实际控制"黄芝颢""张某彬"和"黄某婷"3个证券账户交易"世荣兆业"	没收黄芝颢违法所得,并且处12 465 681.66元罚款	无	无

续表

序号	处罚案号	处罚时间	受处罚人	交易证券	处罚事由	处罚结果	抗辩事由	反驳理由
140	(2016) 11号	2016/1/12	陈悦婷	"华星化工"	陈悦婷为臧某军配偶,在内幕信息敏感期内,使用自有账户买入"华星化工" 60 000股,获利73 091.3元。陈悦婷在内幕信息敏感期内买入"华星化工"的资金占其资金总额的比例为50.5%,交易活动与本案内幕信息基本吻合,构成内幕交易	没收陈悦婷违法所得73 091.3元,并处以73 091.3元罚款。	无	无
141	(2016) 13号	2016/1/26	贾宏林(实际负责公司的定向增发和收购工作)	"亚太实业"	贾宏林实际负责公司的定向增发和收购工作,为内幕信息知情人,并且向周某鹏、张某军泄露内幕信息。内幕信息公开前,张某军妻子岳某微控制账户集中交易"亚太实业"	对贾宏林处以10万元罚款	1.只知悉整个重组情况的基本信息,对更深层次的信息不知情;2.未向周某鹏、张某军泄露内幕信息	1.贾宏林为核心内幕信息知情人;2.现有证据足以认定贾宏林向周某鹏、张某军泄露内幕信息
142	(2016) 15号	2016/1/26	岳子微	"亚太实业"	岳子微的丈夫张某军利用私人关系获取内幕信息,岳子微控制账户在内幕信息期间交易"亚太实业"	对张某军处以5万元罚款;没收岳子微违法所得,并处230 055.94元罚款	没有使用内幕信息,也没有与内幕信息知情人有联系	1.张某军和贾某林存在同学、旧同事关系;2.内幕信息知情人联系时间点与岳子微控制账户交易"亚太实业"时点高度吻合,账户资金变化情况与内幕信息形成及公开过程高度吻合

续表

序号	处罚案号	处罚时间	受处罚人	交易证券	处罚事由	处罚结果	抗辩事由	反驳理由
143	(2016) 16号	2016/1/26	姚军	"亚太实业"	在内幕期间,姚军利用私人关系获得内幕信息,控制的2个账户,在"亚太实业"停牌之前买入	没收姚军违法所得并处以1 452 092.56元罚款	无	无
144	(2016) 17号	2016/1/26	张兆祯	"亚太实业"	张兆祯通过熟人关系获取内幕信息,并在内幕信息敏感期间内交易涉案股票	没收张兆祯违法所得100 826.49元,并处以100 826.49元罚款	无	无
145	(2016) 18号	2016/1/29	王智元	"佐力药业"	王智元通过私人关系,在内幕信息形成到公开期间交易"佐力药业"股票	没收王智元违法所得并处以4 786 878.78元罚款	无	无
146	(2016) 24号	2016/3/3	王靖	"黑化股份"	王靖利用亲属关系,在敏感期内将"何某昔"账户全部卖出之前持有的"华兰生物",并大举买入"黑化股份"	没收王靖违法所得,并处以1 662 256.82元罚款	无	无
147	(2016) 27号	2016/3/17	李彩霞(为浙江骏耀等付某朝所控股公司的兼职会计)	"新潮实业"	李彩霞为浙江骏耀等付某朝所控股公司的兼职会计,从付某朝处非法获取内幕信息,在内幕交易期间账户交易"新潮实业"	没收李彩霞内幕交易违法所得并处以4 365 528.32元罚款	1. 证监会内幕时间计算错误;2. 当事人独立判断	1. 当事人对内幕时间的抗辩不能成立;2. 当事人行为能够与内幕信息事项的进展情况及他人询问笔录相印证,可以认定其非法获取了内幕信息

续表

序号	处罚案号	处罚时间	受处罚人	交易证券	处罚事由	处罚结果	抗辩事由	反驳理由
148	(2016) 28号	2016/3/21	刘如宝	"中钢吉炭"	刘如宝使用控制的本人和他人账户在内幕信息期间持续买入"中钢吉炭",累计买入2 551 995股	没收刘如宝违法所得并处以2 925 456.28元罚款	1. 刘如宝没有利用私人关系获取内幕信息;2. 刘如宝根据市场公开信息交易涉案股票;3. 刘如宝交易涉案股票的盈利数据计算有误	1. 刘如宝与内幕信息知情人相识多年,关系较为密切;2. 刘如宝在内幕信息期间集中交易;3. 盈利数额计算正确
149	(2016) 29号	2016/3/21	邵东平	"中钢吉炭"	邵东通过私人关系知晓内幕信息,利用4个证券账户交易"中钢吉炭"在内幕信息公布后卖出	没收邵东平违法所得,并处以784 674.16元罚款	1. 邵东平没有通过私人关系获得内幕信息;2. 邵东平系根据技术分析和个股公开披露信息独立研判、操作股票	1. 邵东平与吴某某是长期的丝带关系;2. 邵东平与吴某某在内幕信息期间交流频繁且交易行为异常
150	(2016) 30号	2016/3/21	李云岗(内幕会议参与者)	"中电广通"	李云岗利用职务便利获取内幕信息,并在敏感期间交易"中电广通"	决定处以5万元罚款	无	无
151	(2016) 31号	2016/3/21	谢庆华(为华大智宝关联企业中电控股总经理)	"中电广通"	谢庆华利用职务便利获取内幕信息,在内幕信息敏感期间交易"中电广通"	没收谢庆华违法所得并处以64 140.28元罚款	1. 内幕时间计算错误;2. 不存在利用内幕信息的情况;3. 个人分析行为;4. 交易行为并不异常	1. 内幕信息时间计算正确;2. 其交易"中电广通"的时间与内幕信息知情人联络的时间高度吻合,交易行为异常

续表

序号	处罚案号	处罚时间	受处罚人	交易证券	处罚事由	处罚结果	抗辩事由	反驳理由
152	(2016)33号	2016/3/31	上海金力方股权投资合伙企业 朱德洪 李世雷	"宏达新材"	朱德洪将内幕信息告诉李世雷在内幕信息敏感期间交易"宏达新材"	对上海金力方处以10万元罚款；对朱德洪处以60万元罚款；对李世雷给予警告，并处以5万元罚款	1. 宏达新材2014年11月17日公告的关于城市之光业绩重大变化的信息没有涉及重大投资行为，也没有涉及重大的购置财产的决定，不属于《证券法》规定的内幕信息；2. 宏达新材是于2014年10月下旬才获得城市之光相关财务报告的，因此，内幕信息敏感期应该始于2014年10月下旬；3. 2014年9月，李世雷与朱德洪的通话内容是城市之光收购估值下降的原因，此信息已于6月公开，不属于内幕信息；4. 其系宏达新材的长期股东，是此事件的受害者	1. 收购城市之光作为宏达新材2014年重大投资行为及重要战略转型的关键举措，城市之光原股权价值评估所依据的业绩条件发生变化，是重大投资行为的进展情况，系《证券法》第六十七条第二款第（二）项规定的内幕信息；2. 上海金力方在大幅减持"宏达新材"，只剩余200万股后，陆续买入了600万股，因此并非如其陈述是长期持有"宏达新材"。李世雷于内幕信息形成后，与朱德洪有密切的联系，且二人承认李世雷多次向朱德洪求证相关内幕信息的真实性。上海金力方随后卖出了"宏达新材"

附表 2004-2020年内幕交易行政处罚书

续表

序号	处罚案号	处罚时间	受处罚人	交易证券	处罚事由	处罚结果	抗辩事由	反驳理由
153	(2016)35号	2016/4/14	李正雪（粤宏远前董事会秘书、作为参与重组的中间介绍人）	"粤宏远A"	李正雪使用"柳某飞""周某光"等账户在内幕信息敏感期间交易"粤宏远A"	决定对李正雪处以60万元罚款	1. 证监会计算内幕信息时间错误；2. 对其本人而言不存在内幕信息，更不知悉内幕信息；3. 个人交易习惯而选择交易"粤宏远A"；4. 积极配合调查	1. 内幕信息时间计算正确；2. 李正雪不知悉内幕信息的抗辩不采纳
154	(2016)36号	2016/4/14	王强彬	"粤宏远A"	王强彬作为与知悉粤宏远非公开发行股票购买资产信息的人员，在内幕信息敏感期内大量买入"粤宏远A"，交易行为明显异常	对王强彬处以40万元罚款	1. 证监会对内幕交易时间认定错误；2. 证监会证据不足；3. 交易是综合分析判断	1. 王强彬与王某东关系密切，内幕信息敏感期内账户交易异常，认定其内幕交易成立；2. 综合分析判断的主张不采纳
155	(2016)37号	2016/4/18	杨剑波	"ST国通"	杨剑波利用私人关系在内幕信息敏感期内，利用4个账户交易"ST国通"	对杨剑波处以30万元的罚款	1. 其于内幕信息敏感期前已关注"ST国通"；2. 利用公开信息；3. 没有利用内幕信息且公安机关已经撤案	1. 杨剑波之前的关注和本案没有关系；2. 当事人利用公开信息进行交易的说法前后不一；3. 与内幕人员联系频繁；4. 交易行为异常，本案与司法机关处理无关

续表

序号	处罚案号	处罚时间	受处罚人	交易证券	处罚事由	处罚结果	抗辩事由	反驳理由
156	(2016) 38号	2016/4/18	唐政斌	"汇通能源"	在内幕信息形成后至"汇通能源"复牌前后，唐政斌与内幕信息知情人郑某昌联系密切，且转入大笔资金利用4个账户集中买入股票。重组未成功复牌后，唐政斌即卖出全部股票，资金转回唐政斌账户，交易目的明确。唐政斌利用的4个账户的资金变化和买卖股票的时间与内幕信息的形成、变化和公开时间基本一致，买卖股票的时间与郑某昌的联络时间也基本一致，存在明显异常	没收唐政斌违法所得633 496元，并处以633 496元罚款	唐政斌提出其秉承长期投资和价值投资的理念，长期持续买入"汇通能源"并长期持有，并不是突然买入	距唐政斌控制的账户最后一次买入股票（2014年5月15日）至开始卖出股票（7月7日），其仅持有股票不到2个月，若扣除停牌期，其仅持有7个交易日，不符合其长期投资和价值投资的理念
157	(2016) 43号	2016/4/25	朱岩（系华晨集团资本运营部部长）	"申华控股"	朱岩利用职务之便获取内幕信息，在内幕信息期间交易"申华控股"	没收朱岩违法所得并处以10万元罚款	1. 朱岩主张对内幕信息不知情；2. 其交易"申华控股"是基于对申华控股股价长期走势看好	1. 有证据证明朱岩对内幕信息知情；2. 朱岩的交易行为明显异常
158	(2016) 44号	2016/4/25	徐英（为华晨集团办公室主任）	"申华控股"	徐英为华晨集团办公室主任，其在内幕信息敏感期内与内幕信息知情人联系，利用"包某峰"账户在内幕信息期间交易"申华控股"	对徐英处以5万元罚款	1. 其未参与申华控股内幕信息的形成过程；2. 其购买"申华控股"是出于自己的判断	1. 徐英利用职务便利获取内幕信息；2. 徐英控制"包某峰"账户的交易明显异常

续表

序号	处罚案号	处罚时间	受处罚人	交易证券	处罚事由	处罚结果	抗辩事由	反驳理由
159	(2016)45号	2016/4/25	孟庆虹	"申华控股"	孟庆虹通过私人关系获得内幕信息，然后利用交易账户买入"申华控股"盈利2 412 194.23元	没收孟庆虹违法所得，并处以2 412 194.23元罚款	无	无
160	(2016)46号	2016/4/25	李俊	"申华控股"	李俊与内幕信息人员杨某毅存在联络、接触，并使用其本人证券账户交易了"申华控股"，构成内幕交易	对李俊处以5万元罚款	无	无
161	(2016)47号	2016/4/25	夏雪（主要负责平潭发展与振兴医院的沟通工作）	"平潭发展"	夏雪利用职务之便获取内幕信息，在内幕信息敏感期间交易"平潭发展"	没收违法所得并处以6 202 885.53元罚款	1.内幕信息认定不正确；2.没有在内幕期间进行交易；3个人看好；4.危害性轻微	1.内幕信息认定正确且时间认定正确；2.具体交易时间的抗辩予以采纳；3.当事人利用了内幕信息；4.当事人获利巨大
162	(2016)48号	2016/4/25	石乃珊	"平潭发展"	石乃珊通过私人关系获取内幕信息，在敏感期间内内幕信息知情人石乃珊大量买入"平潭发展"，获利巨大，交易行为明显异常	没收石乃珊违法所得并处以6 126 480.33元罚款	1.利用了公开信息进行交易；2.石乃珊事先不知情求是通过自己的独立分析；3.情节轻微，社会影响比较小	1.内幕时间计算正确；2.石乃珊为法定内幕信息知情人；3.违法所得计算错误
163	(2016)49号	2016/4/25	刘峰（"美丽乡村"项目的参与人和咨询顾问）	"平潭发展"	刘峰作为项目的参与人和咨询顾问，具有知悉内幕信息的便利条件，并且在内幕信息期间交易"平潭发展"	没收刘峰违法所得，并处以2 404 978.59元罚款	1.刘峰交易"平潭发展"是基于看好平潭发展的前景；2.关于刘峰内幕交易违法所得的计算有误；3.刘峰	1.刘峰在内幕信息敏感期内与平潭发展董事长刘某山联系密切，交易明显异常；2.刘峰违法所得并无不当；3.刘峰获利

续表

序号	处罚案号	处罚时间	受处罚人	交易证券	处罚事由	处罚结果	抗辩事由	反驳理由
							不具严重违法情节，危害性轻微，拟对刘峰进行的处罚过重	巨大，处罚在法定幅度之内
164	(2016) 50号	2016/4/25	陈勇（作为项目营销顾问）	"平潭发展"	陈勇利用职务便利在内幕信息之前，买入"平潭发展"并且在信息公开之后卖出	没收陈勇违法所得，并处以205 464.48元罚款	1. 其所利用信息不属于内幕信息；2. 属于看好公司发展；3. 违法所得计算错误；4. 不具严重违法情节，危害性轻微，配合调查	1. 陈勇利用的属于内幕信息；2. 在内幕信息期间集中买入；3. 违法所及计算没有不当；4. 获利巨大，社会危害性较大
165	(2016) 52号	2016/4/25	潘荣伟	"炬华科技"	潘荣伟利用他人账户在内幕信息敏感期内累计买入"炬华科技"32 500股，成交金额2 137 157.50元，成交均价65.76元，并于3月5日全部卖出	1. 没收潘荣伟内幕交易违法所得并处以427 388.25元罚款；2. 对潘荣伟违法买卖、持有股票行为处411 494.61元罚款	1. 对其违规买卖股票行为量罚过重；2. 其在调查期间未进行内幕交易；3. 其能够积极配合调查	当事人未提出新的有证明力的证据和理由，其陈述申辩不足以推翻我会对于潘荣伟内幕交易"炬华科技"行为的认定
166	(2016) 53号	2016/4/26	叶书	"威华股份"	叶书利用私人关系获取内幕信息，在内幕信息期间交易"威华股份"	没收叶书违法所得并处以1 375 593.58元罚款	无	无
167	(2016) 54号	2016/4/26	张为杰（曾经担任威华股份董事）	"威华股份"	张为杰在内幕信息公开前与李某明（时任华威股份总经理）利用本人和张某红的账户交易"威华股份"	没收张为杰违法所得并处以756 426.2元罚款	1. 涉案交易前不知悉涉案内幕信息；2. 其所利用信息与涉案内幕信息无关；3. 一直都很看好"威华股份"	张为杰涉案交易时点与内幕信息知情人李某明联系时点及内幕信息进展情况高度吻合，交易行为明显异常

附表 2004-2020 年内幕交易行政处罚书

续表

序号	处罚案号	处罚时间	受处罚人	交易证券	处罚事由	处罚结果	抗辩事由	反驳理由
168	(2016) 55号	2016/4/26	黄超明（广东威华集团有限公司的子公司总经理）	"威华股份"	黄超明利用职务便利知悉内幕信息并交易"威华股份"	没收黄超明违法所得，并处以212 572.3元罚款。	对公司情况比较了解，更换了经营团队以后，公司对利润有了承包锁定目标，对"威华股份"的前景比较看好	黄超明在内幕信息公开前与内幕信息知情人员李某明联络、接触，相关交易行为明显异常，且其没有提供充分、有说服力的理由
169	(2016) 56号	2016/4/26	苏嘉鸿	"威华股份"	苏嘉鸿通过工作关系获得内幕信息，并且在敏感期间内大量交易"威华股份"	违法所得，并处65 376 232.64元罚款	1. 苏嘉鸿认为威华股份所注入铜矿的行为不属于内幕信息；2. 苏嘉鸿和殷某国没有进行内幕信息交流，且殷某国不属于内幕信息知情人；3. 利用的是公开信息	1. 资产注入事项构成内幕信息；2. 该事项具备内幕信息的特征；3. 殷某国是内幕信息知情人且与苏嘉鸿密切接触
170	(2016) 63号	2016/5/19	卫强（龙显光电总经理）	"胜利精密"	卫强系龙显光电总经理，参与胜利精密与龙显光电的收购洽谈，在内幕信息敏感期内，使用本人账户买入"胜利精密"80 100股	没收卫强违法所得，并以129 467.44元罚款	1. 证监会计算知悉内幕信息的时间有误；2. 告知书认定的内幕交易的事实不存在	1. 卫强亲自参与收购，其不知情的申辩不成立；2. 卫强8月14日的交易符合内幕交易特征
171	(2016) 64号	2016/5/19	李文龙[苏州日亚吴中国发创业投资企业（有限合伙）、智诚光学股东之一及负责人]	"胜利精密"	李文龙在内幕信息敏感期内，使用其配偶账户买入"胜利精密"80 000股，亏损98 605元	对李文龙处以10万元罚款	无	无

续表

序号	处罚案号	处罚时间	受处罚人	交易证券	处罚事由	处罚结果	抗辩事由	反驳理由
172	(2016) 65号	2016/5/19	欧阳俊东	"胜利精密"	欧阳俊东利用4个账户在内幕信息敏感期间交易账户买入"胜利精密"4 389 098股,成交金额38 856 910.35元,获利7 172 025.66元	没收欧阳俊东违法所得,并处7 172 025.66元罚款	无	无
173	(2016) 66号	2016/5/19	陆小萍(为胜利精密董事陈某良配偶)	"胜利精密"	陆小萍通过丈夫为胜利精密董事,获得内幕信息,在内幕信息敏感期内,使用"王某勇"账户买入"胜利精密"	没收陆小萍违法所得,并处以1 325 090.32元罚款	无	无
174	(2016) 67号	2016/5/19	张琴	"胜利精密"	张琴与袁某超关系密切,在内幕信息敏感期内,在9月买入"胜利精密"前转入1 097 000元资金,且买入时点与王某仓、袁某超通话时点一致,其交易活动与本案内幕信息高度吻合	对张琴处以10万元罚款	无	无
175	(2016) 72号	2016/5/30	史波沈延军	"理工监测"	史波在内幕信息敏感期与内幕信息知情人沈延军有通话联系并见面,并在敏感期间交易"理工监测"	1. 没收史波违法所得181 873.57元,并处以363 747.14元罚款;2. 对沈延军处以10万元罚款	无	无

续表

序号	处罚案号	处罚时间	受处罚人	交易证券	处罚事由	处罚结果	抗辩事由	反驳理由
176	(2016) 74号	2016/5/30	申启永	"绵世股份"	申启永通过私人关系使用本人的账户开始大量买入"绵世股份"	没收申启永违法所得并处11 200 477.17元罚款	1. 申启永不知道内幕信息；2. 申启永的买入行为有正当理由；3. 交易股数和获利金额计算错误	1. 申启永买入行为和内幕信息高度吻合，交易显异常；2. 交易股数和金额计算正确
177	(2016) 78号	2016/6/20	吴伟钢（武汉利德财务总监）蒋明 杨曲凭	"楚天高速"	吴伟钢、蒋明、杨曲凭利用内幕交易在内幕信息期间交易"楚天高速"	1. 没收吴伟钢违法所得并处62 140.31元罚款；2. 没收蒋明、杨曲凭违法所得并处128 351元罚款	无	无
178	(2016) 79号	2016/6/22	颜玲明	"利欧股份"	颜玲明利用私人关系获取内幕信息，并且在内幕信息敏感期间交易"利欧股份"	没收颜玲明违法所得并处13 651 538.43元罚款	1. 对其内幕交易定性和数量的认定有欠妥当；2. 没有知悉和利用内幕信息；3. 用于买卖股票账户的持有人互为亲戚关系；4. 与内幕信息的时间点不吻合；5. 交易行为并不异常	1. 当事人对交易异常行为不能做出合理解释；2. 现有证据能够证明颜玲明控制涉案7个账户进行交易；3. 内幕信息公开前反向交易的获利均应认定为违法所得
179	(2016) 80号	2016/6/22	朱彬元	"坚瑞消防"	朱彬元利用亲属关系获取内幕信息，并且在内幕信息敏感期间交易"坚瑞消防"	没收朱彬元违法所得并处468 707.32元罚款	1. 本案中并购并不属于内幕信息；2. 朱彬元未获知任何内幕信息；3. 朱彬元未委托他人交易	1. 当事人有关内幕信息及内幕信息知情人的申辩不成立；2. 根据案情、涉案人的关系、行为可以认定朱彬元从事了内幕交易

续表

序号	处罚案号	处罚时间	受处罚人	交易证券	处罚事由	处罚结果	抗辩事由	反驳理由
180	（2016）85号	2016/7/12	刘丹	"华升股份"	来某与刘丹通话联络后，刘丹用本人账户在内幕信息期间交易"华升股份"	没收刘丹违法所得，并处以136 148.75元罚款	1. 刘丹是基于自己的分析和判断，交易手法符合其交易习惯；2. 我会处罚认定逻辑不成立，缺乏事实论证；3. 我会认定其构成内幕交易缺乏证据	1. 刘丹的交易时间和内幕信息时间点高度吻合；2. 刘丹的交易行为异常；3. 刘丹的交易行为与内幕的时间点；4. 本案内幕信息源于大智慧换股收购湘财证券，是一揽子计划
181	（2016）86号	2016/7/12	罗向阳（东方铁塔项目顾问）罗杨颖	"东方铁塔" "黄河旋风"	罗向阳、罗杨颖内幕信息公开前，利用实际控制证券账户交易"东方铁塔"和"黄河旋风"，分别亏损126 043.03元和获利446 920.26元	没收罗向阳、罗杨颖违法所得并对罗向阳、罗杨颖处以2 540 760.78元罚款	1. 证券账户处分、收益权均不属于罗向阳；2. 当事人没有通过内幕交易获利的意愿；3. 内幕交易均不符合专业人士的投资逻辑；4. 当事人罗向阳、罗杨颖均未参与股票买卖；5. 证监会认定的内幕信息传递路径事实不清；6. 当事人对社会危害极小	1. 由此取得的投资收益由罗向阳、罗杨颖兄弟两人共同享有；2. 三次交易的交易时点均与内幕信息的形成、发展高度吻合；3. 罗向阳基于职务身份及参与的相关业务活动，知悉相关内幕信息

续表

序号	处罚案号	处罚时间	受处罚人	交易证券	处罚事由	处罚结果	抗辩事由	反驳理由
182	(2016) 95号	2016/8/2	满善平（康贝石油的董事长）孙立明 宋君燕 刘树芬 李亮	"宝莫股份"	孙立明接受满善平、宋君燕、刘树芬、李亮等知悉或非法获取内幕信息人员的委托在内幕信息期间交易"宝莫股份"	1. 没收被处罚人非法所得；2. 对满善平处以992 609.88元罚款，同时对其泄露内幕信息并建议他人买卖相关证券的行为处以10万元罚款；3. 对孙立明处以3 384 985.23元罚款；4. 对宋君燕并处以148 793.49元罚款；5. 对刘树芬处171 684.81元罚款；6. 对李亮处228 913.05元罚款	1. 宝莫股份相关公告在公告前不属于内幕信息，且内幕信息时间计算错误；2. 内幕信息获取符合法定条件；3. 当事人行为危害不大；4. 当事人对"宝莫股份"长期关注不是使用内幕信息	1. 内幕信息的形成时间计算正确；2. 我会认定内幕信息形成的证据并非域外获取的证据；3. 本案当事人违法所得采用实际获利金额计算并无不妥；4. 孙立明提出的长期关注、政策利好等交易理由，不足以解释交易行为异常
183	(2016) 96号	2016/8/2	马祥峰（长安集团监事、股东宝莫股份控股股东）	"宝莫股份"	在内幕信息公开前，马祥峰与内幕信息知情人电话联系40余次，马祥峰实际控制并使用账户组交易"宝莫股份"	没收违法所得，并处以47 638 280.58元罚款	1. 本人未作为监事履行职责，也未依靠监事的身份打听、刺探内幕信息；2. 其交易行为并不符合内幕交易的特征	1. 马祥逢利用职务便利获取内幕信息；2. 马祥峰利用已公开的利好信息及个人综合分析判断的抗辩与其行为相反
184	(2016) 97号	2016/8/2	高扬瑜（林芝华商通的实际控制人）	"辽宁成大"	高扬瑜知悉内幕信息，交易"辽宁成大"	没收高扬瑜违法所得，并处以308 849.22元罚款	1. 不知悉内幕信息；2. 独立交易行为；3. 涉案账户的交易行为并不异常	根据李某珍供述不采信高扬瑜的不知情理由，根据其行为不能解释交易异常性

续表

序号	处罚案号	处罚时间	受处罚人	交易证券	处罚事由	处罚结果	抗辩事由	反驳理由
185	(2016)98号	2016/8/16	谢喧（为博云新材和伟徽新材的共同股东高创投的总经理）	"博云新材"	谢喧为博云新材总经理，为法定内幕信息知情人，其利用"金某雪"账户在敏感期间交易过"博云新材"	没收谢喧违法所得并处以1 432 335.48元罚款	1. 内幕时间计算错误；2. 谢喧不掌握内幕信息；3. 交易账户与内幕时间不匹配；4. 配合调查，请求减免处罚	1. 内幕时间计算正确；2. 根据证据谢喧利用了内幕信息；3. 交易"博云新材"的时点与谢喧与李某捷通讯联系时点以及内幕信息发展情况高度吻合
186	(2016)99号	2016/8/16	李文捷	"博云新材"	李文捷利用私人关系获取内幕信息，且利用"陈某祥"和"顾某蕙"账户于此期间交易"博云新材"	没收违法所得并处罚款6 514 075.65元	1. 李文捷没有获取内幕信息且没有利用内幕信息进行交易；2. 李文捷对使用他人账户进行交易并不知情；3. 存在私下接受客户委托买卖证券的违规行为，但不存在内幕交易	1. 该案内幕信息认定准确；2. 通过谢某和他人的通讯记录内幕信息认定正确；3. 李文捷的交易行为与内幕信息知情人谢某的联络以及内幕信息发展情况高度吻合
187	(2016)101号	2016/8/16	周继和	"江泉实业"	周继和利用内幕信息控制3个涉案账户买入"江泉实业"	对周继和没收违法所得并处12 640 120.03元罚款	1. 周继和已经进入刑事侦查，行政机关不应介入；2. 对证监会证据合法性提出异议	1. 张某业系内幕信息知情人；2. 周继和确曾与张某业频繁联系，并获知江泉实业有重组预期
188	(2016)103号	2016/8/18	北京市大地科技实业总公司于洋（大地总公司董事长）	"三聚环保"	于洋作为大地科技董事长，知悉内幕信息，利用公司资金，利用他人交易账户信息，在内幕期间交易"三聚环保"	对大地总公司非法利用他人账户交易股票行为责令改正，没收违法所得并处以15 827 329.22元罚款；对于洋给予警告，并处以3万元罚款	无	无

附表 2004—2020年内幕交易行政处罚书

续表

序号	处罚案号	处罚时间	受处罚人	交易证券	处罚事由	处罚结果	抗辩事由	反驳理由
189	(2017)5号	2017/1/9	刘晓忠 吴福利	"唐山港"	吴福利向刘晓忠泄露了内幕信息，刘晓忠在内幕期间累计交易"唐山港"31.39万股	1. 责令刘晓忠依法处理非法持有的证券，并处以15万元罚款；2. 对吴福利处以10万元罚款	1. 内幕信息形成时间错误；2. 吴福利不是内幕信息知情人，且有公开信息；3. 刘晓忠没有进行内幕交易，早已持续关注	1. 当事人对内幕信息错误的抗辩不成立；2. 吴福利参加了此次会议，是法定内幕信息知情人；3. 吴福利泄露了内幕信息确凿；4. 当事人行为符合内幕交易的一般特征，独立分析理由不成立
190	(2017)7号	2017/1/9	徐玉锁（远望谷实际控制人）	"远望谷"	徐玉锁为法定内幕信息知情人，在内幕信息期间交易"远望谷"250 000股	对徐玉锁内幕交易行为没收违法所得，并处以16 273 391.79元罚款；对徐玉锁两次短线交易行为，给予警告，并处以20万元罚款	1. 内幕信息为利空信息，无法达到牟利的目的；2. 未控制使用"廖某松"账户；3. "廖某松"账户由其个人自主使用；4. 本案认定的非法获利数额未扣除	1. 本案所涉内幕信息属于利好信息；2. "廖某松"账户开户时间与本案无关；3. 违法所得的计算正确；4. "廖某松"账户交易是由本人所为理由不成立
191	(2017)8号	2017/1/9	宋常	"国发股票""京能置业""神雾环保""盛运股份"	宋常利用私人关系获取内幕信息，并且在内幕信息期间交易"盛运股份""国发股票""京能置业""神雾环保"	对宋常给予警告，合计处以50万元罚款；对宋常内幕交易行为处以60万元罚款	1. 证监会内幕信息计算错误；2. 与内幕人员不存在往来；3. 基于自己的独立分析判断；4. 申请减轻对短线交易的处罚力度	1. 内幕信息期间计算正确；2. 敏感期间对内幕人员联系密切；3. 对独立分析进行交易的抗辩不能完全解释；4. 多次短线交易情节恶劣
192	(2017)9号	2017/1/6	戴国均	"文峰股份"	戴国均利用工作关系获取内幕信息，并且在内幕信息期间交易"文峰股份"	没收戴国均违法所得，并处以517 946.70元罚款	1. 与内幕人员的联系没有涉及内幕信息；2. 符合个人的交易习惯；3 自	戴国均与内幕人员关系密切，且联络频繁，其交易活动与内幕信息高度吻合

续表

序号	处罚案号	处罚时间	受处罚人	交易证券	处罚事由	处罚结果	抗辩事由	反驳理由
								已独立分析买入此股票
193	(2017)10号	2017/1/20	杨怀进 周宜可 张永欣	"海润光伏"	杨怀进、周宜可、张永欣利用内幕信息在内幕期间交易"海润光伏"	对杨怀进、周宜可、张永欣分别处以60万元罚款	杨怀进提出：主观上没有利用内幕信息的故意和动机。周宜可提出：1. 为创业资金需要；2. 巧合；3. 已经提前报备。张永欣提出：1. 出于生活需要；2. 没有利用内幕信息的动机；3. 巧合	1. 主观上仍存在减持避损的故意；2. 交易动机不影响内幕信息的认定；3. 已经充分考虑当事人配合调查
194	(2017)11号	2017/1/20	江阴市九润管业有限公司 任向东（是海润光伏原第二大股东九润管业派驻海润光伏的董事和九润管业的法定代表人、实际控制人）	"海润光伏"	九润管业及任向东是法定内幕信息知情人，九润管业在知悉内幕信息后，内幕信息公开前，减持"海润光伏"避免亏损	1. 没收九润管业内幕交易违法所得，并处以6 194.07万元罚款；对其直接负责的主管人员任向东，给予警告，并处以30万元罚款；2. 对任向东处以60万元罚款	1. 当事人没有利用内幕信息且没有利用的故意；2. 当事人交易"海润光伏"是出自个人分析判断	1. 当事人是法定的内幕信息知情人且有利用内幕信息的故意；2. 当事人独自分析判断的抗辩理由不成立
195	(2017)12号	2017/2/3	蔡哲民	"山东路桥"	蔡哲民利用工作关系获取内幕信息，并且在内幕信息期间交易"山东路桥"	没收蔡哲民违法所得并处以10 844 675.10元的罚款	1. 基于自己的独立分析判断；2. 与内幕人员接触是基于工作的需要；3. 自己交易行为正常；4. 没有利用任何内幕信息	1. 其交易时间与内幕人员联系时间一致；2. 蔡哲民使用的"马某进"账户交易行为明显异常；3. 内幕信息关键时点，集中交易股票的行为异常

续表

序号	处罚案号	处罚时间	受处罚人	交易证券	处罚事由	处罚结果	抗辩事由	反驳理由
196	(2017)15号	2017/2/3	单贵利	"益盛药业"	单贵利利用亲属关系获取内幕信息，在内幕信息敏感期间进行内幕交易	没收违法所得并处以955 094.79元罚款	无	无
197	(2017)16号	2017/2/3	李冬梅	"益盛药业"	李冬梅与内幕信息知情人王某关系密切，且在内幕信息公开前频繁联络。内幕信息公开前，李冬梅买入"益盛药业"	没收李冬梅违法所得并处以887 223.84元罚款	无	无
198	(2017)17号	2017/2/3	李铁军	"益盛药业"	李铁军与内幕信息知情人王某关系密切，且在内幕信息公开前频繁联络。内幕信息公开前，王铁军买入"益盛药业"	没收李铁军违法所得4 445 560.7元，并处以罚款13 336 682.1元	无	无
199	(2017)26号	2017/3/13	叶仁敏	"亿阳信通"	叶仁敏利用亲属关系获取内幕信息，并且在内幕交易期间交易"亿阳信通"	没收叶仁敏违法所得并处以290 509.29元的罚款	无	无
200	(2017)28号	2017/3/21	沈忱（时任中国移动网络部无线优化处处长）	"世纪鼎利"	沈忱利用工作关系获取内幕信息，并且在内幕信息期间交易"世纪鼎利"	对沈忱没收违法所得并处以531 542.49元罚款	1. 其交易是利用基于行业判断和公开信息；2. 其与内幕人员的联系不涉及内幕信息；3. 资金划转和交易行为并不异常；4. 没有采取任何逃避监	1. 当事人交易行为异常且无法解释；2. 当事人与内幕人员交易不涉及内幕信息的抗辩不成立；3. 当事人的交易与和内幕人员的联系时间高度吻合

续表

序号	处罚案号	处罚时间	受处罚人	交易证券	处罚事由	处罚结果	抗辩事由	反驳理由
								管的行为；5. 其交易行为与常识不符；6. 不构成内幕交易
201	(2017) 36号	2017/4/25	余伟业	"彩虹精化"	余伟业与内幕信息知情人陈某弟关系密切，内幕信息公开前，两人联络频繁，"余伟业"账户买入、卖出彩虹精化股票的时点与内幕信息的形成、变化和公开时间高度一致，交易行为明显异常	没收余伟业内幕交易违法所得2 518 713.05元，并处以7 556 139.15元罚款。	余伟业买入股票是根据公开信息、对国家政策的理解，以及对陈某弟和彩虹精化管理层的信任等，是合法的投资行为	自2014年2月11日彩虹精化公告成立子公司进军光伏产业以来，彩虹精化多次公告最新动向，在"余伟业"账户11月12日买入股票前的9个月期间内累计公告20次，但当事人并未及时买入彩虹精化股票。11月10日余伟业与陈某弟联系后，11月12日调入资金并几乎全部用于买入彩虹精化股票，复牌后全部卖出。当事人关于基于公开信息和对管理层信任等买入彩虹精化股票的申辩理由，不足以解释其交易行为的异常性
202	(2017) 59号	2017/5/31	刘国武（全程参与合同谈判）	"北部湾旅"	内幕信息知情人刘国武利用本人证券账户在内幕信息敏感期内交易"北部湾旅"50 100股	对刘国武处以15万元罚款	无	无

续表

序号	处罚案号	处罚时间	受处罚人	交易证券	处罚事由	处罚结果	抗辩事由	反驳理由
203	(2017)64号	2017/6/2	王宇勤 冯玉露（天业集团副董事长）	"中科英华"	冯玉露在获悉内幕信息后，将内幕信息泄露给王宇勤，二人在内幕信息期间交易"中科英华"	1. 没收王宇勤违法所得并处以4 197 802元罚款；2. 对冯玉露处以10万元罚款	王宇勤提出：1. 调查应以刑事调查阶段笔录内容为准；2. 基于自己分析判断；3. 本人不属于处罚主体范围；4. 没有获取内幕信息。冯玉露提出：1. 内幕时间认定错误；2. 未获取内幕信息	1. 内幕人员承认告知了内幕信息；2. 根据多方信息认定冯玉露获取了内幕信息；3. 冯玉露在刑事侦查中自认且王宇勤和冯玉露笔录中异常且不能合理解释；4. 当事人与内幕人员联系和交易时间吻合
204	(2017)65号	2017/6/2	苏建朝（担任聊城商会副会长职务）	"中科英华"	苏建朝利用工作关系获取内幕信息，且在内幕信息期间交易"中科英华"	没收苏建朝违法所得，并处以8 777 001.14元罚款	1. 证监会笔录认定错误；2. 基于自己独立判断；3. 交易不符合内幕交易的特征；4. 与内幕人员只有工作上的联系；5. 交易行为没有异常	1. 内幕交易行为异常；2. 当事人以记忆错误而对笔录调查错误的抗辩不成立；3. 当事人与内幕人员的联系密切且无法解释；4. 当事人交易异常无法解释
205	(2017)67号	2017/6/5	邱颖	"金山股份"	邱颖与于某系夫妻关系，于某向邱颖透露了相关内幕信息，邱颖在内期间对"金山股份"进行交易	没收邱颖违法所得并处以119 288.22元罚款	1. 已经过了行政处罚时效；2. 于某不知悉内幕信息；3. 邱颖是正常的交易行为；4. 处罚邱颖系主体认定错误；5. 社会危害性小	1. 应认定于某内幕信息知情人；2. 交易行为异常；3. 当事人请求不予处罚的抗辩不成立

续表

序号	处罚案号	处罚时间	受处罚人	交易证券	处罚事由	处罚结果	抗辩事由	反驳理由
206	(2017)74号	2017/7/5	刘敏（苏州高新现任董事、副总经理）刘英 张永宁 朱雪冬	"苏州高新"	刘敏为法定的内幕信息知情人，其将内幕信息告知刘英、张永宁、朱雪冬，上诉人员在内幕信息期间交易"苏州高新"	1. 没收刘敏、刘英违法所得并处以871 189.05元罚款；2. 没收刘敏、张永宁、朱雪冬违法所得并处以2 354 180.79元罚款；3. 对朱雪冬处以30万元罚款	刘敏提出：1. 欠缺法律知识；2. 配合调查；张永宁提出：1. 不能接触核心内幕信息；2. 张永宁不懂证券法相关规定；3. 没有使用内幕信息；朱雪冬提出：1. 符合本人交易习惯；2. 与刘敏等人历来联系频繁	对刘敏：1. 欠缺法律知识理由不成立；2. 该情节已经考虑；对张永宁：1. 接触内幕信息确凿无疑；2. 该理由不影响处罚；3. 使用了内幕信息确切无疑；对朱雪冬：1. 交易习惯未能给予证明；2. 该理由不足以推翻内幕交易
207	(2017)75号	2017/7/19	刘俊	"唐山港"	内幕信息知情人赵某是刘俊的直接领导，平时工作接触多，私交也很好，"刘俊"证券账户在敏感期内突击转入大量资金买入"唐山港"，交易"唐山港"的时点与内幕信息形成、公开过程和刘俊、赵某联络接触时点高度吻合，交易行为明显异常且无合理解释，应认定构成内幕交易行为	没收刘俊违法所得161 669.08元，并处以485 007.24元罚款	无	无

续表

序号	处罚案号	处罚时间	受处罚人	交易证券	处罚事由	处罚结果	抗辩事由	反驳理由
208	(2017) 76号	2017/7/19	万玉珍 万明	"华闻传媒"	万明与万玉珍两人是堂兄妹关系且在内幕信息期间联系频繁，万明利用在自己的账户组内幕信息期间分别买入"华闻传媒"	1. 没收万玉珍违法所得并处以199 896.00元罚款；2. 没收万明违法所得并处以40 765 518.78元罚款	1. 其没有利用内幕信息；2. 交易行为没有异常；3. 其交易行为没有影响华闻传媒的股价	1. 万玉珍是法定的内幕信息知情人；2. 万玉珍交易行为明显异常；3. 其交易对"华闻传媒"没有影响的抗辩不成立
209	(2017) 81号	2017/8/10	金国强	"东方电缆"	金国强利用工作便利获取内幕信息，且利用配偶账户于此期间，交易"东方电缆"	没收金国强违法所得并处以5 537 869.95元罚款	1. 据证券市场公开信息和技术分析进行研究后交易；2. 符合个人交易习惯；3. 金国强没有进行内幕交易的意图；4. 金国强交易"东方电缆"不存在任何异常；5. 证监会处罚错误	1. 符合交易习惯抗辩没有效力；2. 金国强在内幕信息期间与内幕人员密切联系；3. 全国强持股状况异常且不能合理解释
210	(2017) 82号	2017/8/10	徐晓光	"东方电缆"	2015年4月9日徐晓光与内幕信息知情人柯某通话联络后，当日13时00分57秒起，以低于近期买入价格卖出其持有的"中原高速"和"浙江永强"两只股票，并于13时03分27秒起用卖出上述两只股票的资金买入"东方电缆"，且"东方电缆"为徐晓光首次购买，截至2015	没收徐晓光违法所得757 309.60元，并处以2 271 928.80元罚款	当事人对投资行为能作出合理解释，不能推定为内幕交易。当事人在4月9日即在内幕信息即将发布的前一天买入"东方电缆"，是在得知社会传闻和深入分析该公司各项数据指标后进行的交易，由于该传闻已经在当地较大范	徐晓光当时任职银行与东方电缆存在贷款业务往来，其称作为财经专业人士对东方电缆的经营业绩一直有所关注和了解，但4月9日通话之前，并未交易过"东方电缆"，而在与柯某通话后立即大量买入，其所称根据东方电缆经营业绩及市场传闻买入不足以解释交易行

续表

序号	处罚案号	处罚时间	受处罚人	交易证券	处罚事由	处罚结果	抗辩事由	反驳理由
					年4月9日收盘，徐晓光持有"东方电缆"市值为2 329 197.46元，在当日持股市值中排名第二，徐晓光对上述异常交易行为无合理解释，无法排除内幕交易行为		围的人群中传播，"内幕"的性质完全淡化，不属于非法获取内幕信息；当事人并未亏损卖出其他股票来买入"东方电缆"，此次买入金额与当事人之前买入其他股票的金额没有重大差异，买入量符合当事人交易习惯	为的异常。当事人提及的未使用母亲账户和融资融券交易"东方电缆"的事项并不改变徐晓光使用本人账户异常交易的事实
211	(2017)83号	2017/8/10	李广明（中国农业银行宁波北仑支行营业部主任）	"东方电缆"	李广明通过工作便利获取内幕信息，之后李广明共买入"东方电缆"14 000股	没收李广明违法所得，并处277 803.39元罚款	1. 未获取有关的内幕信息；2. 基于公开信息；3. 已经认识到错误请求减轻处罚	1. 李广明的贷款时间、交易时间与内幕人员通讯联络时间高度吻合；2. 基于公开信息的理由能合理解释
212	(2017)86号	2017/9/21	王文	"大连港"	王文通过亲属关系获取内幕信息，并且在内幕交易期间交易"大连港"	对王文没收违法所得并处以532 076.76元罚款	1. 内幕信息的时点不清、认定有误；2. 没有获取内幕信息的主观动机；3. 交易行为不具有异常性；4. 买入理由正当；5. 处罚基础认定错误；6. 配合调查	1. 证据相互认定当事人进行了内幕交易；2. 卖出时间点与和内幕人员交易的时间点吻合；3. 当事人在内幕信息期间前交易量明显放大；4. 基于公开信息的理由不成立

附表 2004-2020 年内幕交易行政处罚书

续表

序号	处罚案号	处罚时间	受处罚人	交易证券	处罚事由	处罚结果	抗辩事由	反驳理由
213	(2017) 88号	2017/9/21	张恩荣（山东墨龙董事长、实际控制人）张云三（副董事长、总经理）	"山东墨龙"	张恩荣（山东墨龙董事长）、张云三系父子关系，在内幕期间累计减持山东墨龙股票5140万股	1. 对张恩荣信息披露违法行为责令改正，给予警告，并处以30万元罚款；对张恩荣内幕交易行为没收违法所得并处以48 777 840元罚款；2. 对张云三内幕交易行为没收违法所得并处以43 030 620元罚款	1. 减持是为了山东墨龙紧急筹资且不了解监管要求；2. 未利用内幕信息进行内幕交易；3. 获得资金是为了给山东墨龙解决资金危机；4. 违法所得金额计算有误；5. 获得资金用于公司经营；张云三提出：1. 不构成内幕交易行为；2. 没有利用内幕信息情节轻微；3. 违法所得金额计算有误	1. 张恩荣在内幕期间与内幕人员频繁交易；2. 张云三利用了内幕信息；3. 违法所得计算问题，我会已予以考虑；4. 为了获取资金的理由不影响内幕交易的认定
214	(2017) 89号	2017/9/21	刘岳均（为恒康医疗收购的红十字医院实际控制人，且为恒康医疗收购资阳医院等三家医院的介绍人）	"恒康医疗"	内幕信息敏感期内，法定内幕知情人刘岳均利用"李某"等7个证券账户交易"恒康医疗"	没收违法所得并处以101 843 674.86元罚款	1. 证监会对内幕信息的认定错误；2. 刘岳均不属于内幕知情人；3. 个人爱好；4. 基于个人的交易习惯；5. 当事人亏损没有营利的目的	证监会对内幕信息的认定正确，本案符合法定内幕信息的要求
215	(2017) 90号	2017/9/21	王国祥	"恒康医疗"	王国祥通过亲属关系获取内幕信息，并且在内幕信息期间交易"恒康医疗"	没收王国祥违法所得1 413 835.03元，并处以4 241 505.09元罚款	1. 王国祥不是法定内幕信息知情人；2. 主观上看好"恒康医疗"；3. 不构成内幕交易	1. 王国祥获取了内幕信息确切无疑；2. 交易特征高度异常；3. 主观上看好理由不足以解释

续表

序号	处罚案号	处罚时间	受处罚人	交易证券	处罚事由	处罚结果	抗辩事由	反驳理由
216	(2017) 91号	2017/9/21	薛兵元	"恒康医疗"	薛兵元利用工作便利获取内幕信息,且在内幕信息敏感期间交易"恒康医疗"	没收薛兵元违法所得并处以154 793.91元罚款	1. 证监会通知书存在诸多问题; 2. 依照相关法律薛兵元不构成内幕交易	1. 本会调查程序合法; 2. 告知书正确无误; 3. 不构成内幕信息的理由不成立
217	(2017) 92号	2017/10/25	广州穗富投资管理有限公司、易向军(时任穗富投资董事长兼投资总监)、周岭松(时为穗富投资股东、任职投资部负责人)	"国农科技"	广州穗富投资管理有限公司、易向军、周岭松利用内幕信息进行内幕交易"国农科技"	没收穗富投资违法所得,并处3 334 873.81元罚款;对易向军、周岭松给予警告,并分别处以10万元罚款	1. 基于自己的长期投资计划; 2. 基于公开信息而进行的加大投资; 3. 其交易特点不符合内幕交易特征; 4. 交易符合当事人交易习惯; 5. 关于内幕信息的认定事实不清证据不足	1. 无法证明当事人是利用既定方案; 2. 当事人利用了内幕信息; 3. 当事人无法解释其在内幕期间的行为的异常
218	(2017) 99号	2017/12/4	应燕红	"宁波富邦"	应燕红系宋某平外甥女,在宁波富邦下属控股公司任副总经理,内幕信息公开前,应燕红与宋某平有3次通话联系,使用"应燕红"证券账户开始大量买入"宁波富邦",买入"宁波富邦"的时间与内幕信息知情人的联络时间高度吻合,买入"宁波富邦"的金额明显大于以往,交易行为明显异常	没收应燕红违法所得358 363.97元,并处以1 075 091.91元罚款	无	无

附表 2004-2020年内幕交易行政处罚书

续表

序号	处罚案号	处罚时间	受处罚人	交易证券	处罚事由	处罚结果	抗辩事由	反驳理由
219	(2017)104号	2017/12/20	吉林省信托有限责任公司 高福波	"吉林森工"	高福波（吉林信托董事长）与内幕人员电话联系频繁，吉林信托在内幕信息形成后、公开前交易买入"吉林森工"	1. 没收吉林信托违法所得，处43 733 230.05元罚款；2. 对高福波给予警告，并处以20万元罚款	1. 当事人与内幕人员联系是工作原因；2. 当事人基于公开信息和专业判断；3. 当事人不符合内幕交易的特点；4. 没有利用内幕交易的主观故意；5. 法律意识强；6. 证人笔录不具有客观性；7. 交易的时候本人已经辞职	1. 基于公开信息和专业判断的申辩不成立；2. 当事人在内幕敏感期前后联系紧密；3. 当事人提出离职报告但是仍然控制着公司经营；4. 吉林信托利用他人账户交易无疑；5. 当事人交易异常无法解释
220	(2017)106号	2017/12/20	张艺林	"海南瑞泽"	张艺林为内幕信息知情人，在内幕期间利用"符某某"证券账户交易"海南瑞泽"157 200股	对张艺林处以60万元罚款	无	无
221	(2017)107号	2017/12/20	吴国彪	"海南瑞泽"	吴国彪利用工作便利获取内幕信息，并且在内幕交易期间交易"海南瑞泽"	没收吴国彪违法所得并处以3 712 695.66元罚款	无	无
222	(2018)1号	2018/1/11	杜佳林	"艾迪西"	杜桂林利用工作便利获取内幕信息，并且在内幕交易期间交易"艾迪西"	对杜佳林超比例减持未披露行为处以400 000元罚款；对杜佳林在限制转让期间内减持行为处以971 175.6元罚款	无	无
223	(2018)2号	2018/1/11	徐晗坤	"中牧股份"	徐晗坤因履行工作职责知悉内幕信息，并且在内幕期间交易"中牧股份"	对徐晗坤处以60万元罚款	1. 内幕信息期间和内容认定错误；2. 主客观都没有内幕交易；3. 情节轻微	1. 内幕信息认定错误的申辩不采纳；2. 当事人因工作履职对内幕信息了解；3. 当事人情节营销比较大

续表

序号	处罚案号	处罚时间	受处罚人	交易证券	处罚事由	处罚结果	抗辩事由	反驳理由
224	(2018) 16号	2017/4/3	潘园根	"海翔药业"	潘园根利用工作便利获取内幕信息,并且在内幕交易期间交易"海翔药业"	没收潘园根违法所得并处以5 400 014.26元罚款	1. 内幕信息时间和内容错误；2. 不符合内幕交易特点；3. 处罚金额有误且处罚过重	1. 内幕信息认定正确；2. 当事人交易行为异常且已经构成内幕信息；3. 处罚金额无误且适当
225	(2018) 18号	2018/4/3	徐康军 翁惠萍(时任杉杉股份董事、副总经理、财务总监)	"杉杉股份"	翁惠萍属于法定内幕信息人员,并且向徐康军透露内幕信息,并在内幕信息期间交易"杉杉股份"	1. 对翁惠萍处以30 000元罚款；2. 没收徐康军违法所得15 570.36元,并处以50 000元罚款	无	无
226	(2018) 19号	2018/4/3	李晓辉	"赤峰黄金"	李晓辉同赵某光等在内幕信息期间频繁通电话,李晓辉于内幕期间累计买入"赤峰黄金"1 801 073股	责令李晓辉依法处理非法持有的股票,没收李晓辉违法所得667 606.36元,并处以2 002 819.08元罚款	1. 内幕时间计算错误；2. 现有证据不能证明其从内幕人员处获取内幕信息；3. 买入是响应政府救市；4. 买入行为不异常；5. 处罚过重	1. 内幕时间计算正确；2. 交易行为明显异常且无合理解释；3. 其交易系救市行为的说法不予采信；4. 处罚适当
227	(2018) 20号	2018/4/3	王守武(赤峰黄金北京办事处副主任)	"赤峰黄金"	王守武通过私人关系获取内幕信息,并且利用本人证券账户微利卖出权重股"中国银行",亏损卖出"酒钢宏兴",单一买入"赤峰黄金"	责令王守武依法处理非法持有的股票,没收王守武违法所得603 684.93元,并处以1 811 054.79元罚款	1. 内幕信息认定错误；2. 王守武没有获取内幕信息；3. 违法所得计算错误；4. 本人属于救市行为；5. 交易行为不异常；6. 处罚过重	1. 内幕信息认定正确且当事人确切利用了内幕信息；2. 当事人所说不是本人交易不采信；3. 救市行为的说法不予采信；4. 处罚适当
228	(2018) 21号	2018/4/3	王爱英	"赤峰黄金"	内幕信息敏感期内,王爱英将该账户原先持有的股票全部卖出,清仓后买入"赤峰黄金",买入	责令王爱英依法处理非法持有的股票,没收王爱英违法所得48 221.75元,并处以144 665.25元的罚款	1. 其交易行为是响应国家救市；2. 内幕时间计算错误；3. 赵某不知悉内幕信息	1. 内幕时间认定正确；2. 对其救市的说法不予采信；3. 内幕期间交易异常；4. 处罚适当

附表　2004-2020年内幕交易行政处罚书

续表

序号	处罚案号	处罚时间	受处罚人	交易证券	处罚事由	处罚结果	抗辩事由	反驳理由
					意愿十分强烈，交易行为明显异常			
229	(2018) 24号	2018/4/3	施立新（洪桥集团执行董事）陈淼媛（时任湖南富马科食品工程技术有限公司副总经理）翁澟磊（时任香港环球战略集团有限公司执行董事、上海奢冠国际贸易有限公司董事长）	"宝硕股份"	施立新、陈淼媛、翁澟磊三人在内幕敏感期间，利用内幕信息交易"宝硕股份"	1. 对施立新、陈淼媛处以60万元的罚款；2. 对翁澟磊处以60万元的罚款	施立新提出：1. 无内幕交易动机；2. 其与陈淼媛为朋友正常往来；3. 与翁澟磊之间为正常商业沟通；4. 认定其泄露内幕信息无直接证据。陈淼媛提出：1. 其与施立新不存在内幕交易；2. 其买入"宝硕股份"有合理理由；3. 卖出行为不异常	1. 施立新为法定内幕信息知情人；2. 施立新与陈淼媛关系密切，存在直接经济利益；3. 施立新与翁澟磊有频繁的经济往来，可以安排资金进出；4. "陈淼媛"账户交易"宝硕股份"行为明显异常；5. 陈淼媛提出的买入理由，不足以完全解释交易异常情形
230	(2018) 34号	2018/5/15	王良友	"文山电力"	王良友作为内幕信息法定知情人，在敏感期间交易"文山电力"，交易行为明显异常，且与内幕交易行为高度吻合	没收王良友违法所得1 737 692.27元，并处以3 475 384.54元罚款	1. 王良友虽是法定的内幕信息知情人，但其分管工作并不包括本案所涉内幕信息，并没有参与、也不知悉内幕信息；2. 其交易行为均具有正当合理理由，不属于明显异常交易；3. 本案发生在特殊的救市时期，不能把正常时期重	1. 王良友为法定内幕信息知情人；2. 王良友在内幕信息敏感期内大量买入"文山电力"，且存在突击转入资金，敏感期内亏损、清仓卖出其他股票并集中买入"文山电力"的情形，每次买入的时点与内幕信息的发展推进基本吻合，交易明显异常；3. 王良友提出的买入的合

续表

序号	处罚案号	处罚时间	受处罚人	交易证券	处罚事由	处罚结果	抗辩事由	反驳理由
						大资产重组对内幕交易的认定标准和逻辑，简单套用到本案；4. 即使认定构成内幕交易，《告知书》关于违法所得的认定明显不当		理由并不足以解释其交易的异常性，我会依法不予采纳
231	(2018) 35号	2018/5/15	石朝辉	"文山电力"	石朝辉利用私人关系获取内幕信息，在内幕信息敏感期内交易"文山电力"	对石朝辉处以30万元罚款	无	无
232	(2018) 37号	2018/5/24	陈汉腾	"智慧松德"	陈汉腾利用私人关系获取内幕信息，在内幕信息敏感期内共计买入"智慧松德"134 100股	对陈汉腾没收违法所得349 340.46元，并处以罚款1 048 021.38元	无	无
233	(2018) 38号	2018/5/24	郭玮	"凯盛科技"	郭伟利用亲属关系获取内幕信息，并且在内幕信息期间交易"凯盛科技"	责令郭玮依法处理非法持有的证券，并处以20万元罚款	无	无
234	(2018) 39号	2018/5/24	汤义炜	"凯盛科技"	汤义炜利用亲属关系获取内幕信息，并且在内幕信息期间交易"凯盛科技"	对汤义炜处以20万元罚款	无	无
235	(2018) 40号	2018/5/24	郭亚军	"凯盛科技"	汤义炜向郭亚军透露了内部信息，郭亚飞在内幕信息公开之前，利用"郭亚军""李	对郭亚军处以30万元罚款	无	无

续表

序号	处罚案号	处罚时间	受处罚人	交易证券	处罚事由	处罚结果	抗辩事由	反驳理由
					某梅""南京伟创"分别买入"凯盛科技"			
236	(2018) 48号	2018/7/3	曹世斌	"国际医学"	曹世斌为法定内幕信息知情人，其在内幕信息期间交易"国际医学"	责令曹世斌依法处理非法持有的证券，没收曹世斌内幕交易违法所得23 335.85元，并处以100 000元罚款	1. 违法所得计算错误；2. 积极配合调查	1. 违法所得计算正确；2. 当事人属于法定内幕信息知情人，在敏感期交易违法
237	(2018) 50号	2018/7/3	庞大汽贸集团股份有限公司 庞庆华 武成 赵中英	"庞大集团"	庞庆华、武成作为庞大集团的内幕信息法定知情者，在敏感期间内交易"庞大集团"股票，构成内幕交易行为	1. 对庞庆华作为"未如实披露权益变动情况和遗漏披露相关融资安排"的违法主体，给予警告，并处以60万元的罚款；对庞庆华作为庞大集团涉案信息披露违法行为的责任人员，给予警告，并处以30万元罚款。两项合并处理，对庞庆华给予警告，并处以90万元的罚款；2. 对庞大集团给予警告，并处以60万元罚款；3. 对武成给予警告，并处以30万元罚款；4. 对刘中英给予警告，并处以15万元罚款	无	无

续表

序号	处罚案号	处罚时间	受处罚人	交易证券	处罚事由	处罚结果	抗辩事由	反驳理由
238	(2018)52号	2018/7/5	黄炳文 钟琼	"东风股份"	黄炳文、钟琼利用私人关系获取内幕信息，并且在内幕信息期间交易"东风股份"	1. 对黄炳文处以60万元罚款；2. 责令钟琼处理非法持有的股票，对其没收违法所得并处以786 020.57元罚款	黄炳文提出：1. 涉案信息不构成内幕信息；2. 不构成内幕信息泄露。钟琼提出：1. 基于自身的独立分析；2. 交易习惯本是如此；3. 公开信息判断	1. 本案信息构成内幕信息；2. 当事人的交易行为明显异常
239	(2018)53号	2018/7/5	张磊	"东风股份"	黄某鹏与负责联络EPRINT的杨某联系频繁。张磊与黄某鹏系多年好友，二人之间存在资金往来，且日常联络频繁。2014年8月9日下午二人通话2次，8月11日晚二人再次通话。"张磊"证券账户在敏感期间频繁交易"东风股份"，构成内幕交易行为	没收张磊违法所得356 107.25元，并处以356 107.25元罚款	无	无
240	(2018)55号	2018/7/3	王麒诚（系汉鼎集团董事长、汉鼎宇佑实际控制人、宇佑传媒证券化工作小组组长）杨涛	"汉鼎宇佑"	王麒诚为杨涛（法定内幕信息知情人）提供资金，并且在内幕信息期间交易"汉鼎宇佑"	1. 对王麒诚处以400 000元的罚款；2. 对杨涛处以200 000元的罚款	1. 纯属巧合；2. 个人看好发展	当事人转入大额资金并全仓买入，与内幕信息高度吻合且其理由相互矛盾，申辩中亦不能作出合理解释，构成共同内幕交易

附表 2004-2020年内幕交易行政处罚书

续表

序号	处罚案号	处罚时间	受处罚人	交易证券	处罚事由	处罚结果	抗辩事由	反驳理由
241	(2018)57号	2018/7/3	王智斌（系汉鼎集团副总经理，分管财务和投资工作）	"汉鼎宇佑"	王智斌为法定内幕信息知情人，并且在内幕信息期间交易"汉鼎宇佑"	对王智斌责令依法处理非法持有的证券，并处以300 000的元罚款	1.对内幕信息不知情；2.基于个人判断	当事人交易行为明显异常并且无合理解释，认定为内幕信息
242	(2018)58号	2018/7/3	缪路漫（系宇佑传媒的副总经理，且为宇佑传媒证券化工作小组组员）	"汉鼎宇佑"	缪路漫是本案法定内幕信息知情人，其控制使用其本人账户，买入"汉鼎宇佑"10 000股	责令依法处理非法持有的证券，没收违法所得28 523.81元，并处以100 000元罚款	无	无
243	(2018)62号	2018/7/13	姚磊	"安科生物""广州友谊""国信证券"等17只股票	姚磊通过私人关系获取内幕信息，交易涉案17只股票，交易明显异常，构成内幕交易行为	没收姚磊违法所得878 322.35元，并处以878 322.35元罚款	无	无
244	(2018)64号	2018/7/20	边炯	"摩恩电气"	边炯与内幕信息知情人问某鸿关系密切，通过聚会和熟悉问某鸿出差习惯和个性特点，揣摩出内幕信息，并且在敏感期间交易"摩恩电气"	没收违法所得1 042 046.19元并处以3 126 138.57元的罚款	无	无
245	(2018)67号	2018/7/26	成艳娴 顾慧佳 顾鎔	"天宸股份"	成艳娴、顾慧佳、顾鎔利用私人关系获取内幕信息，并且在内幕信息期间交易"天宸股份"	1.责令顾慧佳依法处理其账户下非法持有的证券，并对成艳娴、顾慧佳处以120 000元的罚款 2.没收顾鎔违法所得，对成艳娴、顾鎔处以91 126.53元罚款	无	无

续表

序号	处罚案号	处罚时间	受处罚人	交易证券	处罚事由	处罚结果	抗辩事由	反驳理由
246	(2018) 68号	2018/7/27	许海霞（时任北京快友董事）	"神州数码"	许海霞属于内幕信息法定知情人，在内幕信息期间交易"神州数码"	对许海霞处以15万元罚款，其中内幕交易行为罚款5万元，泄露内幕信息行为罚款10万元	无	无
247	(2018) 69号	2018/7/27	严谨	"神州数码"	严谨利用私人关系获取内幕信息，并且在内幕信息期间交易"神州数码"	处以15万元罚款	无	无
248	(2018) 72号	2018/7/31	中植投资发展（北京）有限公司 李轩（中植投资董事长）赵云昊（时任中植投资董事总经理兼投资六部总经理）杨霁（时任中植投资六部投资总监）	"勤上股份"	李轩、赵云昊、杨霁为内幕信息知情人，推动中植投资在内幕期间交易"勤上股份"	1.责令中植投资依法处理非法持有的证券，并处以60万元罚款；2.对李轩给予警告，并处以30万元罚款；3.对赵云昊、杨霁给予警告，并分别处以20万元罚款	1.涉案信息不构成内幕信息；2.当事人并未实际深度参与到收购过程中；3.当事人购买勤上股份股票时，内幕信息并未形成；4.交易不具有内幕交易特征	1.对于涉案信息不属于内幕信息的理由不采信；2.未深度参与并购不采信；3.当事人独立判断，没利用内幕信息而进行交易的理由不采信；4.对当事人进行处理理由适当
249	(2018) 75号	2018/7/31	吴光明（江苏鱼跃科技执行董事、江苏鱼跃医疗董事长、北京万东医疗董事长）	"鱼跃医疗" "万东医疗" "花王股份"	吴光明利用私人关系获取内幕信息，并且在内幕信息期间利用多个账户交易"鱼跃医疗""万东医疗""花王股份"	对吴光明没收违法所得9 190 977.21元，并处以27 772 931.63元的罚款	无	无
250	(2018) 80号	2018/8/20	潘勇	"天成控股" "银河生物"	潘勇利用亲属关系获取内幕信息，并且在内幕信息期间交易"天成控股""银河生物"	没收潘勇违法所得并处以74 666 531.45元罚款	1.与内幕人员在敏感期内的联络有正当性；2.遭受损失；3.没有立刻卖出	1.对内幕信息的认定时间正确；2.涉案"黄某国"账户由潘勇实际控制使用；3.潘勇对其交易行为解释不合理；4.潘勇

续表

序号	处罚案号	处罚时间	受处罚人	交易证券	处罚事由	处罚结果	抗辩事由	反驳理由
								对其提供的与内幕人员接触的正当性理由不成立
251	(2018) 82号	2018/8/22	李栒	"长盈精密"	李栒是张某镇儿媳,三环集团董事长张某镇为本案内幕信息知情人,"李栒"账户在内幕信息期间累计买入"长盈精密"346 480股	责令李栒依法处理非法持有的证券,没收违法所得并处以773 130.09元罚款	无	无
252	(2018) 83号	2018/8/22	杨绍华	"长盈精密"	杨绍华通过私人关系获取内幕信息,并且控制"陈某"账户在内幕信息敏感期内交易"长盈精密"	责令杨绍华依法处理非法持有的证券,没收违法所得103 667.43元,处311 002.29元罚款	无	无
253	(2018) 84号	2018/8/22	黄万忠	"长盈精密"	黄万忠利用亲属关系获取内幕信息,便在内幕信息期间交易"长盈精密"	没收违法所得120 762.22元,并处以362 286.66元罚款	无	无
254	(2018) 85号	2018/8/20	胡忠权(招商银行南京分行授信审批部副总经理)	"维格娜丝"	胡忠权利用工作关系获取内幕信息,利用他人"胡某凯"证券账户在内幕期间交易"维格娜丝"	没收违法所得82 980.15元,并处以248 940.45元的罚款	无	无
255	(2018) 86号	2018/8/20	于洪瑞 王凤雷	"维格娜丝"	于洪瑞利用自身证券账户于2016年8月15日首次交易"维格娜丝",转入大量资金,并进行股票质押回购交易,交易行为明显异常。于洪瑞建议他人买卖相关证券的行为处以60万元的罚款,合计处以120万元的罚款。2. 对王凤	1. 对于洪瑞内幕交易行为处以60万元的罚款,对其建议他人买卖相关证券的行为处以60万元的罚款,合计处以120万元的罚款。2. 对王凤	于洪瑞提出其交易"维格娜丝",是在听朋友介绍之后,通过关注相关网络信息,进而认定"维格娜丝"可以买入雷内	王凤雷从于洪瑞处获取信息并听从于洪瑞的建议,指使其姐王某虹在内幕信息公开前交易"维格娜丝",及王某虹借款20万元买入"维

续表

序号	处罚案号	处罚时间	受处罚人	交易证券	处罚事由	处罚结果	抗辩事由	反驳理由
					与内幕信息知情人赵某、樊某联系密切，非法获取内幕信息进行内幕交易。另外，于洪瑞在内幕信息公开前还建议王凤雷交易"维格娜丝"，更加印证于洪瑞非法获取内幕信息，并利用内幕信息进行内幕交易	幕交易行为处以60万元的罚款		格娜丝"；"王某虹""陈某英"证券账户通过赎回基金和理财产品，突击大量买入"维格娜丝"。王凤雷利用他人证券账户交易"维格娜丝"，重仓买入，决策果断，隐蔽性强，交易行为明显异常，并无合理解释
256	(2018)87号	2018/8/20	樊通兴	"维格娜丝"	樊通兴利用亲属关系获取内幕信息，并且在内幕信息期间交易"维格娜丝"	没收樊通兴违法所得并处以34 647.21元的罚款	1. 樊通兴与内幕人员樊某为父子关系，联系密切实属正常；2. 当事人没有利用本人账户交易；3. 基于个人分析预测	1. 交易行为异常，并无合理解释；2. 使用自己账户不足以推翻内幕交易认定；3. 无法证明自主投资行为
257	(2018)90号	2018/9/4	林震森（时任万业企业董事）	"万业企业"	林震森时任万业企业董事，是内幕信息知情人，其利用两个账户累计买入"万业企业"444 927股	责令依法处理非法持有的"万业企业"345 727股；对林震森没收违法所得2 865 646.42元，并处以5 731 292.84元罚款	无	无
258	(2018)91号	2018/9/11	黄钦坚（金一文化控股子公司的董事）	"金一文化"	内幕信息公开前，黄钦坚作为内幕信息知情人利用"朱某斌""李某颖"证券账户累计买入"金一文化"193.69万股	责令黄钦坚依法处理非法持有的股票，并处以60万元的罚款	1. 不知悉内幕信息；2. 交易行为并不异常且有合理理由；3. 请求对其从轻处罚	1. 当事人知悉内幕信息；2. 其行为构成内幕信息且处罚适当

续表

序号	处罚案号	处罚时间	受处罚人	交易证券	处罚事由	处罚结果	抗辩事由	反驳理由
259	(2018) 92 号	2018/9/11	周凡娜、陈锡林	"金一文化"	周凡娜、陈锡林与内幕信息知情人周某卜存在接触联络,并且在内幕信息期间交易"金一文化"	责令周凡娜、陈锡林依法处理非法持有的股票,没收违法所得8.47万元,并处以25.41万元的罚款	无	无
260	(2018) 94 号	2018/9/30	金宇轮胎集团有限公司 延惠峰	"赛轮金宇"	延惠峰知悉赛轮金宇非公开发行股票内幕信息,金宇轮胎利用"宋某良"证券账户在敏感期内集中买入"赛轮金宇",异常特征明显,构成内幕交易	没收金宇轮胎违法所得8 909 664.84元,并处以8 909 664.84元罚款;对金宇轮胎内幕交易的行为,处以30万元罚款;对延惠峰给予警告,并处以10万元罚款	无	无
261	(2018) 103 号	2018/10/22	冀晓斌	"延长化建"	冀晓斌利用私人关系获取内幕信息,并且在敏感期间交易"延长化建"	没收违法所得32 820.42元,并处以98 461.26元罚款	无	无
262	(2018) 106 号	2018/11/8	刘江伟	"秀强股份"	刘江伟推荐潘某权和许某买入"秀强股份",潘某权于内幕信息敏感期内交易"秀强股份"	对刘江伟处以30万元罚款	无	无
263	(2018) 107 号	2018/11/8	张小伟(江苏秀强玻璃工艺股份有限公司董事长秘书)	"秀强股份"	张小伟利用其本人账户在内幕信息敏感期买入"秀强股份"	没收张小伟违法所得11 925元,并处以5万元罚款	无	无
264	(2018) 109 号	2018/11/13	林红 苏艳芝 王红梅	"华贸物流"	在华贸物流重大重组的内幕信息公开前,林红建议王红梅买入华贸物流,王红梅系中特物流财务主管,与林红是同事,两人	得29 705元,对其内幕交易行为、泄露内幕信息行为、建议他人买卖证券行为分别处以10万元罚1. 没收林红内幕交易违法所款,	苏艳芝提出自己并不知道内幕信息,买入决策是依据公开信息作出	本案所认定内幕信息敏感期间,相关各方已经开始筹划、准备实施涉案重组事项,涉案内幕信息已经形成

续表

序号	处罚案号	处罚时间	受处罚人	交易证券	处罚事由	处罚结果	抗辩事由	反驳理由
					经常一起交流股票投资。王红梅使用本人账户于 2015 年 7 月 17 日放量买入华贸物流股票,于被调查后将股票全部卖出,相关交易与内幕信息高度吻合,且与平时交易习惯明显不同。王红梅在调查询问笔录中表示,林红曾提示她买入华贸物流。王红梅是林红的下属,经常与林红交流股票信息,林红曾向其推荐购买华贸物流股票,两人在内幕信息形成后存在联络接触,同期王红梅账户亏损卖出部分股票和基金	合计罚款 30 万元;2. 对苏艳芝处以 30 万元罚款;3. 没收王红梅内幕交易违法所得 32 281.88 元,并处以 32 281.88 元罚款		
265	(2018)121 号	2018/12/28	何邦建	"华闻传媒"	何邦建通过工作便利获取内幕信息,其本人及通过马某樱操作"彭某蕊"证券账户合计买入"华闻传媒"80 万股	对何邦建处以 50 万元罚款	无	无

续表

序号	处罚案号	处罚时间	受处罚人	交易证券	处罚事由	处罚结果	抗辩事由	反驳理由
266	（2018）122号	2018/12/28	韩雁林	"现代制药"	韩雁林与内幕信息知情人周某、魏某松、刘某进行频繁通讯联系，韩雁林利用其所控制的五个证券账户累计买入"现代制药"228.92万股	1.责令韩雁林依法处理非法持有的证券，并处以60万元的罚款；2.对韩雁林未按规定报送有关报告的行为，责令韩雁林改正，给予警告，并处以30万元的罚款	1.当事人不知悉内幕信息；2.基于个人看好；3.股权激励；4.不符合短线交易的规律；5.无偿注销对本人不公平	1.韩雁林与内幕信息知情人联系；2.韩雁林交易行为异常且无法解释；3.是否短线交易与本案无关
267	（2018）123号	2018/12/28	朱德胜（华侨城集团督察室主任、总督）	"曲江文旅""西安饮食"	朱德胜利用内幕信息，并且在内幕信息期间交易"曲江文旅""西安饮食"	没收违法所得39 792.82元，并处以79 585.64元罚款	1.朱德胜不是内幕信息知情人；2.行政执法调查程序违法；3.客观上没有所得；4.华侨城集团没有提出保密要求	1.当事人属于法定内幕信息知情人；2.行政听证程序当事人已经认可；3.当事人违法所得计算错误；4.未提保密要求不影响本案
268	（2018）124号	2018/12/28	龙英	"阳光股份"	龙英参与阳光股份与京基集团合作的两个阶段，属于内幕信息知情人，在内幕期间累计买入"阳光股份"224 900股	对龙英处以20万元罚款	无	无
269	（2019）8号	2019/1/28	李甫、刘丹	"新日恒力"	李甫、刘丹利用私人关系获取内幕信息，并且在内幕信息期间交易"新日恒力"	没收李甫和刘丹违法所得4 487 398.72元，并处以13 462 196.16元罚款	无	无

续表

序号	处罚案号	处罚时间	受处罚人	交易证券	处罚事由	处罚结果	抗辩事由	反驳理由
270	（2019）10号	2019/2/12	周德奋	"金一文化"	周德奋利用私人关系获取内幕信息，并且在内幕期间交易"金一文化"	对周德奋处以60万元罚款	1. 无法证明周德奋知悉内幕信息；2. 符合一贯的交易习惯	1. 有足够证据证明认定周德奋知悉内幕信息；2. 周德奋与金一文化的关系与利用内幕信息不矛盾；3. 周德奋的交易行为构成内幕交易
271	（2019）11号	2019/2/28	吴学军	"太阳纸业"	吴学军利用私人关系获取内幕关系，并且在内幕期间交易"太阳纸业"	1. 对吴学军内幕交易行为，没收违法所得，处11 041 926.93元罚款；2. 对吴学军建议他人买卖"太阳纸业"行为，处以60万元罚款	1. 基于个人决策进行交易；2. 交易行为不异常；3. 与内幕人员无联系；4. 不构成内幕交易人员；5. 没有获取内幕信息	1. 基于个人分析而交易不采信；2. 交易行为为异常；3. 账户资金记录不是内幕信息构成要件；4. 综合其他证据当事人构成内幕交易且处罚合理
272	（2019）12号	2019/2/28	程凌	"太阳纸业"	程凌通过私人关系获取内幕信息，其交易行为明显异常，无法排除合理怀疑	没收程凌违法所得365 361.6元，并处以365 361.6元罚款	买入"太阳纸业"是基于自己的研究判断	程凌买入"太阳纸业"系基于自己研究的理由不成立。程凌提供的证据显示其一共关注了16只纸业的股票，根据其所列出的指标，"齐峰新材""中顺洁柔""美盈森"都要优于"太阳纸业"，从其在资料中关注的市盈率来说，"石砚纸业""晨鸣纸业"等均优于"太阳纸业"，其没有分散买入，而只买入

续表

序号	处罚案号	处罚时间	受处罚人	交易证券	处罚事由	处罚结果	抗辩事由	反驳理由
								了"太阳纸业",且是近全仓买入,更说明其买入"太阳纸业"并非来自于行业及个股的分析,对当事人买入"太阳纸业"的解释不予采纳
273	(2019)13号	2019/2/28	余盛	"太阳纸业"	余盛利用私人关系获取内幕信息并且在内幕信息敏感期内交易"太阳纸业"2 951 359股	没收余盛违法所得,并处以6 126 657.45元罚款	1.当事人交易具有较大可实现性;2.不能认定当事人获取内幕信息;3.账户并非由当事人所控制;4.与内幕人员联系有合理解释;5.内幕交易证据不足	1.内幕时间认定正确;2.交易时间与内幕时间吻合;3.余盛账户组由胡某辰完全决策的说法不予采纳;4.内幕交易证据不充足
274	(2019)15号	2019/3/12	陈福泉	"松芝股份"	陈福泉指使李某贤、张某玲控制使用"账户组2",累计买入"松芝股份"467万余股,交易金额6481万余元,并于复牌后至2016年6月15日期间全部抛售,非法获利1466万余元。2018年1月25日,上海市第一中级人民法院下达《刑事判决书》,认定陈福泉在2016	鉴于上海市第一中级人民法院已作出构成内幕交易罪的刑事判决,我会不再对此时间段的交易行为所同时构成的短线交易行为作出行政处罚。对陈福泉给予警告,并处以10万元罚款	无	无

续表

序号	处罚案号	处罚时间	受处罚人	交易证券	处罚事由	处罚结果	抗辩事由	反驳理由
					年2月24日至6月6日松芝股份筹划非公开发行重大事项的内幕信息敏感期内交易"松芝股份"构成《中华人民共和国刑法》第一百八十条第一款所述内幕交易罪，依法判处陈福泉有期徒刑三年，缓刑四年，没收违法所得1466万余元，并处罚金5000万元			
275	(2019) 17号	2019/3/12	董艳（既是隆润公司股东，又是该公司董事）	"渤海股份"	董艳利用私人关系获取内幕信息，并且在内幕信息期间交易"渤海股份"	对董艳处以3万元的罚款	1. 董艳不知悉内幕信息；2. 复牌后亏损卖出，并辞去公司董事职务	1. 当事人未提及内幕信息；2. 请求免于处罚意见不充分
276	(2019) 18号	2019/3/13	王永江	"金发科技"	王永江利用亲属关系获取内幕信息，并且在内幕信息期间交易"金发科技"	对王永江处以3万元的罚款	无	无
277	(2019) 19号	2019/3/13	孙洁晓（春兴精工实际控制人和时任董事长、总经理）郑海艳 蒋鸿璐	"春兴精工"	孙洁晓、郑海艳、蒋鸿璐均为法定内幕信息知情人，在内幕信息期间交易"春兴精工"	对孙洁晓、郑海艳分别处以25万元罚款，对蒋鸿璐处以10万元罚款	孙洁晓提出：1. 对内幕交易行为不知情且无参与内幕交易；2. 郑海艳已经自认	1. 当事人交易不能合理解释；2. 郑海艳自认与事实不符合

续表

序号	处罚案号	处罚时间	受处罚人	交易证券	处罚事由	处罚结果	抗辩事由	反驳理由
278	(2019) 21号	2019/4/4	李建平（时任天夏智慧全资子公司天夏科技总经理）	"天夏智慧"	内幕信息公开前李建平多次与贾某华通话联络，内幕信息敏感期内，李建平累计买入"天夏智慧"890 241股	责令依法处理非法持有的证券，没收违法所得408 711.55元，并处以1 226 134.65元的罚款	1. 不知悉内幕信息；2. 与贾某华联络与内幕信息无关；3. 纯属巧合；4. 处罚不合理	1. 当事人申辩不足以排除内幕交易；2. 不能合理解释交易的异常性
279	(2019) 22号	2019/4/2	张勇	"海翔药业"	张勇利用私人关系获取内幕信息并且在内幕期间使用"潘某羲"账户资金在上述内幕信息形成后至公开前只买入"海翔药业"一只股票	没收张勇违法所得44 513 175.01元，并处以89 026 350.02元的罚款	1. 内幕时间认定错误；2. 基于公开信息、符合交易习惯；3. 违法计算错误；4. 没有利用内幕信息；5. 证据没有达到证据标准	1. 内幕时间正确；2. 交易行为明显异常，且无正当理由；3. 通话时间的长短不能否定内幕联系；4. 内幕行为认定正确且无获利的正常理由
280	(2019) 23号	2019/4/22	屈振兴	"中安消"	屈振兴利用私人关系获取内幕信息，并且在内幕信息期间交易"中安消"	对屈振兴处以30万元的罚款	1. 屈振兴与涂某身联络没有涉及内幕信息；2. 当事人交易行为不明显异常；3. 证监会事前告知书违法	1. 当事人的申辩意见不能采信；2. 我会事前告知书综合分析各方面情况认定当事人交易异常
281	(2019) 24号	2019/4/25	蔡伟强 黄茜萍	"银禧科技"	蔡伟强、黄茜萍利用老乡关系获取内幕信息，并且在内幕信息期间交易"银禧科技"	没收蔡伟强、黄茜萍违法所得12 507 724.38元，并处以37 523 173.14元罚款	1. 当事人未通过内幕人员获取内幕信息；2. 二人开股票账户出于投资目的；3. 当事人配合调查	1. 当事人没有获取内幕信息的事实缺乏证据；2. 当事人的交易行为为具有异常性

续表

序号	处罚案号	处罚时间	受处罚人	交易证券	处罚事由	处罚结果	抗辩事由	反驳理由
282	(2019)25号	2019/4/25	龙煜文	"银禧科技"	龙煜文利用私人关系获取内幕信息，并且在内幕期间进行交易"银禧科技"	没收龙煜文违法所得30 904 502.87元，并处以92 713 508.61元罚款	1.内幕信息并未向当事人并未传递内幕信息；2.基于公开信息和个人分析的结果和预定计划；3.当事人内幕信息没有达到证明标准；4.处罚过多	1.当事人未获得申辩缺乏证据支持；2.当事人关于内幕交易的认定结论错误；3.交易行为明显异常；4.基于公开理由而做出判断无合理解释
283	(2019)26号	2019/4/28	曹冬芳	"*ST南电A"	曹冬芳利用亲属关系获取内幕信息并且在内幕信息期间交易"*ST南电A"	没收曹冬芳违法所得24 218.77元，并处以罚款60 000元	无	无
284	(2019)27号	2019/4/28	刘有国	"*ST南电A"	刘有国利用私人关系获取内幕信息并且在内幕信息期间交易"*ST南电A"	没收刘有国违法所得46 375.6元，并处以罚款139 126.8元	无	无
285	(2019)28号	2019/4/28	冷济伟（*ST南电财务部副经理）	"*ST南电A"	冷济伟为法定内幕信息知情人，并且在内幕信息期间交易"*ST南电A"	责令冷济伟依法处理非法持有的证券，对冷济伟处以30 000元罚款	1.当事人没有获取内幕信息；2.买入行为不异常；3.基于独立分析；4.请求免于处罚	1.当事人全仓买入股票的异常性；2.当事人没有免于处罚情节
286	(2019)30号	2019/4/30	董世启（杭州搜影的创始股东和时任技术总监）马婧	"巨龙管业"	董世启、马婧二人利用内幕信息在内幕敏感期间进行交易"巨龙管业"	责令董世启和马婧处理非法持有的股票，没收董世启和马婧违法所得，并处159 864.24元的罚款	无	无

续表

序号	处罚案号	处罚时间	受处罚人	交易证券	处罚事由	处罚结果	抗辩事由	反驳理由
287	(2019) 31号	2019/4/30	苏立华 孔德永	"万家文化"	孔德永属于法定内幕人员，在内幕信息敏感期内向苏立华发送交易指令，并且进行交易"万家文化"	1. 没收苏立华违法所得687 838.22元，并处以1 375 676.44元罚款，罚没款共计2 063 514.66元；2. 对孔德永处以60万元罚款	1. 苏立华不是内幕信息知情人；2. 缺乏内幕联系的证件；3. 账户资金记录不具有证明力；4. 苏立华的交易不具有异常性	1. 交易行为异常且无法解释；2. 对苏立华其不是法定内幕信息知情人的申辩予以采纳
288	(2019) 32号	2019/4/30	王永琴	"巨龙管业"	王永琴利用私人关系获取内幕信息，并且在内幕期间交易"巨龙管业"	责令王永琴处理非法持有的股票，对王永琴处以50万元的罚款	无	无
289	(2019) 41号	2019/5/27	余树林	"科融环境"	余树林利用私人关系获取内幕信息，并且在内幕信息期间内交易"科融环境"	没收余树林违法所得175.06万元，并处以525.18万元的罚款	1. 基于自己的分析决策；2. 交易行为正常合理；3. 获利和内幕信息没有因果关系；4. 三倍处罚没有法律和事实依据	1. 交易无无合理解释且异常；2. 是根据内幕信息获利行为且无正常交易行为；3. 处罚金额正确
290	(2019) 47号	2019/5/27	李健铭	"瑞和股份"	李健铭利用自己的私人关系获取内幕信息，使用自己证券账户以及"范某坤"证券账户交易"瑞和股份"	没收李健铭违法所得2 131 231.59元，并处以6 393 694.77元的罚款	1. 认定"国庆节前，李某平开始有了实施高送转的想法"没有事实根据；2. 通过上市公司年报等公开信息，足以判断案涉瑞和股份现金分红和转增股本即"送转"的预期，并不需要"内幕信息"。当事人判断瑞	1. 李某平已经就瑞和股份2016年是否可以考虑做高送转与叶某彪、陈某刚进行讨论，李某平还向陈某刚询问公司资产状况、资本公积金情况、现金流等与实施利润分配直接相关的情况。其在2016年11月3日之前已动议、筹划实

续表

序号	处罚案号	处罚时间	受处罚人	交易证券	处罚事由	处罚结果	抗辩事由	反驳理由
							和股份利好，通过正常分析数据即可知悉，并不需要通过"内幕信息"进行交易	转增股本，认定内幕信息形成不晚于2016年11月3日，证据充分；2.关于当事人交易的异常性，其未提出正当理由或者正当信息来源
291	(2019) 48号	2019/5/27	倪汉腾 郑少銮	"瑞和股份"	倪汉腾、郑少銮利用私人关系获取内幕信息，在内幕信息期间交易"瑞和股份"	责令倪汉腾、郑少銮依法处理非法持有的股票，没收倪汉腾、郑少銮违法所得7 940 630.21元，并处以23 821 890.63元的罚款	1.认定当事人获取内幕信息没有事实依据；2.认定当事人与内幕人间交流内幕信息没有证据支持；3.内幕信息时间认定错误；4.基于公开信息进行判断	1.当事人知悉内幕信息；2.内幕信息的认定过程和时间正确；3.涉案信息具有未公开性；4.当事人交易的异常性
292	(2019) 51号	2019/6/3	北京新发展集团有限公司 李瑞承	"厦华电子"	新发展集团交易"厦华电子"的行为明显异常。一是买入"厦华电子"的时间与内幕信息变化和公开时间基本一致；二是涉案账户组在两三个月没有交易后，于"厦华电子"停牌前一周突然大量亏损卖出持有的"太阳能"，大量、集中买入"厦华电子"，买入意愿强烈，与平时交易习	1.对北京新发展集团有限公司处以30万元的罚款；2.对李瑞承给予警告，并处以15万元的罚款	无	无

附表 2004-2020年内幕交易行政处罚书

续表

序号	处罚案号	处罚时间	受处罚人	交易证券	处罚事由	处罚结果	抗辩事由	反驳理由
					惯明显不同；三是交易行为与"厦华电子"在此期间公开信息反映的基本面相背离。李瑞承提出的交易理由不能合理解释新发展集团交易的异常性			
293	(2019) 54号	2019/6/11	郭海	"中文传媒"	郭海在涉案期间与内幕信息知情人联系并且在敏感期间交易"中文传媒"	责令郭海依法处理非法持有的股票，对郭海没收违法所得并处以58 751 759.57元罚款	1. 内幕信息时间错误；2. 涉案信息不构成内幕交易；3. 过了追诉时效；4. 违法所得计算错误	1. 内幕时间认定正确；2. 涉案信息属于内幕信息；3. 涉案交易行为明显异常；4. 未超过追诉时效
294	(2019) 56号	2019/6/12	刘德先	"华泰股份"	刘德先利用私人关系获取内幕信息，并且控制使用"李某"账户组交易"华泰股份"	没收刘德先违法所得4 910 494.56元，并处以14 731 483.68元罚款	1. 本案证据不足以认定违法事实；2. 当事人不存在内幕交易；3. 本案适用法律错误；4. 本案处罚幅度失当	1. 本案事实清楚，证据确凿；2. "李某"账户组由刘德先实际控制使用且确定了当事人利用内幕信息；3. 我会适用法律正确且处罚得当
295	(2019) 63号	2019/6/19	袁志敏（金发科技董事长）王宗明	"金发科技"	袁志敏向王宗明提供交易资金并且在内幕期间联系密切，二人合谋交易"金发科技"	责令王宗明依法处理非法持有的"金发科技"，没收二人违法所得327 294.99元，并对袁志敏处以589 130.98元罚款，对王宗明处以392 753.99元罚款	王宗明提出：1. 袁志敏向王宗明转账是为了偿还债务；2. 交易属于个人判断；3. 交易时间与内幕时间吻合纯属巧合；4. 交易亏损，没有获利	1. 内幕时间认定错误；2. 交易不合理；3. 二人交易行为与内幕时间高度吻合；4. 违法所得计算正确

续表

序号	处罚案号	处罚时间	受处罚人	交易证券	处罚事由	处罚结果	抗辩事由	反驳理由
296	（2019）66号	2019/6/28	张红	"阳普医疗"	"张某闲"账户开立后即交易"阳普医疗"，且为首次买入该股票，于2015年1月28日至2月17日大量集中买入，买入意愿强烈，内幕信息公开后卖出所持股票。张红系内幕信息知情人邓某华配偶，两人共同居住，在内幕信息敏感期内，使用"张某闲"账户交易"阳普医疗"，交易时点与内幕信息形成及公开过程基本吻合，交易行为明显异常，且不能作出合理说明，也未提供相关证据排除其利用内幕信息进行交易	没收张红违法所得9 446 329.16元，并处以28 338 987.48元罚款	1.内幕信息敏感期认定错误。本案内幕信息公开日的认定也不符合法律规定，且与既有案例相悖，公开日应当认定为2015年2月26日，即阳普医疗停牌并公布重大事项当日；2.张红的行为不构成内幕交易：张红不知悉内幕信息，不能仅凭夫妻关系、共同居住推定其知悉内幕信息。3.张红交易"阳普医疗"有合理依据	1.2014年12月2日，阳普医疗已有收购广州惠侨之意向，并拟定具有支付对价、支付方式等细节的股权转让意向书，涉及内幕信息的重大事项已进入筹划阶段，认定为内幕信息形成起点并无不当；2.根据本案内幕信息敏感期的认定，张红作为邓某华的配偶，使用"张某闲"账户在内幕信息敏感期内交易"阳普医疗"，其开户、交易等行为与内幕信息形成过程基本吻合，交易行为明显异常，其买入理由不足以解释相关交易
297	（2019）73号	2019/7/29	许伟强	"鼎立股份"	许伟强利用私人关系获取内幕信息，并且在内幕期间交易"鼎立股份"	没收许伟强违法所得5 442 513.48元，并处以10 885 026.96元罚款	1.内幕时间认定错误；2.证据不足以认定内幕信息；3.交易符合以往交易习惯；4.许伟强不是内幕信息知情人；5.违法所得计算违反公平原则	1.内幕时间认定正确；2.证明材料充足合理；3.对交易行为的异常无法解释；4.处罚公平

续表

序号	处罚案号	处罚时间	受处罚人	交易证券	处罚事由	处罚结果	抗辩事由	反驳理由
298	(2019)75号	2019/7/31	阳雪初	"中青宝"	阳雪初利用内幕信息交易"中青宝"	没收阳雪初违法所得并处以197 188 114.7元的罚款	1. 内幕时间认定错误;2. 通过公开信息进行决策;3. 当事人对内幕信息不知情;4. 交易理由正当;5. 行政处罚证明标准未达到	1. 关于内幕信息时间正确;2. 当事人获取了内幕信息确切;3. 交易明显异常
299	(2019)76号	2019/7/31	孙咸明	"维力医疗"	孙咸明利用私人关系获取内幕信息,并且控制使用"姚某芳"账户组交易"维力医疗"	没收孙咸明违法所得并处以392 750.55元罚款	无	无
300	(2019)77号	2019/8/2	王驾宇	"神州数码"	王驾宇利用私人关系获取内幕信息,并且在内幕信息期间交易"神州数码"	对王驾宇没收违法所得2 168 268.35元,并处以6 504 805.05元罚款	1. 内幕时间认定错误;2. 与内幕人员联系没有涉及内幕信息;3. 交易行为不具有异常;4. 交易正常基于个人判断	1. 内幕时间认定正确;2. 没有获取内幕信息的抗辩错误;3. 交易行为明显异常且不能合理解释
301	(2019)78号	2019/8/2	龚彩霞	"东阳光科"	内幕信息知情人朱某伟于2016年9月6日知悉内幕信息。内幕信息敏感期,"龚彩霞"账户于2016年9月19日至11月8日连续买入"东阳光科"31万股,没有卖出,买入时点异常,买入意愿较强,买入行为高度	没收龚彩霞违法所得53 172.97元,并处以159 518.91元的罚款	无	无

续表

序号	处罚案号	处罚时间	受处罚人	交易证券	处罚事由	处罚结果	抗辩事由	反驳理由
					异常,且龚彩霞不能作出合理说明。上述违法事实,有东阳光科相关公告、相关当事人询问笔录及通讯记录、证券账户资料等证据证明,足以认定			
302	(2019)79号	2019/8/2	郭梅高	"东阳光科"	郭梅高利用私人关系获取内幕信息,并且在内幕信息期间交易"东阳光科"	对郭梅高处以10万元的罚款	无	无
303	(2019)80号	2019/8/2	卢英俊	"东阳光科"	卢英俊在内幕信息期间与内幕人员联系密切,并且交易"东阳光科"	对卢英俊处以60万元的罚款	无	无
304	(2019)81号	2019/8/2	张勇周美林	"东阳光科"	张勇、周美林利用私人关系获取内幕信息,并且在内幕期间交易"东阳光科"	1. 对张勇内幕交易行为处以5万元的罚款,对张勇泄露内幕信息行为处以3万元的罚款,合计处以8万元的罚款;2. 对周美林内幕交易行为处以3万元的罚款	无	无
305	(2019)89号	2019/8/14	李军刘帆(刘帆作为深圳华腾风控总监)	"太阳鸟"	刘帆向李军泄露内幕信息,之后李军在内幕信息期间并使用"李军""李某祺"证券账户内幕交易"太阳鸟"	1. 没收李军违法所得500 913.19元,并处以1 502 739.57元罚款;2. 对刘帆处以200 000元罚款	李军提出:1. 涉案信息不属于内幕信息;2. 本案内幕信息敏感期认定错误;3. 交易不存在异常。刘帆提出:1. 没有	1. 李军和刘帆关系密切;2. 二人在内幕期间联系密切

续表

序号	处罚案号	处罚时间	受处罚人	交易证券	处罚事由	处罚结果	抗辩事由	反驳理由
							证据证明刘帆透露内幕信息；2.二人交易时间不一致；3.内幕信息的认定于法无据	
306	(2019)90号	2019/8/16	刘雁（中天能源任职行政总监）蒋嬿	"中天能源"	在内幕期间刘雁、蒋嬿利用私人关系获取内幕信息，蒋嬿控制使用本人账户交易"中天能源"	1.没收刘雁违法所得1 699 071.40元，并处以5 097 214.20元罚款；2.没收蒋嬿违法所得135 260.09元，并处以405 780.27元罚款	1.推定刘雁获取内幕信息证据不充分；2.当事人没有内幕信息的主观恶意；3.配合调查	1.内幕认定时间正确；2.交易明显异常；3.量罚适当
307	(2019)91号	2019/8/30	张建国	"光正集团"	张建国利用私人关系获取内幕信息，并且在内幕期间交易"光正集团"	对张建国没收违法所得2 670 161元，并处以5 340 322元罚款	1.内幕时间认定错误；2.当事人对内幕信息不知情；3.证券账户并非为涉案交易专门开设；4.交易正常合理；5.行政机关负有举证责任	1.内幕时间认定正确；2.当事人交易明显异常；3.交易理由和信息来源无法解释交易异常情况；4.行政机关举证正确
308	(2019)92号	2019/8/30	郭映娟（时任光正集团北京分公司经理）	"光正集团"	郭映娟属于法定内幕信息知情人，在内幕信息敏感期间交易"光正集团"	对郭映娟处以3万元罚款	无	无
309	(2019)96号	2019/9/4	奔腾集团 张郁达 田永林	"奔腾实业"	张郁达、田永林属于法定内幕信息知情人，在内幕信息敏感期间交易"奔腾实业"	1.责令奔腾科技实业集团股份有限公司改正，给予警告，并处以60万元的罚款；2.对张郁达给予警告，	无	无

续表

序号	处罚案号	处罚时间	受处罚人	交易证券	处罚事由	处罚结果	抗辩事由	反驳理由
						并处以30万元的罚款；3.对田永林给予警告，并处以10万元的罚款		
310	(2019) 97号	2019/9/4	张郁达 张晓敏	"奔腾集团"	张郁达、田永林属于法定内幕信息知情人，在内幕信息敏感期间交易"奔腾实业"	没收张郁达、张晓敏违法所得703 691.74元，并处以3 518 458.70元的罚款	无	无
311	(2019) 98号	2019/9/5	首善财富管理集团有限公司吴正新（首善集团董事长）	"宝新能源"	吴正新作为法定内幕信息知情人并且利用首善财富的资金和账户交易"宝新能源"	1.对首善集团处以60万元罚款；2.对吴正新给予警告，并处以30万元罚款	1.内幕信息形成日认定错误；2.不知悉内幕信息；3.基于自己的交易计划	1.对当事人内幕信息时间错误的申辩不予采纳；2.对未获取内幕信息的申辩不采纳；3.交易异常性明显
312	(2019) 99号	2019/9/5	刘兴旺（宝新能源全资子公司宝新资产的总经理）	"宝新能源"	刘兴旺为法定内幕信息知情人，并且在法定内幕信息期间交易"宝新能源"	没收刘兴旺违法所得42 340.26元，并处以84 680.52元罚款	1.内幕时间认定错误；2.交易不异常；3.配合调查，请求处罚从轻	1.内幕时间认定正确；2.当事人的行为已构成内幕交易特征；3.处罚正确
313	(2019) 100号	2019/9/5	陆朝阳（为东方富海的投委会秘书处秘书长）	"宝新能源"	陆朝阳为法定内幕人员，并且在内幕信息期间对"宝新能源"进行交易	没收陆朝阳违法所得2 077.74元，并处以15万元罚款	1.陆朝阳参与的工作只是例行性日常工作；2.没有利用内幕信息交易且符合交易习惯；3.主动向调查组陈述	1.当事人没有获取和利用内幕信息抗辩不采纳；2.已经考虑了主动陈述行为，处罚正确
314	(2019) 102号	2019/9/6	黄建国（新日升的实际控制人）	"邦宝益智"	黄建国利用私人关系获取内幕信息，并且在敏感期间交易"邦宝益智"	对黄建国处以30万元罚款	1.涉案信息不应当被认定为内幕信息；2.当事人无法利用"内幕信息"；3.证据不足；	1.当事人利用了内幕信息；2.当事人所说相关信息始终没有公开，没有证据支持；3.证据能够证

附表 2004-2020年内幕交易行政处罚书

续表

序号	处罚案号	处罚时间	受处罚人	交易证券	处罚事由	处罚结果	抗辩事由	反驳理由
							4. 证据不符合法定程序	明违法成立；4. 交易特征明显异常；5. 证据符合法定程序
315	(2019) 111号	2019/10/31	郑根彩	"巨龙管业"	吕某仁作为法定内幕信息知情人，郑根彩作为其前妻，属于内幕信息知情人的其他关系密切的人员，在内幕信息公开前，吕某仁转入的资金为当事人购买"巨龙管业"股票的来源。结合账户资金实际归属吕某仁，二人通讯联络与资金转入、账户交易时点高度吻合，账户交易与内幕信息发展过程高度吻合等证据，郑根彩利用"郑根彩"证券账户内幕交易"巨龙管业"，构成内幕交易行为	没收违法所得88 558.25元，并处以265 674.75元的罚款	郑根彩提出：1. 购买"巨龙管业"系个人行为，与吕某仁无关，资金来源于吕某高通过吕某仁归还的借款以及吕某仁给儿子结婚用的200万元，吕某仁未告知其任何消息；2. 单一买入"巨龙管业"是因为看好巨龙管业转型后的手游行业；3. 不应将其认定为内幕信息知情人的其他关系密切人员；4. 行政处罚要有充分的事实依据，需遵循无罪推定；5. 相较于其他内幕交易案件涉案金额，处罚幅度有失公平	1. 结合当事人购买"巨龙管业"资金实际来源吕某仁，二人通讯联络与资金转入、账户交易时点高度吻合，账户交易与内幕信息发展过程高度吻合等证据，当事人内幕交易"巨龙管业"事实清楚，证据充分。2. 其陈述意见辩称单一买入理由是看好巨龙管业转型后的手游行业，与上述理由不一致。当事人的交易行为明显异常，且无正当理由或正当信息来源

续表

序号	处罚案号	处罚时间	受处罚人	交易证券	处罚事由	处罚结果	抗辩事由	反驳理由
316	(2019)112号	2019/10/31	楼蓉	"巨龙管业"	吕某高是法定内幕信息知情人,楼蓉作为其配偶,属于内幕信息知情人的近亲属,在内幕信息公开前,一起居住,关系密切。结合账户资金实际来源于吕某高,资金转入、账户交易与内幕信息形成和发展过程高度吻合等证据,楼蓉利用"林某华"证券账户内幕交易"巨龙管业"	对当事人楼蓉处以50万元的罚款	无	无
317	(2019)115号	2019/10/31	吴伟快	"三维股份"	吴伟快时任广西三维供应部副部长,经常当面或者通过电话与叶某艇沟通汇报工作,内幕信息形成期间吴伟快与叶某艇存在频繁联络。2018年1月31日前某日,吴伟快于叶某艇办公室门外,听到叶某艇与金某兵谈及三维股份拟并购广西三维事宜,获取了内幕信息。"吴某达"账户分两笔(吴伟快本人	没收违法所得118 639.93元,并处以355 919.79元的罚款	无	无

续表

序号	处罚案号	处罚时间	受处罚人	交易证券	处罚事由	处罚结果	抗辩事由	反驳理由
					操作一笔，指使吴某达操作一笔）合计买入"三维股份"38 500股，认定吴伟快构成内幕交易行为			
318	(2019) 117号	2019/10/31	花雷	"沙钢股份"	李某在北京时常会去花雷经营的饭店吃饭，届时花雷会去陪同。李某与花雷在内幕信息形成至公开期间有通讯联络，其中2016年8月26日，李某主叫花雷通话。"花雷"证券账户2015年7月27日开立于安信证券北京复兴门外大街证券营业部，由其本人控制使用。"花雷"账户未卖出"沙钢股份"，账面亏损，未取得违法所得，当事人无证据排除内幕交易行为，因此，构成内幕交易	责令花雷依法处理非法持有的证券，并对花雷处以60万元的罚款	1. 花雷在2016年2月已经关注并买入"沙钢股份"，在同年8月该股价格涨幅近一倍时认为是买入时机，并结合股吧等公开信息及个人经验判断后买入。2. 花雷的另一个证券账户在涉案交易前六个月有频繁交易，交易"沙钢股份"符合其以往股票交易习惯。3. 交易账面亏损且不具有主观恶性	1. 花雷与内幕信息知情人李某联络接触时点与其本人交易涉案股票时点高度关联。2. 花雷交易"沙钢股份"的行为明显异常。3. 花雷对其交易异常性不能作出合理说明或者提供证据排除其存在利用内幕信息从事证券交易活动

续表

序号	处罚案号	处罚时间	受处罚人	交易证券	处罚事由	处罚结果	抗辩事由	反驳理由
319	(2019) 118号	2019/10/31	熊天祥	"博瑞传播"	当事人熊天祥与内幕信息知情人王某同为博瑞传播投资发展部员工，王某负责跟踪联系公交传媒项目进展信息。该部门办公环境为敞开式办公，员工卡位之间距离较近，日常工作交流彼此都可听见，且当事人与王某的卡位之间仅相隔一人。在内幕信息敏感期买入"博瑞传播"的收益情况为亏损157 260.34元	责令当事人熊天祥依法处理非法持有的证券，并处以20万元罚款	熊天祥认为其交易"博瑞传播"主要依据个人判断，与涉案内幕信息无关。主要理由为：当时博瑞传播公司经营无异常，且已于1月31日发布了2017年度业绩预减公告，短期内利空已经出尽；公司新任董事长任后大概率会在近期推出重大措施以确保博瑞传播业绩能在短期内回暖，同时当事人认为将"公交传媒"和"每日经济"装入上市公司符合提升集团资产证券化率的战略目标。另，3月1日上午，博瑞传播公司股票大涨，当事人在涨幅超过3%后买入，属于追涨不得行为，并不是因获取敏感信息进行的内幕交易	关于当事人交易决策的依据。本案中，当事人打探内幕信息与其对公司基本面与价格走势进行分析研判，两者之间并不矛盾，而是相互印证，为其做出交易决策提供更充分的信息、依据。当事人关于其交易"博瑞传播"有合理依据的申辩，既不能否定其获知内幕信息的基本事实，亦不足以为其在近三年未进行证券交易的情形下突击转入资金，集中买入"博瑞传播"的行为提供合理解释，其申辩理由不能成立

续表

序号	处罚案号	处罚时间	受处罚人	交易证券	处罚事由	处罚结果	抗辩事由	反驳理由
320	(2019) 126号	2019/11/14	陆飞	"江山股份"	陆飞使用"任某晓"账户买入"江山股份",交易时间与内幕信息形成、发展过程高度吻合。"任某晓"账户内幕信息敏感期内交易"江山股份"系2018年以来首次买入股票,买入具有集中、大量、交易金额放大等特点。"任某晓"账户在买入前、买入中大量突击转入资金,借用他人资金买入,买入意愿强烈,与该证券公开信息反映的基本面明显背离,存在明显异常性	没收陆飞内幕交易"江山股份"违法所得601 894.31元,并处以1 203 788.62元的罚款	无	无
321	(2019) 127号	2019/11/18	陶扬	"隆平高科"	陶阳利用职务便利获取内幕信息,在敏感期间内交易"隆平高科",构成内幕交易行为	责令陶扬依法处理非法持有的证券,并处以3万元的罚款	无	无
322	(2019) 136号	2019/12/2	刘军 宋彦君	"岭南园林"	宋彦君从刘军处获悉相关内幕信息后,于2016年2月19日至24日期间,利用其本人名下两个证券账户集中大量买入"岭南园林",其行为与内幕交易行为完全吻合	1. 对刘军处以3万元罚款; 2. 责令宋彦君依法处理非法持有的股票,并对其处以20万元罚款	无	无

续表

序号	处罚案号	处罚时间	受处罚人	交易证券	处罚事由	处罚结果	抗辩事由	反驳理由
323	(2019)137号	2019/12/2	王翔 郑飚	"岭南园林"	郑飚是王翔的姐夫。2014年初,王翔引导郑飚入市投资股票并指导其炒股。2016年2月7日,王翔在与郑飚打电话拜年时建议郑飚关注并买入"岭南园林"。郑飚的交易活动与内幕信息形成、变化和公开过程高度吻合,行为明显异常,且其不能作出合理解释或提出证据排除内幕交易	1.对王翔处以10万元罚款;2.责令郑飚依法处理非法持有的证券,并对其处以10万元罚款	无	无
324	(2019)138号	2019/12/2	曹军	"岭南园林"	曹军在涉案交易发生的时间同内幕信息形成时间以及曹军与赵某乙联络的时间高度吻合,且存在突击组织大量资金集中单一买入"岭南园林"等情况,相关交易行为明显异常,且其不能作出合理解释或提出证据排除内幕交易	责令曹军依法处理非法持有的证券,对其没收违法所得1 749 599.09元,并处以5 248 797.27元罚款	无	无
325	(2019)139号	2019/12/2	王翔	"岭南园林"	师某欣系王翔之妻,"王翔""师某欣"证券账户的交易均由王翔决策并下单操作。	责令王翔依法处理非法持有的证券,并对王翔处以20万元罚款	无	无

附表　2004-2020年内幕交易行政处罚书

续表

序号	处罚案号	处罚时间	受处罚人	交易证券	处罚事由	处罚结果	抗辩事由	反驳理由
					两账户在内幕信息公开前交易"岭南园林"。涉案交易活动同王翔与内幕信息知情人联络、接触的时点高度吻合，交易活动明显异常，且其不能作出合理解释或提出证据排除内幕交易			
326	（2019）145号	2019/12/5	李旦	"钟某玲"	李旦作为证券从业人员利用职业便利获取内幕信息，在敏感期间内交易涉案证券"钟某玲"，构成内幕交易行为	1.对利用未公开信息交易股票的行为，对李旦责令改正，处以20万元罚款；2.对证券公司的从业人员私下接受客户委托买卖证券的行为，对李旦责令改正，给予警告，并处以20万元罚款	无	无
327	（2019）146号	2019/12/12	王萍	"汇顶科技"	王萍系首次交易"汇顶科技"，且在此期间除申购新股外仅买入该股票，同时存在卖出其他股票买入"汇顶科技"及新增资金、融资买入等情形，其成交金额较其他股票明显放大，买入意愿强烈	对王萍处以55万元罚款	王萍倾向于中长期价值投资，认准后投入资金较多，且不断追加，风险偏好较高，且对非常看好的股票会重仓持有，如在2015年三季度、2017年三季度分别成为"安彩高科"	2017年11月16日王萍持有"汇顶科技"市值占账户总资产比例接近100%。由此可见，当事人在涉案期间买入"汇顶科技"的金额及资产占比均明显放大，且其在内幕信息敏感期除申购新股外仅买入该股票，交易活动与内幕信息高

续表

序号	处罚案号	处罚时间	受处罚人	交易证券	处罚事由	处罚结果	抗辩事由	反驳理由
							"泰禾光电"前十大流通股股东。当事人交易"汇顶科技"的手法与其过往交易股票的风格一致，不存在明显异常	度吻合，当事人关于其交易习惯的解释不足以否定涉案交易行为的明显异常
328	(2020)7号	2020/3/27	卞忠元	"天沃科技"	卞忠元与内幕信息知情者陈某忠联系密切，在敏感期间内交易"天沃科技"，交易明显异常，构成内幕交易行为	没收卞忠元违法所得1 421 952.64元，并处以4 265 857.92元的罚款	其曾经交易过涉案股票，其交易行为具有连贯性。卞忠元炒股多年，购买涉案股票前了解到中植系重仓该股、国家社保高比例加仓、高管增持、股权激励等信息并参考股吧消息，因此具有买入信心。从炒股经历看，其习惯于重仓买入一只股票，其交易"天沃科技"并没有背离交易习惯	卞忠元在内幕信息形成后、公开前与内幕信息知情人陈某忠多次联络并借用他人账户从事与该内幕信息相关的证券交易，相关交易行为明显异常，且无正当理由或者正当信息来源。我会对卞忠元的陈述申辩意见不予采纳

附表 2004—2020 年内幕交易行政处罚书

续表

序号	处罚案号	处罚时间	受处罚人	交易证券	处罚事由	处罚结果	抗辩事由	反驳理由
329	(2020) 10 号	2020/3/31	汪耀元 汪玓玓	"健康元"	汪耀元、汪玓玓系父女关系,汪耀元、汪玓玓控制使用了"汪耀元""汪玓玓""沈某蓉"等12个自然人账户和四川信托有限公司-宏赢五号结构化证券投资集合资金信托计划,除"谢某康""汪玓玓"账户外,其他涉案账户均系在内幕信息敏感期内首次买入"健康元",且买入金额巨大,同时普遍存在卖出其他股票集中交易"健康元"的情形,买入意愿十分强烈,并随着内幕信息确定性的增强进一步放大交易量	没收汪耀元、汪玓玓违法所得906 362 681.39元,并处以2 719 088 044.17元罚款	汪玓玓主张,其在内幕信息敏感期内与内幕信息知情人没有过联络、接触,与汪耀元也没有交流过任何有关"健康元"的信息,未非法获取内幕信息,购买"健康元"系根据自我研究和公开信息中获得的利好消息作出的投资决策,是完全正当合理的交易行为。其长期从事证券交易,具有研判公司股票走势的能力和经验	汪耀元在内幕信息敏感期内与内幕信息知情人欧某平、朱某国有通讯联络和见面接触,具有获取内幕信息的途径,且综合全案事实、证据,汪耀元、汪玓玓不能对前述明显异常的交易行为做出合理说明,亦不能提供证据排除内幕交易,我会认定其构成内幕交易有充分的事实和法律依据
330	(2020) 13 号	2020/3/12	方吉良	"青龙管业"	内幕信息敏感期内,当事人与内幕信息知情人陈某兴、季某、尹某华等人频繁通话联系,"方吉良"账户由当事人本人实际控制,账户股票为青龙管业上市时的原始股。内幕信息敏感期内,当	没收当事人违法所得5 833 916.04元,并处以11 667 832.08元罚款	当事人的涉案交易行为不构成内幕交易。当事人在青龙管业担任的监事会主席、在青龙小贷担任的挂名董事等工作职务不能为其知悉内幕信息提供便利,其与内幕信息知情	当事人的交易活动与内幕信息高度吻合,交易异常性明显。当事人交易活动发生在内幕信息敏感期内,且一解禁就卖出。2017年6月29日解禁,当事人就于当日大量卖出;7月3日继续卖出。两次减

续表

序号	处罚案号	处罚时间	受处罚人	交易证券	处罚事由	处罚结果	抗辩事由	反驳理由
					事人委托青龙管业帅某帮其下单减持"青龙管业",委托电脑IP地址与青龙管业IP地址一致,与内幕交易行为高度吻合		人通话联系的内容主要为党务和政府协调事宜,与内幕信息无关。当事人减持"青龙管业"是由于股价上涨和家庭资金需要,减持前获得青龙管业公司实际控制人和董秘同意,2011年至2016年间当事人存在多笔原始股减持交易	持合计卖出119万股,占可售股数的99.73%,减持意愿强烈。虽然当事人交易笔数少,但这不构成否定其交易行为与内幕信息高度吻合的理由
331	(2020)14号	2020/4/7	蔡越	"九洲药业"	蔡越与内幕信息知情人共同生活、通话联络频繁,所涉证券交易活动明显异常且不能作出合理说明或者提供证据排除其存在利用内幕信息从事相关证券交易活动,其行为构成内幕交易	责令蔡越处理非法持有的证券,并对蔡越处以30万元罚款	"蔡越"账户在涉案期间没有买入"九洲药业",相反有过卖出行为。如果为了利用内幕信息获利,以蔡越本人掌控的资金及其他股票调仓买入更加方便,而不必使用"王某君"账户进行交易。所以"王某君"账户的买入纯属偶然	1. 蔡越与内幕信息知情人共同生活且通话联络频繁。2. "牟某素"账户由蔡越下单交易,蔡越未提供该账户交易"九洲药业"系由牟某素指定的客观证据,未提供有明确内容的交易指令。3. "蔡越"账户的交易情况不能排除"王某君"账户等其控制的其他证券账户内幕交易

续表

序号	处罚案号	处罚时间	受处罚人	交易证券	处罚事由	处罚结果	抗辩事由	反驳理由
332	(2020) 15号	2020/4/14	潘丽娟	"华夏幸福"	章某祥是潘丽娟丈夫,其证券账户开立于国都证券华山路营业部,由潘丽娟实际控制、使用,交易指令由潘丽娟做出,使用家中笔记本电脑下单交易。内幕信息敏感期内,"章某祥"账户买入"华夏幸福",交易明显异常,与内幕交易行为高度吻合	1.责令潘丽娟依法处理非法持有的"华夏幸福"股票;2.没收潘丽娟违法所得36 582.86元,并处以109 748.58元罚款	无	无
333	(2020) 16号	2020/4/14	张卡非	"华夏幸福"	陈某利是张卡非的丈夫,"张卡非""陈某利"证券账户都由张卡非实际控制、使用,交易指令由张卡非做出,使用家中台式机电脑下单交易。"张卡非""陈某利"账户存在单一持股特征,且买入"华夏幸福"习惯与其交易习惯明显不符,单只股票交易金额明显放大,2018年交易股票只数与往年差异较大,两账户均存在亏损卖出后买入目标股票的异常特征	没收张卡非违法所得274 327.99元,并处以822 983.97元罚款	无	无

续表

序号	处罚案号	处罚时间	受处罚人	交易证券	处罚事由	处罚结果	抗辩事由	反驳理由
					上述内幕信息发展过程与相关账户的资金划转时点、银证转账时点、交易时点高度吻合,交易行为明显异常。张卡非对内幕信息敏感期内交易"华夏幸福"没有提出正当理由或合理解释。上述违法事实有相关证券账户资料、证券账户交易流水、银行账户资料、电子设备取证信息以及相关人员询问笔录等证据证明,足以认定			
334	(2020)27号	2020/6/12	高翔	"新纶科技"	高翔作为内幕信息的法定知情人,在敏感期间交易"新纶科技",交易明显异常,构成内幕交易行为	对高翔没收违法所得1 320 590.90元,并处以3 961 772.70元罚款	无	无
335	(2020)28号	2020/6/12	程晓	"新纶科技"	程晓时为国泰君安证券深圳分公司金融市场部业务经理,自2016年开始与新纶科技有业务合作。2017年,程晓多次带国泰君安证券深圳分公司投行部人员到新纶科技拜访。	对程晓没收违法所得85 567.47元,并处以427 837.35元罚款	无	无

附表 2004-2020 年内幕交易行政处罚书

续表

序号	处罚案号	处罚时间	受处罚人	交易证券	处罚事由	处罚结果	抗辩事由	反驳理由
					2018年1月，程晓曾受高某之托帮助联系配资账户，后程晓本人出面与资金方签订了配资协议。此后，程晓在敏感期内进行交易，构成内幕交易行为			
336	(2020) 33号	2020/7/13	徐玉岩	"晨鑫科技"	晨鑫科技时任董事刘某庆被采取强制措施，赵某松将刘某庆被捕一事告知徐玉岩。当日17时至3月7日开盘前，徐玉岩与赵某松多次通话。内幕信息公开前，徐玉岩卖出"晨鑫科技"的情况，构成内幕交易行为	对徐玉岩没收违法所得582 841.53元，并处以582 841.53元的罚款	无	无
337	(2020) 34号	2020/7/13	赵长松	"晨鑫科技"	晨鑫科技时任董事刘某庆被采取强制措施，赵长松在得知该消息后在敏感期间内交易"晨鑫科技"，交易明显异常，构成内幕交易行为	没收赵长松违法所得394 189.62元，并处以394 189.62元的罚款	无	无
338	(2020) 35号	2020/7/13	殷张伟	"嘉化能源"	殷张伟与内幕信息知情人通话联系均发生在本次内幕信息敏感期内，且与殷张伟交易"嘉化能源"	1. 责令殷张伟依法处理非法持有的证券，如有违法所得予以没收；2. 对殷张伟处以30万元的罚款	无	无

续表

序号	处罚案号	处罚时间	受处罚人	交易证券	处罚事由	处罚结果	抗辩事由	反驳理由
					的时点高度吻合。殷张伟虽然一直有买入"嘉化能源",但是在本次敏感期内的交易量较其他交易日的交易量明显增大			
339	(2020) 40号	2020/7/29	黄骏	"万丰奥威"	黄骏在内幕信息敏感期内,在与内幕信息知情人陈某军联络接触后,实际控制"姜某"账户集中资金买入"万丰奥威"的行为明显异常,与内幕信息发展、变化、公开高度吻合,黄骏对上述行为无合理解释。黄骏的行为违反了2005年《证券法》第七十三条、第七十六条第一款的规定,构成2005年《证券法》第二百零二条所述的内幕交易行为	没收黄骏内幕交易违法所得120 291.73元,并对黄骏处以120 291.73元罚款	"姜某"账户相关交易行为无明显异常,且有合理解释:一是关于资金来源,黄骏银证转账行为与涉案交易行为没有必然联系,且黄骏未动用银行账户余额买入"万丰奥威";二是关于交易行为,"姜某"账户曾于2013年9月12日买入"万丰奥威"8000股,2013年10月8日买入"万丰奥威"时是分时段买入,买入行为并不急迫,2013年10月9日,"黄骏"银行账户还有82万元余额,但黄骏未动	黄骏涉案交易行为呈现了借用他人账户交易,交易量放大,集中资金、单向买入,交易时点和联络接触时点高度吻合,资金划转和交易时点与内幕信息发展、变化、公开高度吻合等内幕交易特征。黄骏所称"姜某"账户曾经买入"万丰奥威"、买入行为并不急迫、没有动用更多资金买入等情况并不影响我会关于其交易行为具有异常性的认定

附表 2004-2020年内幕交易行政处罚书

续表

序号	处罚案号	处罚时间	受处罚人	交易证券	处罚事由	处罚结果	抗辩事由	反驳理由
								用该笔资金，不属于集中资金买入；三是黄骏并未主动打听"万丰奥威"的信息，在被动情况下获知"万丰奥威"在进行收购，其交易行为不具有非法性；四是资金转出具有合理性，黄骏曾经在2013年10月向姜某转账、交付42万元用于姜某买入"万丰奥威"或购房，又曾于2013年11月在姜某的指示下向杨某龙汇款40万元，因此"万丰奥威"卖出后资金流向黄骏实质是姜某的还款行为
340	(2020)44号	2020/8/3	孙求生	"新城控股"	孙求生通过私人关系获取内幕信息，并在敏感期间内交易"新城控股"，构成内幕交易行为	没收孙求生违法所得654 335.56元，并处以1 308 671.12元的罚款	孙求生交易"新城控股"股票的行为并非基于知晓内幕信息，而纯属正常的自主交易	孙求生卖出"新城控股"的时间与获悉内幕信息的时间、内幕信息的形成时间高度吻合，其在敏感期内为了避损而卖出"新城控股"的动机明显

续表

序号	处罚案号	处罚时间	受处罚人	交易证券	处罚事由	处罚结果	抗辩事由	反驳理由
341	(2020) 45号	2020/8/4	张国明	"盛洋科技"	张国明在内幕信息敏感期内与内幕信息知情人叶某明存在联络、接触，内幕信息敏感期内，张国明集中资金控制使用涉案账户组累计买入"盛洋科技"，构成内幕交易行为	没收张国明违法所得1 116 770.25元，并处以1 116 770.25元的罚款	张国明不知悉内幕信息，与叶某明之间的往来不涉及内幕信息，不属于内幕信息知情人；当事人系盛洋科技原始股东，因经常路过公司能够基本判断经营状况，基于对治理团队的信任看好"盛洋科技"，买入"盛洋科技"完全依靠自身的独立判断及交易策略；证监会仅依据当事人与叶某明系朋友关系、在内幕信息敏感期内交易"盛洋科技"两点推导并认定其内幕交易，将会产生较为严重的负面影响及示范效应	我会系依法认定当事人构成内幕交易，相关事实清楚，证据充分。当事人在内幕信息公开前与内幕信息知情人存在联络、接触，其关于未获取内幕信息的申辩缺乏客观、可信的证据，不能排除内幕信息传递的可能；当事人交易"盛洋科技"行为与内幕信息高度吻合，其关于依靠自身的独立判断及交易策略买入"盛洋科技"的理由，不能合理解释其集中大量资金并借款150万元买入"盛洋科技"、交易及划转资金的时间与内幕信息变化和公开时间及当事人同内幕信息知情人联络接触时间基本一致等明显异常情形；综合上述情况，当事人不能作出合理说明或者提供证据排除其利用内幕信息交易"盛洋科

续表

序号	处罚案号	处罚时间	受处罚人	交易证券	处罚事由	处罚结果	抗辩事由	反驳理由
								技",我会认定当事人构成内幕交易于法有据
342	(2020) 46号	2020/8/4	邱炜萤	"盛洋科技"	邱炜萤为铂澜商业法定代表人、董事长、总经理。林某飞是2016年铂澜商业在全国中小企业股份转让系统挂牌时的会计师。内幕信息敏感期内,邱炜萤与林某飞频繁联络,通话共计24次	没收邱炜萤违法所得380 274.02元,并处以1 140 822.06元的罚款	无	无
343	(2020) 47号	2020/8/4	郭培能 李旭	"明家联合"	内幕信息敏感期内,经内幕信息知情人李旭和郭培能共同决策,由李旭具体操作,大量买入"明家联合",同时案涉交易存在新开立账户、交易品种单一、买入意愿十分强烈等明显异常情形,且无正当理由或正当信息来源	对郭培能、李旭处以60万元罚款,其中郭培能、李旭各罚款30万元	无	无
344	(2020) 48号	2020/8/4	陆春	"上海临港"	上海临港经济发展集团资产管理有限公司(以下简称临港资管)时为上海临港控股股东,陆春时任临港资管副总经理,因此其知悉内幕信	没收陆春违法所得131 468.43元,并处以262 936.86元罚款	当事人交易"上海临港"系基于其自身投资逻辑而作出的交易决策,属于正常的证券交易行为。当事人的交易	我会认为,当事人作为法定内幕信息知情人,其进行了与内幕信息有关的交易,违反了2005年《证券法》第二百零二条之规定。当事人

续表

序号	处罚案号	处罚时间	受处罚人	交易证券	处罚事由	处罚结果	抗辩事由	反驳理由
					息，并且内幕信息敏感内，陆春操作涉案账户敏感期间交易"上海临港"，构成内幕交易行为		且交易行为不存在异常，未利用任何内幕信息，不构成内幕交易	在陈述申辩和听证中提出的证据不足以推翻事告知中的认定，也未有证据证明其具有从轻或减轻情节，当事人的部分意见在事先告知阶段已经予以考虑
345	(2020)50号	2020/8/4	戴志标	"深天地A"	戴志标与内幕信息知情人姜某文关系密切，实际控制使用"戴志标"证券账户交易"深天地A"，在内幕信息敏感期内交易"深天地A"的行为呈现出明显异常特征，交易情况与内幕信息高度吻合，且无正当理由。平均一个月联系一两次，通过电话或微信联系。2017年4月和6月，戴志标去过姜某文所在的华旗盛世公司。戴志标非常关注"深天地A"，2017年上半年曾两次问过姜某文深天地A的重组情况	1. 没收戴志标内幕交易违法所得401 104.88元，并处以1 203 314.64元罚款；2. 对戴志标泄露内幕信息行为处以10万元罚款	无	无

续表

序号	处罚案号	处罚时间	受处罚人	交易证券	处罚事由	处罚结果	抗辩事由	反驳理由
346	(2020) 51号	2020/5/11	沈烽 黄慧红	"深天地A"	沈烽是安信证券股份有限公司（以下简称安信证券）深圳红荔西路营业部总经理，与戴某标是十几年好友，每周都要一起踢足球，见面一两次，二人主要通过电话或微信联系。沈烽不晚于2017年7月10日知悉了内幕信息并告知黄慧红，二人控制使用"张某凤"证券账户在内幕信息敏感期内交易"深天地A"，相关证券交易活动与内幕信息高度吻合且无正当理由	没收沈烽、黄慧红内幕交易违法所得120 342.25元，并处以361 026.75元罚款。	"张某凤"证券账户的资金完全属于张某凤个人所有	账户资金来源以及其是否从交易中获利，不影响我会认定其行为构成内幕交易
347	(2020) 56号	2020/9/1	徐江 童静	"长亮科技"	徐江、童静为夫妻关系。内幕信息敏感期内，徐江、童静控制使用"朱某芳""戴某军"账户交易"长亮科技"，内幕信息知情人徐江在知悉内幕信息后，与其配偶童静控制使用"朱某芳"账户、"戴某军"账户，买入"长亮科技"35 556股，其行为构成内幕交易行为	1. 责令徐江、童静依法处理非法持有的证券，没收徐江、童静违法所得248 767.67元，并处以248 767.67元罚款；2. 对徐江短线交易行为给予警告，并处以100 000元罚款	无	无

续表

序号	处罚案号	处罚时间	受处罚人	交易证券	处罚事由	处罚结果	抗辩事由	反驳理由
348	(2020) 57号	2020/ 9/1	谢岳峰 谢均云	"长亮科技"	谢岳峰知悉内幕信息后,在内幕信息公开前买入"长亮科技"股票	对谢岳峰和谢均云处以没收违法所得,并分别处以43万元和32.8万元罚款	谢均云提出,其卖出多只股票买入一只股票的行为符合其交易习惯,不属于异常行为。谢岳峰提出,在因工作关系接触到的众多投资标的中,其基于自身的专业判断向父亲谢均云推荐过长亮科技和大华股份两家公司	无
349	(2020) 58号	2020/ 9/3	何思模	"海陆重工"	何思模买卖"海陆重工"交易异常且没有合理解释,其资金转入及买入时点与内幕信息形成以及同内幕信息知情人的联络接触时点高度吻合。2016年12月25日,内幕信息形成。12月26日,吴某文与何思模有长达2分多钟的通话。12月30日,"张某"账户转入336万元,并于下1个交易日,即2017年1月3日,将前述款项几乎全部用于购买"海陆重工",为内幕	对何思模处以60万元罚款	当事人不构成内幕交易违法行为。张某、何某交易"海陆重工"存在正当理由,按照当事人及其代理人认定的内幕信息形成日,交易行为不存在明显异常。综上,何思模的行为不构成内幕交易行为,请求不予以行政处罚	何思模与内幕信息知情人吴某文关系密切,在内幕信息敏感期存在通讯联络,其利用与张某共同控制的"张某"等5个账户交易"海陆重工",资金转入及买入时点与内幕信息形成以及同内幕信息知情人的联络接触时点高度吻合,得知账户交易引起监管关注后更换账户继续大笔买入、新开立账户进行交易,买入意愿坚决且账户持股单一,交易异常且未

续表

序号	处罚案号	处罚时间	受处罚人	交易证券	处罚事由	处罚结果	抗辩事由	反驳理由
					信息敏感期间"张某"账户交易"海陆重工"的最大买单			能做出合理解释，何思模的行为构成内幕交易
350	（2020）70号	2020/9/16	尹显峰 骆雅群 骆雅琴	"新天然气"	尹显峰与骆雅群关系密切且在内幕信息公开前存在联络、接触，涉案交易资金主要来源于尹显峰。尹显峰与骆雅群是20多年的老朋友，二人日常联络、接触频繁。本案内幕信息公开前，二人在2018年1月14日、18日、22日及2月13日曾多次通话。骆雅群和骆雅琴彼此知道对方证券账户交易密码，骆雅群有时会用骆雅琴的手机登录并操作骆雅琴的账户。针对"骆雅琴"账户的涉案交易，骆雅琴称交易决策是其同骆雅群商量做出的，骆雅群承认其向骆雅琴推荐了"新天然气"。骆雅群和骆雅琴的交易活动明显异常，且没有正当理由或正当信息来源，构成内幕交易行为	1. 责令尹显峰和骆雅群依法处理非法持有的证券，对二人没收违法所得80 570元，并处以241 710元罚款；2. 责令骆雅群和骆雅琴依法处理非法持有的证券，对二人没收违法所得72 407元，并处以217 221元罚款	无	无

续表

序号	处罚案号	处罚时间	受处罚人	交易证券	处罚事由	处罚结果	抗辩事由	反驳理由
351	(2020)74号	2020/9/29	刘虹	"熊猫烟花"	刘虹因赵某平向其咨询了解影视行业收购而知悉上述内幕信息,刘虹承认实际操控"龙某宁"和"兴业投资"账户,其本人在潇湘资本办公室用电脑操作下单交易"熊猫烟花"。交易终端信息亦显示"龙某宁""兴业投资"两个证券账户2013年12月4日买入熊猫烟花股票时的IP地址使用单位为潇湘资本,刘虹行为构成内幕交易行为	没收刘虹违法所得828 413.88元,并处以2 485 241.64元罚款	早在熊猫烟花发布拟进行资产重组的公告前,市场上就对熊猫烟花将有收购或重组安排有普遍预期。因此,熊猫烟花拟收购资产的信息不具有未公开性	投资者在股吧中就熊猫烟花将有收购的讨论只是投资者的猜测与推测。内幕信息的公开,是指内幕信息在国务院证券、期货监督管理机构指定的报刊、网站等媒体披露。本案"熊猫烟花拟收购华海时代股权"这一信息在熊猫烟花2013年12月26日披露前,一直处于未公开状态,具有未公开性,构成内幕信息
352	(2020)75号	2020/9/29	买智勇	"易成新能"	买智勇与内幕信息知情人李某、万某福、杨某民有接触联络,其交易"易成新能"行为与内幕信息的形成高度吻合,与内幕信息知情人接触联络时点高度吻合,交易行为异常且没有合理解释	没收买智勇违法所得387 577.39元,并处以1 162 732.17元罚款	2018年8月,中国平煤神马集团的年中工作会中明确提出,"推进易成新能与开封炭素的资产重组",2018年8月8日,《每日经济新闻》报道了易成新能与开封炭素资产重组的预测分析,并被新浪财经、东方财富网等网站转载。因此,	根据《最高人民法院、最高人民检察院关于办理内幕交易、泄露内幕信息刑事案件具体应用法律若干问题的解释》第五条的规定,内幕信息的公开,是指内幕信息在国务院证券、期货监督管理机构指定的报刊、网站等媒体披露

续表

序号	处罚案号	处罚时间	受处罚人	交易证券	处罚事由	处罚结果	抗辩事由	反驳理由
								本案内幕信息已是一定范围的公开消息，不具备内幕信息的未公开性
353	(2020) 76号	2020/10/9	周德奋	"金一文化"	周德奋和钟某频繁见面、通话联络，谈业务发展、谈战略，因此周德奋清楚金一文化要进行一系列的资产整合、资产收购、资产重组的发展战略。同时，通过推荐收购标的以及此后向钟某询问收购资产的情况，周德奋知悉金一文化拟收购成都天鑫洋、卡尼小贷等标的并最终完成收购卡尼小贷的一系列重大重组事项的内幕信息。在内幕信息公开前，周德奋指令其原秘书钟某1操作"杨某红"等四个证券账户买入金一文化股票共计2 143 773股，成交金额144 831 970.87元，相关证券账户交易明显异常，且无合	责令周德奋依法处理非法持有的证券，并处以60万元的罚款	中国证监会依据2005年《证券法》第七十四条第七项"国务院证券监督管理机构规定其他人"以及《通知》第三条认定周德奋属于由于业务往来、推荐标的而知悉内幕信息的人员。《通知》属于部门规章，规章应由行政首长签字生效，但《通知》没有行政首长签字，未发生法律效力，因而周德奋不属于内幕交易行政处罚主体范围，认定周德奋是内幕信息知情人没有法律依据。且《通知》没有行政首长签字，未发生法律效力，因而中国证	我会认为，我会已做到全面、客观、公正调查，在案证据足以证明周德奋是内幕信息知情人。除钟某在不同时间点先后作出的两份询问笔录都证实周德奋通过推荐标的知悉内幕信息外，钟某及卡尼珠宝董事长黄某坚的询问笔录也相互印证了周德奋知悉内幕信息的事实，即2015年6—7月份，周德奋与钟某、卡尼珠宝董事长黄某坚在一起吃饭时，周德奋问起钟某最近收购资产的情况，是否顺利，钟某说道还行，并感谢周德奋推荐资产；此外，三人还聊到金一文化与卡尼小贷合作的事情。因此，我会根据在案证据足

续表

序号	处罚案号	处罚时间	受处罚人	交易证券	处罚事由	处罚结果	抗辩事由	反驳理由
					理解释		监会认定周德奋是内幕信息知情人没有法律依据	以认定周德奋是内幕信息知情人
354	（2020）82号	2020/10/16	方伟	"梦舟股份"	内幕信息敏感期内，方伟与唐某军频繁联络接触，仅通过微信联络、通话就至少达二十余次。方伟"证券账户在内幕信息敏感期内累计买入"梦舟股份"，内幕信息公开后开始大量卖出，构成内幕交易行为	对方伟处以20万元罚款	方伟买入"梦舟股份"是基于社会公开信息进行的分析，且在敏感期前曾经交易过该股，而敏感期内大额资金购买是因为在大额资金转入而产生的巧合	从相关资金转入、交易及相关时点情况看，"方伟"证券账户资金转入及交易"梦舟股份"时点与内幕信息形成、变化时点高度吻合，且交易数量和交易金额明显放大。方伟所提意见不构成合理解释，不能排除其从事了内幕交易
355	（2020）86号	2020/10/19	张焕新	"棕榈股份"	张焕新与内幕信息知情人赖某传关系密切，且在内幕信息敏感期内存在联络接触，张焕新使用"谢某刚"账户交易"棕榈股份"，存在首次、大量、单一买入特征，内幕信息发展过程与相关账户资金划转时点、银证转账时点、交易时点高度吻合，交易行为明显异常。张焕新对内幕	对张焕新处以30万元的罚款	无	无

附表 2004-2020 年内幕交易行政处罚书

续表

序号	处罚案号	处罚时间	受处罚人	交易证券	处罚事由	处罚结果	抗辩事由	反驳理由
					信息敏感期内交易"棕榈股份"没有提出正当理由或合理解释			
356	(2020)90号	2020/10/26	孙伟良	"南卫股份"	孙伟良与李某2是多年业务合作伙伴,孙伟良实际控制的丹阳市尚美医材有限公司在2016年至2018年8月期间为南卫股份的前五大销售客户。内幕信息敏感期内,孙伟良与李某有通话联络,孙伟良交易"南卫股份"明显异常,相关账户资金转入、交易时点与孙伟良和李某2之间电话联系时点高度匹配,与内幕信息变化、公开时间高度吻合	责令孙伟良依法处理非法持有的证券,没收孙伟良违法所得4 430.96元,并处以10万元罚款	当事人交易"南卫股份"有正当理由。2018年4月3日当事人与李某2见面当日,南卫股份销售主管李某3告知当事人,3月底云南白药公司的订单激增,南卫股份季报已出,业绩不错,建议买入,当事人因此买入"南卫股份"	1. 当事人在内幕信息公开前与内幕信息知情人联络、接触,交易行为与内幕信息高度吻合,认定其构成内幕交易的事实清楚,证据充分; 2. 当事人关于涉案交易最终亏损的意见与事实不符
357	(2020)91号	2020/10/26	袁建清 薛清	"南卫股份"	袁建清、薛清系夫妻关系,共同居住。"薛清"账户资金转入、交易时点(停牌前两个交易日)与袁建清和李某2之间电话联系时点高度匹配,与内幕信息变化、公开时间高度吻合,交易明显异常,无法排除内幕交易行为	责令袁建清、薛清依法处理非法持有的证券,没收袁建清、薛清违法所得14 848.84元,并处以10万元罚款。	无	无

续表

序号	处罚案号	处罚时间	受处罚人	交易证券	处罚事由	处罚结果	抗辩事由	反驳理由
358	(2020)102号	2020/11/26	蓝海韬略苏思通	"蓝海七号"	在内幕信息公开前，苏思通和刘某、郑某彬存在通讯联络，联络时点正是天通股份实际控制人潘某清等人准备前往成都正式商讨重组事宜之时，其后其管理的"蓝海七号"账户集中、大量买入"天通股份"，并在"天通股份"复牌后的第三天全部卖出，交易活动与内幕信息形成、变化和公开过程高度吻合，且无法作出合理说明或提供证据排除利用内幕信息从事相关交易活动	1.没收北京蓝海韬略资本运营中心（有限合伙）内幕交易违法所得5 238 422.69元，并处以15 715 268.07元罚款；2.对苏思通给予警告，并处以30万元罚款	"蓝海七号"账户买卖"天通股份"行为不存在明显异常，符合其以往交易风格和交易习惯，交易行为是基于技术分析和实战经验，具有合理解释，且苏思通与郑某彬、刘某的联络接触系正常工作联系。本案认定未达到明显优势证明标准	当事人所辩称的交易行为符合其以往交易风格和交易习惯以及基于技术分析和实战经验等理由、相关联络接触系正常工作联系等辩辞，均不足以合理解释苏思通与内幕信息知情人联络时点与内幕信息形成时点的高度吻合性、联络后不久"蓝海七号"账户即动用半仓以上规模资金买入"天通股份"的明显异常性，不足以解释证券交易活动与内幕信息的高度吻合
359	(2020)103号	2020/11/26	刘晓东	"德美化工"	刘晓东实际控制44个证券账户，在涉案期间内大量高频次买卖"德美化工"，申买价格和申买数量异常性高，结合其连续交易行为、在自己实际控制的账户之间进行交易行为综合判断，刘晓东操纵"德美化工"的意图明显	对刘晓东处以300万元罚款	本案中实施操纵行为的幕后主谋是卢某其及其助理黄某煌，即：为了达到低价收购并控制上市公司的目的，卢某其提出操纵"德美化工"股价的想法。涉案资金由卢某其筹集（包	现有证据难以证明刘晓东系受卢某其与黄某煌指使实施操纵证券市场行为。卢某其与黄某煌承认与刘晓东等人存在资金拆借关系，但否认参与操纵市场行为。我会未发现卢某其与黄某煌参与实施操纵行为的客观证据，刘

— 224 —

续表

序号	处罚案号	处罚时间	受处罚人	交易证券	处罚事由	处罚结果	抗辩事由	反驳理由
							括通过信托产品融资），刘晓东本人只是按卢某其要求配合提供了部分"马甲账户"。为掩人耳目，卢某其安排刘晓东等人签订了虚假的借款合同和担保协议。卢某其的助理黄某煌作为总的操盘指令发出人，受卢某其指使发出操盘指令，而刘晓东仅在黄某煌指挥下操作其提供的"马甲账户"	晓东本人亦未能提交任何足以支持其主张的证据。据此，目前我会难以认定卢某其与黄某煌为本案责任人，在刘晓东本人参与实施涉案操纵市场行为证据确凿的情况下，我会依法将其认定为责任人并予处罚并无不妥
360	（2020）109号	2020/12/14	左右强	"东方钽业"	左右强时任有色矿业企业发展部综合处处长，与内幕信息知情人马某系同事关系，两人所在处室仅一墙之隔。内幕信息敏感期内，左右强与马某存在2次通话联络。2018年1月19日，马某于16：55主叫左右强，通话时长25秒，17：13左右强主叫马某，通	1.责令左右强依法处理非法持有的证券，如有违法所得予以没收；2.对左右强处以30万元的罚款	一是证据"马某手机号通话记录"合法性、真实性存疑，且未保障当事人复制该证据的权利；二是左右强与马某系同事关系，有通话联络实属正常，根据两人QQ聊天记录，两次通话内容应为交流部门绩效考核	我会系依法认定当事人构成内幕交易，相关事实清楚，证据充分，于法有据。一是马某通话记录系由我会依法调取，有马某本人签名确认，在阅卷和听证过程中均提供给当事人和代理人查阅、质证，并在听证会后再次提供给代理人查阅、拍摄，充分保障

续表

序号	处罚案号	处罚时间	受处罚人	交易证券	处罚事由	处罚结果	抗辩事由	反驳理由
					话时长29秒。左右强控制使用"赵某"账户交易"东方钽业",与内幕信息知情人联络后的交易行为明显异常,与内幕信息高度吻合		表,与内幕信息无关;三是左右强系依据已披露的信息进行交易,其交易"东方钽业"300余万元系代其有大额投资习惯的母亲进行投资,交易行为具有合理性	了当事人阅卷、质证和陈述申辩的权利,当事人关于该证据不具有合法性、真实性的意见没有事实、法律依据;二是马某系内幕信息知情人,左右强与马某系同事关系,两人所在处室仅一墙之隔,内幕信息敏感期内,两人存在2次通话联络,当事人提交的QQ聊天记录不能证明通话内容,不足以排除发生内幕信息传递的可能;三是在案证据足以证明,左右强控制使用"赵某"账户下单交易"东方钽业",相关交易决策由左右强作出,资金来源不影响对其构成内幕交易的认定,其关于依据已经披露信息进行交易的申辩理由不能解释其交易异常性

REFERENCES 参考文献

中文部分

1. 布吕格迈耶尔、朱岩：《中国侵权责任法学者建议稿及其立法理由》，北京大学出版社 2009 年版。
2. 高如星、王敏祥：《美国证券法》，法律出版社 2000 年版。
3. 胡光志：《内幕交易及其法律控制研究》，法律出版社 2002 年版。
4. 井涛：《内幕交易规制论》北京大学出版社 2007 年版。
5. 柯昌信、崔正单：《民事证据在诉讼中的运用》，人民出版社 1998 年版。
6. 赖英照：《股市游戏规则：最新证券交易法解析》，中国政法大学出版社 2006 年版。
7. 毛玲玲：《证券市场刑事责任研究》，法律出版社 2009 年版。
8. 齐斌：《证券市场信息披露法律监管》，法律出版社 2000 年版。
9. 盛学军：《欧盟证券法研究》，法律出版社 2005 年版。
10. 王健：《信息经济学》，中国农业出版社 2008 年版。
11. 王利明：《侵权行为法研究（上卷）》，中国人民大学出版社 2004 年版。
12. 杨峰：《证券民事责任制度比较研究》，法律出版社 2006 年版。
13. 杨亮：《内幕交易论》，北京大学出版社 2001 年版。
14. 尹晨：《探寻阳光下的理性繁荣——中国证券市场信息监管研究》，南京大学出版社 2004 年版。
15. 中国证监会行政处罚委员会：《证券行政处罚案例判解》，法律出版社 2009 年版。
16. 王晨：《证券期货犯罪的认定与处罚》，知识产权出版社 2008 年版。
17. 范健、王建文：《证券法》（第二版），法律出版社 2010 年版。
18. 叶林：《证券法》，中国人民大学出版社 2000 年版。
19. 朱锦清：《证券法学》，北京大学出版社 2004 年版。
20. 马克昌：《经济犯罪新论》，武汉大学出版社 1998 年版。

21. 李晓勇：《金融犯罪及其防范》，杭州大学出版社 1998 版。
22. 白建军：《证券欺诈及对策》，中国法制出版社 1996 年版。
23. 马松建：《证券期货犯罪研究》，郑州大学出版社 2003 版。
24. 王新：《金融刑法导论》，北京大学出版社 1998 年版。
25. 胡启忠：《金融刑法适用论》，中国检察出版社 2003 年版。
26. 顾雷：《证券市场违规犯罪透视与法律遏制》，中国检察出版社 2004 年版。
27. 王作富：《刑法分则实务研究》（上），中国方正出版社 2001 年版。
28. 顾雷：《上市公司证券违规犯罪解析》，中国人民公安大学出版社 2009 年版。
29. 魏智彬：《证券及相关犯罪认定处理》，中国方正出版社 1999 年版。
30. 王新："关于内幕交易罪'故意'内容及抗辩理由的分析"，载《中国律师》2012 年第 9 期。
31. 钟维："期货市场内幕交易：理论阐释与比较法分析——兼论我国期货法之内幕交易制度的构建"，载《广东社会科学》2015 年第 4 期。
32. 顾功耘："金融衍生工具与法律规制的创新"，载《法学》2006 年第 3 期。
33. 谢杰："最新内幕交易犯罪司法解释的缺陷与规则优化"，载《法学》2012 年第 10 期。
34. 陈洁、曾洋："对'8·16光大事件'内幕交易定性之质疑"，载《法学评论》2014 年第 1 期。
35. 曾洋："证券内幕交易的'利用要件'"，载《环球法律评论》2013 年第 6 期。
36. 程宗璋："证券内幕交易及其法律责任问题研究"，载《内蒙古工业大学学报（社会科学版）》2003 年第 1 期。
37. 顾功耘："证券交易异常情况处置的制度完善"，载《中国法学》2012 年第 2 期。
38. 顾功耘："经济法治的战略思维"，载《法制与社会发展》2014 年第 5 期。
39. 刘东辉："论'光大证券事件'中的期货内幕交易"，载《西南政法大学学报》2014 年第 5 期。
40. 原凯："美国券商内幕交易行为的法律规制述评"，载《浙江工商大学学报》2012 年第 2 期。
41. 夏雅丽、李婧："论内幕交易主观要件的认定"，载《中共青岛市委党校·青岛行政学院学报》2012 年第 6 期。
42. 冯珏："论侵权法中的抗辩事由"，载《法律科学（西北政法大学学报）》2011 年第 4 期。
43. 张永来："对我国证券内幕交易行为规制的法律思考"，载《甘肃行政学院学报》2003 年第 4 期。
44. 张婷亚、蒋笃亮、楼晓："论证券公司信息隔离墙的法律功能"，载《山东大学学报（哲学社会科学版）》2001 年第 6 期。

45. 陈丹妮："证券欺诈中的默示诉权"，载《中共山西省直机关党校学报》2012 年第 2 期。
46. 罗培新："抑制股权转让代理成本的法律构造"，载《中国社会科学》2013 年第 7 期。
47. 罗培新："美国金融监管的法律与政策困局之反思——兼及对我国金融监管之启示"，载《中国法学》2009 年第 3 期。
48. 罗培新："公司法的合同路径与公司法规则的正当性"，载《法学研究》2004 年第 2 期。
49. 黄辉："大型金融和市场机构中的中国墙制度——英美法系的经验与教训"，载《清华法学》2007 年第 1 期。
50. 郑浩："英美证券法中的'中国墙'制度"，载《北京联合大学学报（人文社会科学版）》2004 年第 2 期。
51. 田来："'中国墙'制度——证券业的自律规范"，载《中国青年政治学院学报》2006 年第 1 期。
52. 罗培新："我国证券市场和谐生态环境之法律构建——以理念为研究视角"，载《中国法学》2005 年第 4 期。
53. 李仁真："论美英证券管制中的'中国墙'"，载《法商研究（中南政法学院学报）》1995 年第 3 期。
54. 曹理："证券内幕交易构成要件比较研究"，吉林大学 2013 年博士学位论文。
55. 谢杰："市场操纵犯罪的机理与规制：法律与金融分析"，华东政法大学 2014 年博士学位论文。
56. 朱庆："论股份回购与操纵市场的关联及其规制"，载《法律科学（西北政法大学学报）》2012 年第 3 期。
57. 朱庆："股份回购操纵市场'灰色地带'的形态及其法律规制"，载《法学》2011 年第 9 期。
58. 朱庆："证券高可控度信息的相关法律问题——以股份回购为视角"，载《法学》2015 年第 1 期。
59. 马俊驹、林晓镍："我国股份回购的现实意义与立法完善"，载《法学》2000 年第 11 期。
60. 李晓春："股份回购中内幕交易行为之证券法规制"，载《河北法学》2010 年第 12 期。
61. 朱庆："上市公司股份回购中操纵市场行为认定与豁免探讨"，载《证券市场导报》2015 年第 4 期。
62. 施廷博："我国创业板市场做市商监管制度的法律思考"，载《宁夏大学学报（人文社会科学版）》2011 年第 4 期。
63. 罗文燕："操纵证券交易价格之法律分析"，载《政法论坛》2002 年第 3 期。

64. 张小宁："'规制缓和'与自治型金融刑法的构建"，载《法学评论》2015 年第 4 期。
65. 罗文燕："操纵证券交易价格之法律分析"，载《政法论坛》2002 年第 3 期。
66. 甘德健："安定操作及其法律规制"，载《经济师》2006 年第 5 期。
67. 蓝威："论操纵证券交易价格的抗辩事由——以安定操作抗辩为中心"，载《价格理论与实践》2014 年第 6 期。
68. 张保华、李晓斌："欧盟关于市场操纵行为的监管与立法实践"，载《证券市场导报》2005 年第 1 期。
69. 程啸："论操纵市场行为及其民事赔偿责任"，载《法律科学（西北政法学院学报）》2001 年第 4 期。
70. 鞠曦明："试论操纵证券市场罪中的'其他方法'"，载《犯罪研究》2010 年第 3 期。
71. 李学峰："国际资本市场中的做市商制度：功能、影响与趋势研究"，载《广东金融学院学报》2007 年第 2 期。
72. 吴弘、徐振："金融消费者保护的法理探析"，载《东方法学》2009 年第 5 期。
73. 吴弘、裴斐："我国股指期货风险的法律控制——从宏观控制角度"，载《政治与法律》2008 年第 5 期。
74. 吴弘、王菲萍："论证券欺诈民事责任的完善"，载《华东政法学院学报》1999 年第 3 期。
75. 宋旭、张蕾："我国创业板市场引入做市商制度的法律对策"，载《北京工业大学学报（社会科学版）》2009 年第 1 期。
76. 甫玉龙、吴昊："我国创业板市场做市商交易制度构建"，载《海南大学学报（人文社会科学版）》2010 年第 2 期。
77. 黎四奇："金融企业集团监管中的金融防火墙法律制度分析"，载《中南大学学报（社会科学版）》2004 年第 1 期。
78. 肖宇："中国概念股在美国被做空探因及对我国证券注册制改革的启示"，载《暨南学报（哲学社会科学版）》2014 年第 4 期。
79. 吴前煜："美国证券储架注册制度及其对我国证券市场再融资的借鉴"，载《清华法学》2011 年第 4 期。
80. 刘宪权、谢杰："市场操纵犯罪的实质解构：法律与经济分析"，载《现代法学》2014 年第 6 期。
81. 毛玲玲："中美证券欺诈因果关系及证明责任比较研究"，载《江西财经大学学报》2007 年第 4 期。
82. 杨峰："美国、日本内幕交易民事责任因果关系比较研究"，载《环球法律评论》2006 年第 5 期。
83. 井涛："英国规制内幕交易的新发展"，载《环球法律评论》2007 年第 1 期。

84. 曾洋："内幕交易侵权责任的因果关系"，载《法学研究》2014年第6期。
85. 傅穹、曹理："内幕交易规制的立法体系进路：域外比较与中国选择"，载《环球法律评论》2011年第5期。
86. 祝红梅："内幕信息、内幕交易及其管制"，载《南开经济研究》2002年第2期。
87. 蔡奕："我国证券市场内幕交易的法学实证分析——来自31起内幕交易成案的统计分析"，载《证券市场导报》2011年第7期。
88. 李心丹等："证券市场内幕交易的行为动机研究"，载《经济研究》2008年第10期。
89. 张宗新："内幕交易行为预测：理论模型与实证分析"，载《管理世界》2008年第4期。
90. 耿利航："证券内幕交易民事责任功能质疑"，载《法学研究》2010年第6期。
91. 王小丽："内幕交易新动向及其法律规制研究"，载《浙江金融》2011年第10期。
92. 唐齐鸣、张云："基于公司治理视角的中国股票市场非法内幕交易研究"，载《金融研究》2009年第6期。
93. 史永东、蒋贤锋："内幕交易、股价波动与信息不对称：基于中国股票市场的经验研究"，载《世界经济》2004年第12期。
94. 赵旭东："内幕交易民事责任的价值平衡与规则互补——以美国为研究范本"，载《比较法研究》2014年第2期。
95. 马新彦："内幕交易惩罚性赔偿制度的构建"，载《法学研究》2011年第6期。
96. 张新、祝红梅："内幕交易的经济学分析"，载《经济学（季刊）》2003年第4期。
97. 唐雪松、马如静："内幕交易、利益补偿与控制权转移——来自我国证券市场的证据"，载《中国会计评论》2009年第1期。
98. 毛玲玲："中美证券内幕交易规制的比较与借鉴"，载《法学》2007年第7期。
99. 王林清："内幕交易侵权责任因果关系的司法观察"，载《中外法学》2015年第3期。
100. 张丽珍："美国法律规制内幕交易的新近发展"，载《政治与法律》2002年第4期。
101. 于莹："内幕交易法律制度研究"，载《国家检察官学院学报》2000年第1期。
102. 汪贵浦等："中国证券市场内幕交易的信息含量及与操纵市场的比较"，载《中国管理科学》2004年第4期。
103. 马其家："英美法系内幕交易的认定证明标准及启示"，载《证券市场导报》2010年第10期。
104. 傅勇、谭松涛："股权分置改革中的机构合谋与内幕交易"，载《金融研究》2008年第3期。
105. 何青、房睿："内幕交易监管：国际经验与中国启示"，载《经济理论与经济管理》2013年第7期。
106. 朱伟骅："内幕交易监管与监管困境研究综述"，载《证券市场导报》2007年第9期。

107. 李捷瑜、王美今:"内幕交易与公司治理:来自业绩预报的证据",载《证券市场导报》2008年第12期。
108. 朱伟骅:"公司治理与内幕交易监管效率研究",载《经济学(季刊)》2009年第1期。
109. 齐文远、金泽刚:"内幕交易的经济分析与法律规制",载《法商研究》2002年第4期。
110. 凌玲、方军雄:"公司治理、治理环境对内幕交易的影响",载《证券市场导报》2014年第6期。
111. 张宗新、杨怀杰:"内幕交易监管的国际比较及其对中国的启示",载《当代经济研究》2006年第8期。
112. 刘晓峰:"内幕交易监管效率与上市公司高管薪酬——一个理论模型",载《经济学(季刊)》2013年第1期。
113. 张心向:"我国证券内幕交易行为之处罚现状分析",载《当代法学》2013年第4期。
114. 傅穹、仇晓光:"内幕交易的规制:以债权人利益保护为中心的观察",载《社会科学》2010年第8期。
115. 蔡宁:"信息优势、择时行为与大股东内幕交易",载《金融研究》2012年第5期。
116. 冯果、李安安:"内幕交易的民事责任及其实现机制——写在资本市场建立20周年之际",载《当代法学》2011第5期。
117. 万志尧:"内幕交易刑事案件"违法所得"的司法认定",载《政治与法律》2014年第2期。
118. 陈雨:"中国内幕交易监管的效率——基于新政治经济学视角的分析",载《厦门大学学报(哲学社会科学版)》2005年第6期。
119. 李游:"证券内幕交易主体范围研究",载《时代法学》2015年第4期。
120. 于莹:"内幕交易法律监管的正当性分析",载《当代法学》2005年第2期。
121. 主力军:"欧盟禁止内幕交易制度的立法实践及启示",载《政治与法律》2009年第5期。
122. 姜华东、乔晓楠:"内幕交易监管、投资者交易策略与市场利益分配",载《财经研究》2010年第5期。
123. 冯果:"内幕交易与私权救济",载《法学研究》2000年第2期。
124. 张建伟、张锐:"美国内幕交易执法理论演进",载《复旦学报(社会科学版)》2006年第1期。
125. 张鹏:"内幕交易规制的理论及实务疑难问题研究",载《法律适用》2015年第3期。
126. 郑晖:"内幕交易司法解释中预定交易计划条款探讨——以美国证监会10b5—1(C)规则为视角展开",载《证券市场导报》2014年第4期。

127. 何贤杰等:"券商背景独立董事与上市公司内幕交易",载《财经研究》2014年第8期。
128. 吴彦:"证券内幕交易的犯罪构成",载《河北法学》2003年第6期。
129. 冯宗容等:"国外股市内幕交易研究综述",载《外国经济与管理》2001年第11期。
130. 马元驹等:"内幕交易与内幕交易监管综述",载《经济学动态》2009年第9期。
131. 胡光志:"反内幕交易法的公平性基础——从内幕交易"无损害"假说谈起",载《现代法学》2002年第4期。
132. 傅穹、曹理:"禁止内幕交易立法理念转换及其体系效应——从反欺诈到市场诚信",载《法律科学（西北政法大学学报）》2013年第6期。
133. 金香兰:"中美证券内幕交易的法律责任及其启示",载《延边大学学报（社会科学版）》2011年第2期。
134. 宋玉臣、李可:"股票市场内幕交易的检验与控制",载《当代经济研究》2004年第10期。
135. 余萍:"内幕交易犯罪定罪难点分析",载《河北法学》2010年第2期。
136. 佴澎、安柯颖:"证券内幕交易法律规制研究",载《云南大学学报（法学版）》2009年第5期。
137. 刘珂、赵威:"论证券内幕交易主体的范围",载《人文杂志》2009年第2期。
138. 胡光志:"反内幕交易法律制度的经济根源",载《现代法学》2001年第6期。
139. 赵琦娴:"证券市场内幕交易民事责任制度研究",载《法学》2003年第10期。
140. 缪因知:"反欺诈型内幕交易之合法化",载《中外法学》2011年第5期。
141. 万玲:"美国内幕交易归责理论研究",载《政法论坛》2004年第3期。
142. 王应贵:"香港内幕交易审查、惩治与经典判例分析",载《亚太经济》2014年第6期。
143. 谢潇:"内幕交易：规制抑或使之正当化？——基于法制史、比较法与学说对立状况的考察",载《中南大学学报（社会科学版）》2012年第5期。
144. 雷倩华等:"机构投资者、内幕交易与投资者保护——来自中国上市公司资产注入的证据",载《金融评论》2011年第3期。
145. 孙运梁:"内幕交易的经济学分析与刑事法规制",载《中共浙江省委党校学报》2008年第6期。
146. 陈洁:"内幕交易的民事赔偿问题研究",载《金融纵横》2009年第12期。
147. 顾雷:"内幕交易罪的主体结构完善与处罚平衡发展",载《法学论坛》2000年第6期。
148. 杨峰:"论我国内幕交易损害赔偿额之确定",载《暨南学报（哲学社会科学版）》2006年第6期。

149. 顾肖荣："日本证券内幕交易的民事责任"，载《法学》2002 年第 1 期。
150. 彭波："试析证券内幕交易的概念、特征及其要素"，载《湖南商学院学报》2006 年第 1 期。
151. 李丽芳、赵淑萍："内幕交易民事赔偿法律制度的比较研究"，载《财经问题研究》2003 年第 6 期。
152. 陈柱钊："不作为型内幕交易罪"，载《长春工程学院学报（社会科学版）》2007 年第 2 期。
153. 叶振飞、陈伟忠："我国证券市场内幕交易的法律界定和监管"，载《上海金融》2002 年第 3 期。
154. 陈恩、揭水利："防范和打击内幕交易的难点及其对策"，载《金融与经济》2010 年第 10 期。
155. 符亚明："内幕交易：理论、模型及实证研究"，载《生态经济》2008 年第 10 期。
156. 赵渊："论国家机关工作人员内幕交易罪的几个问题"，载《中国刑事法杂志》2013 年第 4 期。
157. 董惠江："票据抗辩的分类"，载《法学研究》2004 年第 1 期。
158. 杨立新、刘宗胜："论抗辩与抗辩权"，载《河北法学》2004 年第 10 期。
159. 潘诗韵："英美诽谤法的特殊抗辩事由研究"，载《环球法律评论》2011 年第 2 期。
160. 柳经纬、尹腊梅："民法上的抗辩与抗辩权"，载《厦门大学学报（哲学社会科学版）》2007 年第 2 期。
161. 于学明："不安抗辩权与预期违约制度比较及其对我国《合同法》相关条款之影响"，载《山东省青年管理干部学院学报》2010 年第 4 期。
162. 蒋春霞："寿险合同中的不可抗辩条款分析"，载《保险职业学院学报》2009 年第 1 期。
163. 陈刚："论我国民事诉讼抗辩制度的体系化建设"，载《中国法学》2014 年第 5 期。
164. 邓爱贞："图书馆著作权侵权诉讼的抗辩研究"，载《图书馆建设》2015 年第 2 期。
165. 陈刚："抗辩与否认在证明责任法学领域中的意义"，载《政法论坛》2001 年第 3 期。
166. 董惠江、徐广海："民事抗辩与票据抗辩"，载《学术交流》2011 年第 10 期。
167. 熊进光："物业服务合同抗辩权的行使与限制——兼评《审理物业服务纠纷案件的解释》第 5、6 条"，载《现代法学》2010 年第 3 期。
168. 霍海红："论共同危险行为规则之无因果关系免责 以《侵权责任法》第 10 条之解释为中心"，载《中外法学》2015 年第 1 期。
169. 周国均："借鉴"刑事免责"制度和"证据强制"规则之构想"，载《中国法学》2003 年第 5 期。
170. 刘连泰："美国法上请愿免责的标准变迁"，载《法制与社会发展》2015 年第 3 期。

171. 严厚福："不可抗力：环境污染侵害的免责事由？"，载《中国地质大学学报（社会科学版）》2005 年第 5 期。
172. 陈根发："破产免责制度的现代理论"，载《求是学刊》2003 年第 1 期。
173. 吴文琦："破产免责制度之考察及我国破产免责制度的构想"，载《宁夏大学学报（人文社会科学版）》2007 年第 5 期。
174. 崔建远："免责条款论"，载《中国法学》1991 年第 6 期。
175. 袁文全："不可抗力作为侵权免责事由规定的理解与适用——兼释《中华人民共和国侵权责任法》第 29 条"，载《法商研究》2015 年第 1 期。
176. 张晨颖："破产免责制度的正当性及其实现"，载《社会科学战线》2006 年第 5 期。
177. 张春普、吕宁："对网络服务商免责事由的探究——由博客所载内容引发纠纷的思考"，载《生产力研究》2008 年第 15 期。
178. 韩中节、高丽："破产免责制度立法模式的比较考察及借鉴"，载《法学杂志》2010 年第 10 期。
179. 许德风："论个人破产免责制度"，载《中外法学》2011 年第 4 期。
180. 莫彬萍："论保险人对免责条款的提示说明义务"，载《保险职业学院学报》2013 年第 2 期。
181. 粮文仲："保险合同免责条款的理解与法律适用"，载《保险研究》2010 年第 11 期。
182. 张邦铺、刘莹："第三者责任险免责条款的法律效力分析——以造成家庭成员伤亡免赔的格式条款为例"，载《保险职业学院学报》2013 年第 3 期。
183. 吴献举："网络服务商在博客侵权中的责任认定——兼谈网络服务商的免责事由"，载《湖北社会科学》2008 年第 6 期。
184. 潘红艳："论保险人的免责条款明确说明义务——以对保险行业的实践考察为基础"，载《当代法学》2013 年第 2 期。
185. 李永军："论破产法上的免责制度"，载《政法论坛》2000 年第 1 期。
186. 马得懿、陈雷："试论航海过失免责的生命力——兼对汉堡规则废除航海过失免责的理性分析"，载《河北法学》2002 年第 1 期。

英文部分

1. Louis Loss、Joel Seligman, *Fundamentals of Securities Regulation*, Third Edition, Little, Brown and Company, 1995.
2. Commodity Futures Report, Commerce Clearing House, Inc, 1989.
3. H. Manne, *Insider Trading and the Stock Market*, Free Press, 1966.
4. R. H. Coase, Ronald H, The Firm, *the Market and the Law*, Chicago and London：University

of Chicago Press, 1988.
5. Philip L R Mitchell, *Insider Dealing and Directors'Duties*, Second Edition, Butterworth, 1989.
6. Marc I. Steinberg, *Securities Regulation*, Second Edition, Matthew Bender, 1993.
7. Shen-Shin Lu, *Insider Trading and the Twenty-Four Hour Securities Market*, The Christopher Publishing House, 1994.
8. Emanuel Gaillard, *Insider Trading: The Laws of Europe, the United States and Japan*, Kluwer law and Taxation Publishers, 1992.
9. Gil Brazier, *Insider Dealing: Law and Regulation*, Cavendish Publishing Limited, 1996.
10. Steven L. Emanuel, *Corporations*, 3rd Edition, Emanuel Publishing Corp, 1997.
11. Robert Romano, *Foundations of Corporate Law*, Second Edition, Foundation Press, 2010.
12. Frank H. Easterbrook, Daniel R. Fischel, *the Economic Structure of Corporate Law*, Harvard University Press, 1991.
13. Viral V. Acharya, Timothy C. Johnson, "More insiders, more insider trading: Evidence from private-equity buyouts", *Journal of Financial Economics*, Vol. 98, 2010.
14. Xiaoquan Jiang, Mir A. Zaman, "Aggregate insider trading: Contrarian beliefs or superior information?", *Journal of Banking & Finance*, Vol. 34, 2010.
15. Diane Del Guercio, Elizabeth R. Odders-White, Mark J. Ready, "An Analysis of the Price and Liquidity Effects of Illegal Insider Trading", *Journal of Financial Economics*, Vol. 19, 2011.
16. Robert W. McGee, "Analyzing Insider Trading from the Perspectives of Utilitarian Ethics and Rights Theory", *Journal of Business Ethics*, Vol. 2010.
17. Joel Peress, "Product Market Competition, Insider Trading, and Stock Market Efficiency", *The Journal of Finance*, Vol. 2010.
18. Ashiq Ali, Kelsey D. Wei, Yibin Zhou, "Insider Trading and Option Grant Timing in Response to Fire Sales (and Purchases) of Stocks by Mutual Funds", *Journal of Accounting Research*, Vol. 2011.
19. J. Carr Bettis, William A. Duncan, W. Ken Harmon, "The Effectiveness of Insider Trading Regulations", Vol. 14, 1998.
20. Jose Olmo, Keith Pilbeam, William Pouliot, Detecting the presence of insider trading via structural break tests, *Journal of Banking & Finance*, Vol. 35, 2011.
21. Steffen Brenner, "On the irrelevance of insider trading for managerial compensation", *European Economic Review*, Vol. 55, 2011.
22. Manning G. Warren III, "Forward on Insider Trading Regulation", *Alabama Law Review*, Vol. 39, 1988.
23. Andrew George, "Illegal Trading on Confidential Congressional Information", *Harvard Law &*

Policy Review, Vol. 2, 2008.

24. Anderson, Zhang Yuzhao, "The efficiency of regulatory intervention: Evidence from the distribution of informed option trading", *Jounal of Finance*, 2013.

25. David Kanarek, Susan Collier, "Know or Should Have Know -Lessons for the EU Securities Fraud Regime", *10 Columbia Journal of European Law*, Vol. 10, 2004.

26. Joan MacLeod Heminway, "Materiality Guidance the Context of Insider Trading: A Call for Action", *52 Amencan Liriversity Law Review*, Vol. 52, 2003.

27. A. C. Pritchard, "Markets as Monitors: A Proposal to Replace Class Actions with Exchanges as Securities", *Virginia Law Review*, Vol. 85, 1999.

28. Selective Disclosure and Insider Trading, 65 Fed. Reg. at 51, 721.

29. Louis Kaplow, "Rules Versus Standards: An Economic Analysis", *Duke Law Journal*, Vol. 42, 1992.

30. Anita Anand, Laura Beny, "Why Do Firms Adopt Insider Trading Policies? Evidence from Canadian firms", *Ameriacan Law and Economics Assicicdion Aonnual Meetings*, 2007.

31. Laura Nyantung Beny, Insider Trading Laws and Stock Markets Around the World: An Empirical Contribution to the Theoretical Law and Economics Debate, University of Michigan Law School, Law and Economics Research Paper No. 04-004.

32. Zohar Goshen, Gideon Parchomovsky, "The Essential Role of Securities Regulation", *Duke Law Journal*, Vol. 55, 2006.

33. Arturo Bris, Do Insider Trading Laws Work?, Yale ICF Working Paper No. 00-19; Yale SOM Working Paper No. ICF-00-19.

34. Han Shen, "A Comparative Study of Insider Trading Regulation Enforcement between the U. S. and China", *Journal of Business & Securities Law*, Vol. 9, No. 1. , 2008.

35. Stephen M. Bainbridge, An Overview of US Insider Trading Law: Lessons for the EU? , UCLA School of Law, Law-Econ Research Paper No. 05-5.

36. Stanislav Dolgopolov, "Insider Trading and the Bid-Ask Spread: A Critical Evaluation of Adverse Selection in Market Making", *Capital University Law Review*, Vol. 33, 2004.

37. Marco Ventoruzzo, Comparing Insider Trading in the United States and in the European Union: History and Recent Developments, European Corporate Governance Institute (ECGI) -Law Working Paper No. 257/2014, Bocconi Legal Studies Research Paper No. 2442049.

38. Stephen M. Bainbridge, "The Insider Trading Prohibition: A Legal and Economic Enigma", *Florida Law Review*, Vol. 38, 1986.

39. Jesse M. Fried, "Insider Signaling and Insider Trading with Repurchase Tender Offers", *University of Chicago Law Review*, Vol. 67, 2000.

40. Hui Huang, "The Regulation of Insider Trading in China: A Critical Review and Proposals for Reform", *Australian Journal of Corporate Law*, Vol. 17, 2005.
41. Lars Klöhn, The European Insider Trading Regulation after the ECJ's Spector Photo Group Decision, European Company and Financial Law Review, February 2010.
42. Stephen M. Bainbridge, "Insider Trading Regulation: The Path Dependent Choice between Property Rights and Securities Fraud", *Southern Methodist University Law Review*, Vol. 52, 1999.
43. Stephen M. Bainbridge, Regulating Insider Trading in the Post-Fiduciary Duty Era: Equal Access or Property Rights? UCLA School of Law, Law-Econ Research Paper No. 12-08.
44. Karl T. Muth, "With Avarice Aforethought: Insider Trading and 10b5-1 Plans", *U C Davis Businer Law Jaurnal*, Vol. 10, 2009.
45. Stanley Veliotis, "Rule 10b5-1 Trading Plans and Insiders' Incentive to Misrepresent", *American Business Law Journal*, Vol. 47, 2010.
46. Jesse M. Fried, "Insider Abstention", *Yale Law Journal*, Vol. 13, 2003.

ACKNOWLEDGEMENT 致 谢

本书是在我的华东政法大学的博士后出站报告的基础上修订而成。在出站报告的主体内容写完之后,曾经很多次地在脑海里闪现要感谢哪些人,但真到写致谢的时候,反而迟迟不敢下笔,因为需要感谢的人太多太多,但又怕表达不好或者有遗漏而对他们缺少尊重和敬意。

首先要感谢我的合作导师顾功耘教授。顾老师的人品和学识令我敬佩,顾老师为人谦虚低调,治学严谨,对文献的宏观把握,对问题的独到解读,与其他学科的融会贯通,总是让学生折服,可以说真正做到了"六经注我,我注六经"。

顾老师对待学生也极好,给我们以充足的空间去研究。从刚进站伊始,顾老师就同我交流出站报告的选题,仔细讲解选题的内容、意义、难点、重点等。由于身体的原因,我中间换过一次题目,顾老师仍然不厌其烦地对我进行指导,我论文的选题、框架、思路都得益于顾老师的指导。

同时,我要感谢吴弘老师、唐波老师、罗培新老师、杨忠孝老师、沈贵明老师、肖国兴老师、陈少英老师在我论文选题以及写作过程中给我的建议和帮助。还要感谢刘晓红老师、郑少华老师、周仲飞老师、林珊老师、倪建文老师、沈丽飞老师、单丽莎老师、李清伟老师、涂永前老师、宋晓燕老师、赵运峰老师、石其宝老师、王丽华老师、侯怀霞老师等师长和领导给我学术和生活上的引领和关怀,老师们渊博的知识、扎实的学术功底,为提升我的学术素养并完成本论文奠定了坚实的基础。

论文的写作过程也要感谢一起学习和生活的各位同学和同事。感谢孟飞、储俊、李慧俊、王刚、陈颖健、蔡鑫、石俭平、孙波、李泽、曾晶、肖宇、徐刚、李诗鸿、姜影、谭金可、郭武、段礼乐、翟巍、梁爽、邢梅等师友。

特别感谢潘拥军、薄纯文、郭武提供的台湾地区和日本内幕交易及抗辩制度的相关资料。感谢刘博、李杰楠、张楚翎三位同学无私且细致的技术支持。

特别感谢我的家人，没有他们全力的支持和鼓励，我无法顺利且无后顾之忧地完成这部著作。

学术之路是孤寂的，需要长久的努力和持续的创新。我知道在学术的道路上还有很长的路要走。虽然艰苦，但我想我会坚定地走下去。